FICHA CATALOGRÁFICA
(Preparada na Editora)

Braga, Selma Regina, 1970-

B79u   *Um coração, uma esperança* / Selma Regina Braga.
Araras, SP, IDE, 1ª edição, 2014.
384 p.
ISBN 978-85-7341-622-0
1. Romance 2. Espiritismo. I. Título.

CDD-869.935
-133.9

Índices para catálogo sistemático:
1. Romance: Século 21: Literatura brasileira 869.935
2. Espiritismo 133.9

UM CORAÇÃO, UMA ESPERANÇA

ISBN 978-85-7341-622-0

1ª edição - junho/2014

Copyright © 2014,
Instituto de Difusão Espírita - IDE

Conselho Editorial:
Hércio Marcos Cintra Arantes
Doralice Scanavini Volk
Wilson Frungilo Júnior

Projeto Editorial:
Jairo Lorenzeti

Revisão de texto:
Mariana Frungilo

Capa:
César França de Oliveira

Diagramação:
Maria Isabel Estéfano Rissi

INSTITUTO DE DIFUSÃO ESPÍRITA - IDE
Av. Otto Barreto, 1067 - Cx. Postal 110
CEP 13600-970 - Araras/SP - Brasil
Fone (19) 3543-2400
CNPJ 44.220.101/0001-43
Inscrição Estadual 182.010.405.118
www.ideeditora.com.br
editorial@ideeditora.com.br

Todos os direitos reservados.
Nenhuma parte desta
publicação pode ser
reproduzida, armazenada
ou transmitida, total ou
parcialmente, por quaisquer
métodos ou processos, sem
autorização do detentor do
copyright.

UM CORAÇÃO, UMA ESPERANÇA

O resgate de uma família

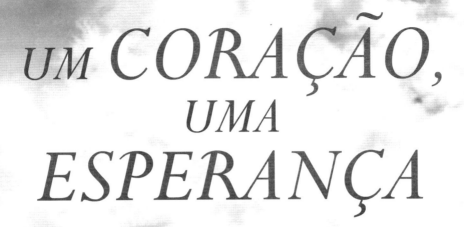

romance espírita
SELMA BRAGA
Espírito MARIAH

ide

SUMÁRIO

APRESENTAÇÃO, 9

1 FRANCESCA, 13

2 GIACOMO, 17

3 FRANCESCA E GIACOMO, 21

4 *SIGNORE* FRANCESCO X GIACOMO, 28

5 FRANCESCA X *SIGNORE* FRANCESCO, 34

6 NO MUNDO ESPIRITUAL..., 40

7 A CHANTAGEM DE FRANCESCA, 49

8 A DECISÃO DO *SIGNORE* FRANCESCO, 60

9 A MUDANÇA RADICAL DE GIACOMO, 68

10 OS ESPONSAIS, 70

11 A VIDA A DOIS, 73

12 A FAMÍLIA OLIVETTO ANTONELLI, 78

13 CARMELA, CONSTÂNCIA E VICENZO, 85

14 OS AMIGOS ESPIRITUAIS, 90

15 CONSTÂNCIA X CARMELA, 106

16 GIUSEPPE CAPONE, 109

17 GIUSEPPE E A FAMÍLIA OLIVETTO ANTONELLI, 122

18 VICENZO x GIACOMO MAIS UMA VEZ, 134

19 O BAILE, 164

20 DESTINOS ENTRELAÇADOS, 175

21 CAETANO SPOLETTO, 180

22 NA OUTRA DIMENSÃO..., 183

23 CAETANO E GIACOMO, 190

24 A EPIDEMIA, 205

25 O RESGATE DE CARMELA PROSSEGUE..., 221

26 VICENZO E GIOVANNA, 229

27 O CUMPRIMENTO DA LEI..., 243

28 CAETANO TRAMA, 276

29 O RESGATE DE GIACOMO, 282

30 A PROVA DE FRANCESCA, 293

31 GIACOMO NA ESPIRITUALIDADE, 301

32 AINDA AS PROVAÇÕES DE FRANCESCA, 306

33 GIACOMO REDESCOBRINDO A VIDA ESPIRITUAL, 313

34 AS REDESCOBERTAS CONTINUAM, 328

35 PLANOS DE PAOLO, 340

36 A MORTE DE PAOLO, 348

37 NO MUNDO ESPIRITUAL..., 357

38 A SUPERAÇÃO DE CARMELA, 368

39 MARIA ANTONIETA NA ESPIRITUALIDADE, 374

APRESENTAÇÃO

Há tempos, recebi a informação de que também pertenço *à Colônia Luz do Alvorecer, portanto subentendo que talvez tenha conhecido os personagens deste enredo e, quem sabe, vivido junto a eles todos estes acontecimentos... O que importa é que Deus me permitiu, através da mediunidade, esta oportunidade de reproduzir os acontecimentos da época, portanto esta história é verídica embora, com certeza, nossos amigos espirituais tenham modificado os respectivos nomes dos nossos personagens... Afinal, o que são nomes diante de tantas vidas que vivemos? Apenas uma maneira de diferenciarmos uma pessoa da outra enquanto encarnados estivermos.*

Este livro foi escrito em 2007, eu ainda morava na cidade de Santa Isabel-SP, mas a espiritualidade amiga disse-me na época que, no momento oportuno, retornaríamos a ele e terminaríamos de escrevê-lo. Cinco anos se passaram e agora, em 2012, do nada, tive ímpetos de abrir o arquivo, fechado desde então, onde havia gravado esta história... O que significa que, enfim, havia chegado o momento de trazer a público meu primeiro romance mediúnico.

O Espírito que ditou o livro foi Mariah... Ela se apresentou a mim por volta de 2006, através de mensagens psicografadas, dizendo que teríamos, num futuro em médio prazo, tarefas a realizar juntas, mas não esclareceu quais seriam essas tarefas.

Dela mesma, Mariah nada disse ainda, mas pressinto que somos velhas conhecidas e que temos um amor fraterno nos unindo.

O que posso dizer é que estou à disposição do Plano Espiritual amigo para desenvolver quantos trabalhos forem necessários.

Que a paz do Mestre Jesus esteja com todos vocês, meus irmãos de caminhada!

SELMA BRAGA

Que a paz do Mestre esteja contigo, minha irmã.

É chegado o momento de iniciarmos outras tarefas para as quais fomos designadas antes da sua reencarnação.

Este é o primeiro de outros trabalhos que virão, e lhe afirmo que não deverá se preocupar em demasia com os costumes da época dos eventos descritos, vestimentas, alimentação, ou datas. Sempre, é claro, estando o conteúdo do que escreveremos dentro da Doutrina codificada por nosso irmão Allan Kardec. O que nos importa é isso. Nosso intuito não é descrever fatos históricos e costumes de um povo, descrições estas que, necessariamente, exigiriam pesquisa acurada e estudo, mas apenas contar a história da vida de pessoas comuns, que porventura até podem ter possuído títulos de nobreza e fortuna em determinada encarnação, mas que já sabemos, e que estas mesmas personagens estão aprendendo através das reencarnações, serem coisas efêmeras e fugazes.

O que interessa ao nosso grupo espiritual de trabalho, através destas obras, é levar a mensagem do Cristo e os ensinamentos do Espiritismo a todos aqueles que estiverem com a mente e o coração abertos para aprenderem e melhorarem-se interiormente.

Através de histórias verídicas, singelas, leves e com linguagem atual, independente da época em que tenham ocorrido os fatos, narraremos as experiências de nossos irmãos de caminhada, sempre alertando que nunca é tarde para nos modificarmos para melhor e que tudo o que acontece em nossas vidas tem um porquê. É aprendizado, e não devemos perder nosso tempo e energia com lamúrias e revoltas sem sentido.

Somos todos devedores das Leis de Deus e cá estamos para corrigir erros e crescer.

Que Deus e nossos amigos espirituais iluminem e abençoem a concretização das nossas tarefas daqui por diante.

MARIAH

FRANCESCA

Século XVII.

Numa fazenda distante, no interior da Península Itálica, vamos encontrar Francesca perdida em pensamentos, encolhida em sua poltrona preferida, na biblioteca.

"Preciso fazer com que *papà* aceite meu casamento com Giacomo... É ele o homem que amo e com quem desejo viver o resto da minha vida... Não importa que ele seja um mero administrador desta fazenda e que *papà* seja um dos homens mais ricos e importantes desta região. Ele há de entender que a felicidade da filha deve vir em primeiro lugar e que posição social e bens materiais são coisas sem importância para mim... mesmo porque, o dinheiro de *papà* é mais do que suficiente para todos nós."

– Cesca !!!! Vem *mangiare*...

Francesca deu um pulo da poltrona ao ouvir o chamado de sua mãe.

Passou as mãos pelos longos cabelos cor de mel, levantou-se, alisou seu belíssimo vestido e dirigiu-se à sala de estar, onde, com certeza, sua mãe estaria esperando por ela.

A *Signora* Maria Antonieta, apesar de seus quarenta e cinco anos de idade, era ainda uma bela mulher. Tinha um porte altivo, uma educação indiscutível e sabia ser a melhor anfitriã daquelas paragens. Seu marido, o *Signore* Francesco Olivetto, aos cinquenta anos, também tinha um porte exemplar, digno de um fidalgo, de um homem de posição e *glamour*.

Francesca era filha única e havia nascido após várias tentativas infrutíferas do casal. Se todos os filhos tivessem sobrevivido aos respectivos partos, estariam ali mais cinco irmãos.

Mas Deus permitiu que apenas Francesca nascesse, crescesse e florescesse como um lindo botão de rosa, daí mais ainda os cuidados e atenções excessivos por parte de seus progenitores.

Francesca sempre fora a menina dos olhos do *Signore* Francesco, pois era bela, olhos azuis da cor do céu num lindo dia de verão, cabelos longos, da cor do mel mais puro e cristalino, pele alva como a neve, muito inteligente e perspicaz desde a mais tenra idade. Mimada, o pai fazia-lhe todas as vontades, daí o caráter impulsivo, voluntarioso e orgulhoso da linda *ragazza*.

Francesca completara sua décima quinta primavera na semana anterior e já podia ser considerada bela ao findar sua infância, agora, então, ao adentrar a fase adulta, ao começar a transformar-se numa mulher, seria considerada, no mínimo, de uma beleza esplendorosa.

Francesca chegou à porta da sala de estar, bateu delicadamente e ao ouvir sua mãe mandá-la entrar, assim o fez.

— Entre, *bambina* minha, venha *mangiare* com a *mamma* — disse a *Signora* Maria Antonieta, sorridente e com os olhos brilhantes de orgulho ao fitá-la.

— Com *permesso, mamma*.

O lanche estava servido e, graciosamente, Francesca sentou-se ao lado da mãe.

– *Bambina* amada, estou observando uma leve sombra de tristeza em seus lindos olhos. Que passa?

Francesca suspirou profundamente, abaixou os olhos e levantou-os em seguida, mostrando os mesmos cheios de lágrimas.

– *Mamma*, a *Signora* ama *papà*?

Maria Antonieta surpreendeu-se vivamente com a pergunta de Francesca e pensou um pouco antes de responder.

– *Amore mio*, meu casamento com seu *papà* foi arranjado por nossas famílias, portanto, na época, foi um acordo comercial e financeiro, já que havia interesse de ambas as famílias em fazer crescer nossas fortunas, e nada melhor para conseguir o objetivo do que consorciando a mim com seu *papà*. Quanto ao amor, creio que os anos de convivência fizeram com que o mesmo nascesse e desabrochasse entre nós. Seu *papà* é um bom homem, um bom marido e, melhor ainda, um *papà* maravilhoso. Eu o vi pela primeira vez no dia do nosso enlace e, para lhe ser franca, estava apavorada, pois desconhecia totalmente o que seria da minha vida dali para a frente. Respeito muito o homem com quem me consorciei e, hoje, agradeço a *Dio* por tê-lo colocado em meu caminho. Isso responde a sua pergunta, bela?

– Mas eu poderei consorciar-me com um homem que eu ame, *mamma*?

– *Bambina*, os tempos continuam os mesmos e, quando o assunto é matrimônio, são as famílias, do noivo e da noiva, que escolhem os consórcios mais satisfatórios para ambas as partes. Mas não preocupe sua linda cabecinha com esses pensamentos. Tenha a certeza de que seu *papà* saberá escolher o melhor partido para desposá-la, quando chegar o momento, e que só dará a sua mão àquele a quem realmente merecer, pois é o nosso tesouro e jamais permitiríamos que alguém a fizesse sofrer.

– Ora, *mamma* !!!! Mas e se eu não quiser me consorciar com quem meu *papà* escolher? Isso não é justo! – indignou-se Francesca, ruborizando.

– O que é isso *bambina*? Ninguém melhor do que seu *papà* para saber quem é digno de receber a sua mão. Ouvindo-a falar dessa maneira até parece que está enamorada de alguém, e o que é pior, alguém que seu *papà* jamais aprovaria. Explique-se, Francesca Olivetto! – irritou-se Maria Antonieta, achando seu comportamento, no mínimo, estranho.

– Imagine, *mamma*! Não estou enamorada... Apenas não concordo com a maneira como os enlaces são realizados – disfarçou Francesca, achando melhor ainda não aprofundar o assunto, pois poderia colocar tudo a perder.

Enquanto ela não tivesse um plano bem elaborado para convencer o *papà* a aceitar Giacomo, achou melhor mudar de assunto, senão sua *mamma* poderia desconfiar, e ela estaria perdida.

GIACOMO

Giacomo era um homem de trinta e oito anos de idade, moreno, estatura alta, corpo atlético devido ao trabalho de sol a sol na fazenda, cabelos e olhos negros como uma noite sem estrelas.

Nascera pobre, e seus progenitores eram lavradores. Tinha oito irmãos, sendo que dentre eles, duas *ragazzas*, cujas vidas que levavam eram tão miseráveis como sempre fora a de seus genitores. Seus irmãos não tiveram melhor sorte. Uns eram também lavradores, e outros, capatazes de fazendas vizinhas.

Mas com ele seria diferente...

Desde seus oito anos de idade, após levar uma das piores surras da sua vida, dada por seu *papà*, que além de miserável era alcoólatra, jurara por tudo e por todos que seria o melhor, o maior, o mais rico e poderoso Senhor daquelas paragens, não importando o que teria que fazer para atingir esse objetivo, até mesmo matar e roubar. Ele havia chegado à conclusão de que pessoas pobres e honestas não tinham futuro e jamais teriam o respeito dos outros.

Começou a trabalhar na fazenda do *Signore* Francesco aos

nove anos de idade e, a partir de então, esforçou-se ao máximo, deu tudo de si para destacar-se ante os outros empregados.

Ano após ano, seu trabalho foi sendo valorizado, e ele, galgando postos mais elevados. Além de ser um homem forte e saudável, tinha, a seu favor, sua inteligência e astúcia e quando porventura alguém se colocava como empecilho, jamais hesitara em tirar esse alguém do caminho, de uma forma ou de outra.

Hoje em dia, era o administrador da fazenda, mesmo sendo ainda jovem se comparado à idade que o antigo administrador tinha quando foi nomeado para o cargo.

O antigo administrador lhe dera certo trabalho. Chamava-se Cornélio e, havia vinte anos, cuidava das terras do *Signore* Francesco. Quando Giacomo conseguiu ser o auxiliar do *Signore* Cornélio, procurou aprender tudo o que deveria o mais rápido possível, já que ambicionava aquele posto, e o mesmo seria apenas mais um degrau que ele teria que subir para chegar aonde queria.

Aquelas terras seriam dele e de mais ninguém. Ele merecia, pois dera seu sangue ali desde menino e não admitiria que nada nem ninguém se interpusesse em sua trajetória rumo ao topo.

Quando Giacomo tinha vinte e quatro anos, nascera Francesca e fora, neste momento, que ele elaborara o plano mais audacioso da sua vida.

Seria através de Francesca que teria a posse daquelas terras.

Não importava se tivesse que esperar alguns anos para conseguir o seu intento. Era paciente e perseverante.

Ele esperaria...

Quanto a Cornélio...

Quando conseguiu aprender tudo, absolutamente tudo, sobre como administrar uma fazenda, resolveu que era chegada a hora de tirar Cornélio do seu caminho, afinal, ele já havia servido aos seus propósitos e não precisaria dele para mais nada.

Em uma de suas viagens até a cidade mais próxima onde fazia compras para a fazenda, Giacomo providenciou o veneno mortal... O resto seria muito fácil...

Cornélio aprendeu a admirar Giacomo com a convivência e passou a gostar dele como se fosse seu filho, mesmo porque ele era solteiro e não havia formado uma família.

Todas as tardes, quando o Sol se punha, e não podiam mais exercer suas atividades em relação à fazenda, Cornélio convidava Giacomo para jantar em sua casa para fazer-lhe companhia e trocar ideias.

Contando com isso, naquele mesmo dia em que havia chegado da cidade, Giacomo dirigiu-se à casa de Cornélio, pois as casas dos empregados localizavam-se dentro da fazenda mesmo, mas um tanto distante da casa sede.

Chegando lá, bateu palmas e aguardou que Cornélio o atendesse.

Este, por sua vez, quando viu Giacomo, abriu um sorriso e deu-lhe as boas-vindas.

– Olá, *ragazzo*! Como foi a viagem? Muitas *ragazzas*? – perguntou Cornelio, dando-lhe um tapinha.

– Não, amigo... Apenas assuntos da fazenda.

– Ora !!! Como é que um belo *ragazzo* como você diz uma coisa desta? Não pretende se consorciar e formar uma família?

– Claro que sim, e isto acontecerá muito antes do que pensa, amigo...

– Ah... Então, tem uma *ragazza* em sua vida! Por que nunca me contou? Quem é?

– Deixe de ser curioso, Cornélio. Quando chegar o momento, saberá quem é a minha escolhida...

– Se quiser guardar segredo...

– Nada pessoal... E as coisas aqui, como foram?

– Sem novidades... Muita labuta e cansaço, somente isso...

– Então, que tal um bom vinho para melhorar nosso ânimo?

– Vou providenciar... Abanque-se aí...

. Cornélio dirigiu-se ao cômodo que usava como cozinha e veio trazendo um garrafão com seu conteúdo a findar e dois copos.

Sentou-se à frente do amigo, serviu o vinho adocicado e borbulhante e começou a contar como tinham sido os dias na fazenda, na ausência de Giacomo.

Giacomo fingia um interesse que estava bem longe de sentir e esperava pacientemente que Cornélio se embriagasse, o que sempre acontecia nestas ocasiões.

Passados quarenta minutos, percebeu que Cornélio estava chegando ao estado em que queria.

– Caro Cornélio, este garrafão já se esvaziou. Não teria outro para continuarmos a aproveitar a noite?

– Sim, sim – respondeu em tom pastoso.

Trocando as pernas, batendo o corpo num móvel e outro, dirigiu-se à cozinha novamente.

Giacomo, mais do que depressa, despejou o veneno letal no copo no qual Cornélio estava bebendo, guardou o vidro no bolso para desfazer-se dele depois e voltou a sua posição normal na banqueta.

Começou a assobiar uma canção qualquer e, assim que Cornélio, trôpego, conseguiu sentar-se novamente, serviu mais bebida a ele, incentivando-o a consumir a mistura fatal sem mais delongas.

Fora assim que Giacomo havia conseguido o cargo que ocupava na fazenda.

Remorso? Nenhum.

Cada vez mais, sua ambição falava mais alto, e agora ele estava perto, muito perto de finalizar seu plano diabólico.

FRANCESCA E GIACOMO

Todas as manhãs, Francesca saía a passear a cavalo, tendo sua dama de companhia a segui-la por onde quer que fosse.

Concetta, este era seu nome, tinha cinco anos a mais do que Francesca, e brincavam juntas desde pequenas. Devido à afinidade de ambas, a *Signora* Maria Antonieta achou mais do que natural e conveniente que Concetta fosse a acompanhante de sua *bambina* no decorrer da vida.

Fora num desses passeios, ao apear sua montaria perto de um riacho que se localizava a algumas léguas da casa sede, que Francesca viu, pela primeira vez, Giacomo.

Francesca costumava banhar-se no riacho junto com Concetta, e elas brincavam muito, tanto dentro quanto fora da água.

Naquele dia, porém, antes que pudessem nadar e se divertir, encostado numa árvore frondosa, estava um belo e másculo homem, que olhava fixamente para Francesca como se quisesse perscrutar-lhe os mais íntimos pensamentos.

Francesca enrubesceu até a raiz dos cabelos, abaixou os

olhos, colocou as mãos sobre o coração palpitante e não sabia o que dizer, mesmo porque era proibido a uma mulher, solteira ou casada, dirigir-se a um homem sem que ele o fizesse primeiro.

Concetta conhecia Giacomo e não se preocupou, apenas achou estranha sua presença ali, mas teriam de esperar que ele dissesse algo a elas para que pudessem perguntar.

– Como vão as belas *ragazzas*? Passeando? – perguntou Giacomo, ajeitando o chapéu e aproximando-se delas vagarosamente.

Concetta respondeu:

– Sim, passeando um pouco e admirando a Natureza... E o *Signore*, o que faz aqui? Nunca o vimos para estes lados e, todos os dias, no mesmo horário, acompanho a *Signorina* Francesca até aqui para nos banharmos e nos divertirmos...

– Ora, eu não estava me sentindo muito bem e resolvi vir aqui para respirar um pouco de ar e ouvir o barulho do riacho, correndo por entre as pedras. Isso sempre me acalma, mas hoje é uma ocasião especial, pois acabei encontrando uma linda flor perdida no meio de um imenso jardim... – disse Giacomo, insinuando-se levemente para Francesca, sem tirar os olhos do seu rostinho ruborizado.

Concetta cutucou Francesca, dando a entender que ele estava falando com ela.

Francesca estremeceu e foi levantando o olhar, vagarosamente, até que seus olhos azuis encontraram o negror do olhar do *Signore* Giacomo. Ficou como que hipnotizada e com a estranha sensação de que aquele homem já havia feito parte da sua vida, mas isso era impossível, pois nunca o vira antes.

– Perdão, *Signore*... Já nos conhecemos? – perguntou Francesca, esforçando-se para manter uma atitude altiva e a voz firme diante daquele homem tão estranho e tão conhecido ao mesmo tempo.

– Não tive a honra, *Signorina*... Como é bela!

– Por favor, *Signore*, não creio que lhe tenha dado intimidade para tratar-me desta maneira. Sabe com quem está falando? Sou a filha do *Signore* Francesco e *papà* não admitiria que um *ragazzo* estranho se dirigisse a mim com tanta ousadia! – respondeu Francesca, não por estar se sentindo desrespeitada, mas sim porque aquele homem estava despertando-lhe emoções com as quais não sabia lidar, tampouco entender.

– Perdão, *Signorina*! Não tive a intenção de insultá-la. Mas é tão bela, a mais bela de todas as *ragazzas* que já conheci e não resisti à ideia de falar exatamente o que penso da *Signorina*... o que vejo, entende? – disfarçou Giacomo, fingindo-se encabulado e arrependido da abordagem.

– Entendo. Está perdoado. Mas até agora não sei quem é e o que deseja de nós – disse Francesca.

Que voz bela e forte, pensava Francesca....

– Nada em especial, *Signorina*. Estava apenas admirando sua formosura e quis colocá-la a par do que estou sentindo ao vê-la tão perto e ao mesmo tempo tão longe...

– Não entendo suas palavras. Como posso estar perto e longe ao mesmo tempo?

– Está perto porque se encontra às margens do mesmo riacho no qual também me encontro, mas está longe, porque sendo quem é e, eu, sendo quem sou, pobre rapaz, só posso admirar sua beleza e doçura de longe, entende?

– Ora... Está encabulando-me novamente, *Signore*...

– A verdade deve ser dita, *Signorina*. Não me conhece, mas eu a conheço desde que nasceu e sempre, sempre a achei bela e formosa, embora inatingível e distante como as estrelas do céu!

– Coloca-me numa redoma, dizendo tais palavras, *Signore*! Também sou humana e mortal. Qual a diferença e a distância que vê entre nós dois?

— A mais óbvia de todas, *Signorina*. Sendo a única filha do *Signore* Francesco, sua única herdeira quando seus progenitores se forem, não consegue ver o abismo que nos separa, bela e perfumada flor? – galanteou Giacomo, fazendo uma mesura diante de Francesca que, a essa altura da conversa, já estava encantada diante de tanta inteligência e máscula beleza.

— Que passa, *Signore* Giacomo? Falando estas coisas para a *Signorina* Francesca, ela acabará pensando que está a fazer a declaração de um amor antigo e impossível! Explique-se melhor, por favor – disse Concetta, que se encontrava abismada com tantas palavras belas.

— Verdadeiramente, menina Concetta. Estou mesmo declarando meu amor à *Signorina* Francesca. Amor este, verdadeiramente, antigo e, mais ainda, impossível...

— Oh... *Signore* Giacomo, estou surpresa, pois sequer o conhecia até este momento. Acaso não está a brincar com meus sentimentos, achando que não passo de uma menina mimada e fútil? Pois se assim for, muito ofendida me encontro, pois sou uma moça e desta forma mereço e exijo ser tratada – disse firmemente Francesca, torcendo para que ele realmente estivesse enamorado, pois, por mais incrível que pudesse parecer, já estava, irremediavelmente, dele enamorada. Era como se tivesse reencontrado alguém que lhe era muito caro e especial.

— *Madonna mia, Signorina*! Jamais brincaria com assunto tão sério. Amo-a desde que era apenas uma criança, que corria por estes caminhos despreocupadamente, e continuarei enamorado até o fim dos meus dias – afirmou Giacomo, ajoelhado aos pés de Francesca, beijando-lhe as mãos tão alvas e macias, devotadamente.

— *Bene, Signore* Giacomo... Encontro-me já em vias de retornar a casa, pois há muito me ausentei com Concetta. Gostaria de conversar mais com o *Signore*, não somente sobre tudo o que diz sentir por minha pessoa, mas também sobre assuntos diversos, afinal, não nos conhecemos, e eu gostaria de saber mais a seu respeito, entende? – respondeu Francesca, retirando as mãos dentre as de Giacomo e aguardando ansiosamente que um novo encontro fosse marcado.

– *Va bene, Signorina*. A tarde avança, e a *Signora* Maria Antonieta deve estar preocupada com seu atraso para o lanche. Amanhã, encontrar-nos-emos aqui, no mesmo horário.

– Entendi. Então, passe bem *Signore* Giacomo. Amanhã, falaremos.

Francesca estendeu-lhe a mão direita para ser beijada, pois era o cumprimento de praxe e afastou-se delicadamente com Concetta ao seu lado.

Montaram em seus cavalos e partiram a galope, cada uma delas perdida em seus próprios pensamentos.

Giacomo não se continha de tanta alegria!

Não pensava que seria tão fácil...

O que alguns elogios bem colocados e gestos cavalheirescos não eram capazes de fazer com os sentimentos de uma menina ingênua e inexperiente?

Era só questão de tempo e de saber enredá-la com belas palavras e gestos insinuantes.

Mas como era bela!

Giacomo concluiu que não seria nada penoso cortejar a *Signorina* Francesca, muito pelo contrário.

Francesca, ao chegar em casa, dirigiu-se esbaforida aos seus aposentos. Seu coração dava saltos, e quem a observasse, diria que estava febril.

Maria Antonieta, ao perceber o retorno de sua *bambina*, chamou-a para o lanche.

Francesca pediu a Concetta que lhe trouxesse uma tina com água para que pudesse se refrescar antes de ir ao encontro dos genitores, pois não poderia aparecer naquele estado.

Isso feito, respirou fundo várias vezes e dirigiu-se ao aposento onde estava sendo aguardada.

Durante a refeição, o diálogo entre os genitores foi ameno, e Francesca só respondia ou participava da conversa quando solicitada. Estava distraída e ansiosa para que a manhã seguinte chegasse logo.

E, assim, passaram-se oito meses. Todas as manhãs, Francesca e Giacomo encontravam-se à beira do riacho e trocavam promessas e juras de amor eterno.

Concetta procurava deixá-los mais ou menos a sós para não atrapalhar o colóquio amoroso, mas nunca se afastava muito dos enamorados, já que não era de bom-tom um homem e uma mulher ficarem sozinhos um com o outro, sem serem casados.

Numa determinada manhã, Giacomo disse a Francesca:

– *Amore mio,* não seria possível que Concetta nos deixasse a sós?

– Ora, por quem me toma, *Signore* Giacomo? Não somos consorciados, portanto não podemos ficar sozinhos um com o outro. Concetta está fazendo a parte dela, acompanhando-me e protegendo-me!

– Perdoe-me... É que o amor que lhe tenho me consome as entranhas e não estou conseguindo resistir ao ensejo de beijar-lhe os lábios róseos e púrpuros ...

– Beijos somente são permitidos aos que já se consorciaram, *Signore* Giacomo – respondeu Francesca, levantando-se imediatamente, embora ninguém mais do que ela desejasse sentir os lábios do homem amado.

– *Amore*, perdoe-me os arroubos, mas estou enlouquecendo de paixão. Não suporto ficar nem mais um dia longe da *Signorina*. Deixe-me falar com o *Signore* seu pai para que possamos resolver este impasse!

– Acha que *papà* permitirá nosso enlace? Há meses, estou

pensando numa maneira de convencê-lo de que o *Signore* é o único homem que poderá me fazer feliz...

– Também a amo, mas, se não tentarmos, não saberemos, certo?

– E quando pretende dirigir-se a *papà?*

– Amanhã mesmo, aproveitarei a ida de seu *papà* aos estábulos, pois nasceram novos potros puro-sangue esta noite, e o *Signore* Francesco sempre vai até lá para verificar a saúde das éguas e de suas crias.

– Oh, *Dio!* Será que conseguiremos, enfim, ficar juntos para sempre?

– Não pouparei esforços, *Signorina*. Confie em mim. Muito em breve, estaremos nos consorciando e vivendo, intensa e verdadeiramente, nosso grande e infinito *amore!!!*

O casal despediu-se, e Francesca voltou para casa extremamente ansiosa e preocupada com os acontecimentos que adviriam a partir daquela conversa que Giacomo teria com seu *papà* no dia seguinte.

Giacomo, por sua vez, pensava na melhor maneira de abordar o *Signore* Francesco. Era quase certo que ele não permitiria o enlace, mas como Giacomo era do tipo que tentava todas as possibilidades antes de partir para algo mais radical, tentaria assim mesmo.

Amanheceu, e Francesca, insone, não via a hora de levantar-se e preparar-se para seja lá o que fosse que viesse a acontecer.

Ela pensava da seguinte maneira: caso seu *papà* não permitisse o consórcio, fugiria com Giacomo para bem longe, para onde nada nem ninguém pudesse separá-los.

Não havia cogitado desta hipótese junto a Giacomo porque a ideia só havia lhe ocorrido no decorrer daquela noite, mas como se amavam, é claro que Giacomo aceitaria a sugestão.

SIGNORE
FRANCESCO x GIACOMO

Giacomo foi à procura do *Signore* Francesco no estábulo, onde sabia que o encontraria.

— *Buon giorno*, *Signore* Francesco. Poderia falar-lhe por alguns minutos? — perguntou Giacomo, diante daquele que tinha agora seu futuro nas mãos.

— Giacomo? Algum problema com a fazenda? — retorquiu o *Signore* Francesco, polidamente, estendendo a mão em cumprimento.

— Não. O assunto é importantíssimo e pessoal.

— Ora, então, acompanhe-me até o escritório, onde poderemos conversar mais calmamente.

— *Va bene, Signore*.

Dirigiram-se a cavalo até à casa sede e adentraram o escritório.

— Sente-se, Giacomo. Então, que passa?

– *Signore* Francesco, é sabedor do quanto gosto do meu trabalho em sua fazenda e do quanto o admiro...

– Sim, sim. Sempre se mostrou competente e digno de minha confiança. Durante todos esses anos, não tenho críticas a fazer em relação à sua pessoa ou ao seu trabalho. Mas o que passa?

– Estou enamorado de uma moça especial, *Signore*, e necessito da sua ajuda e consentimento para desposá-la.

– Ora, ora, entendo! Então, uma bela moça conseguiu enlaçar seu coração? Quem fê-lo mudar de ideia quanto a permanecer solteiro? Refere-se à filha de um empregado meu? Talvez, o *papà* da moça seja um tanto autoritário e difícil de lidar, e deseja que eu interceda a seu favor?

– Não. Perdoe minha ousadia, mas, *Signore* Francesco, a moça por quem estou enamorado é a sua filha, Francesca.

Francesco empalideceu e levantou-se num salto, dizendo aos berros:

– *Maledetto!!! Carcamano!!! Caspita!!!* Como ousa algo tão impossível?

– Por favor, *Signore*, escute o que tenho a lhe dizer, pense sobre o assunto e somente, então, autorize ou não o enlace. Por favor, em nome de todos esses anos em que trabalhei sob suas ordens, tenha a consideração de ouvir-me antes de tomar qualquer atitude...

Francesco respirou fundo repetidas vezes, sentou-se novamente, cruzou os braços sobre o peito e disse desafiador:

– A autorização para a realização deste enlace absurdo está fora de cogitação, mas, por consideração aos serviços que me presta desde muito tempo, ouvirei o que tem a dizer.

Giacomo sentiu seu sangue ferver diante de tanta arrogância, sentiu-se humilhado, mas agora, mais do que nunca, teria que se controlar para não colocar tudo a perder.

Respirou fundo, cruzou as mãos no colo e olhou firmemente nos olhos do *Signore* Francesco. Pretendia ser educado, mas abaixar a cabeça diante daquele homem, jamais.

– Enamoro-me verdadeiramente por *Signorina* Francesca, e ela, a mim, *Signore* Francesco. Sempre a amei, desde que era ainda uma criança e corria por estes descampados, parecendo mais um pássaro alçando voo e iluminando os céus e matas. O que me impedia de concretizar este amor era justamente o fato de pertencermos a mundos tão diferentes, mas, numa bela manhã de outono, encontrei a *Signorina* Francesca à beira do riacho e não consegui controlar-me diante de tanta beleza e formosura. Declarei a ela meu amor e, a partir desse dia, passamos a encontrar-nos todas as manhãs, no mesmo local e horário. Jamais desrespeitei sua *bambina*, mas o amor que eu sentia cresceu ainda mais e qual não foi minha alegria quando ela se declarou a mim também! A *Signorina* Francesca representa para mim as estrelas que brilham intensamente no céu, a Lua quando cheia ou crescente, as flores coloridas, perfumadas e belas de um imenso jardim, os peixes de várias cores e tamanhos que povoam aquele mesmo riacho onde nos encontramos e descobri que meu amor era correspondido, os pássaros gorjeantes numa floresta, enfim, *Signore* Francesco, não tenho mais palavras para expressar meus sentimentos pela *Signorina* Francesca. Tenho consciência do abismo que nos separa, mas creia-me, posso não ter posses nem fortuna, mas o *Signore* sabe o quanto sou trabalhador, honesto e agora está ciente do quanto me enamoro de sua *bambina*. Tudo farei para fazê-la feliz e, por conseguinte, serei o homem mais feliz e realizado que existirá sob a face da Terra, caso venha a desposá-la. E antes que me interrompa, quero esclarecer que, caso não permita o enlace, não desistirei e tudo farei para ter a *Signorina* Francesca ao meu lado para sempre. E quando digo tudo, desejo dizer TUDO mesmo, entendeu, *Signore* Francesco?

– Se entendi?! Ora, vejam só! Isto é uma ameaça? O que passa na sua cabeça, *Signore* Giacomo Antonelli? Roubar-me a *bambina*? Desonrá-la? Matá-la e matar-se em seguida? Até aonde vai a sua loucura, a sua insanidade? Exijo que me responda! – gritou Francesco, dando um murro sobre a mesa.

– Mantenhamos a calma, *Signore* Francesco. Gritos e murros de nada adiantarão para resolver este impasse. Acho o diálogo civilizado o melhor caminho para chegarmos a um feliz desfecho para todas as partes. Diga-me, o que me desabona em relação ao meu pedido?

– Ainda pergunta, *maledetto*? O que pretende oferecer a *mia bambina*? Tem posses, dinheiro? Pretende levá-la para morar num daqueles casebres pertencentes aos empregados da fazenda? Com o que a alimentará? Vento? Brisa? Como manterá o padrão de vida de Francesca, *Signore* Giacomo? Seus belos e ricos vestidos, sua toalete? Acha que amor resolve tudo? E o lado prático da vida? Como sustentará os *bambinos* que porventura venham a nascer desse enlace? Como pagará pela educação deles? Acha certo e justo tirar minha *ragazza* do conforto do seu lar para jogá-la numa vida onde nenhum de vocês saberá como sobreviver ao dia seguinte? Ou será que não ama coisa alguma e somente está a querer *mio* dinheiro, afinal, sabe que Francesca é a minha única herdeira e, quando eu morrer, o homem com quem ela vier a se consorciar será por sua vez o único proprietário dos meus bens?

– *Caspita, Signore* Francesco?! – indignou-se fingidamente, Giacomo. – Acha meu caráter tão desprezível a ponto de considerar esta hipótese deplorável e sem nenhum fundamento?

– O que quer que eu pense? E como provará que estou enganado? Diga-me!

– Muito simples: redija um documento onde constará que, enquanto eu permanecer consorciado com a *Signorina* Francesca, não terei direito aos seus bens materiais. Coloque uma data, se quiser, para que eu possa, a partir de então, usufruí-los ou não. Aja da maneira que bem entenda, apenas não impeça que eu e a *Signorina* Francesca sejamos felizes!

A última cartada havia sido dada.

Agora, só restava a Giacomo, torcer para que sua teia tenha sido muito bem tecida.

Ele sempre conseguira tudo o que almejara e não seria um velho decrépito que o impediria de concretizar seus mais importantes objetivos de vida.

Francesco surpreendeu-se com a sugestão e começou a questionar: será que Giacomo amava realmente Francesca? Como saber?

Ele estava num beco sem saída e precisava ganhar tempo, pois não sabia do que Giacomo seria capaz em relação à sua filha. Temia por sua segurança e se as coisas ocorreram da maneira que contou Giacomo, entre ele e sua *bambina*, era porque Francesca já estava envolvida. Mas até que ponto? Era isso que precisava descobrir, e logo.

– Giacomo, vamos fazer o seguinte: dê-me um mês para pensar a respeito do assunto e, logo ao findar este prazo, o chamarei para conversarmos novamente, entende?

Um mês? Não seria muito tempo? Giacomo queria saber o que aquele velho estava tramando. Será que ele deveria arriscar? No momento, talvez, não lhe restasse alternativa.

– *Va bene, Signore* Francesco. É uma decisão muito importante que envolve a vida de sua única *bambina*, portanto aguardarei o término do prazo. Mas conto com seu bom senso e com seus bons sentimentos em relação a Francesca. Tenha em mente que a felicidade de sua *ragazza* está em suas mãos, que só depende do *Signore,* e que nada nem ninguém nos impedirá de ficarmos juntos.

– Entendo. Agora, por favor, retire-se, Giacomo. Tenho outros assuntos urgentes para resolver e, depois, passarei a cuidar pessoalmente do seu assunto com Francesca. Fique tranquilo.

– Com *permesso, Signore.*

Giacomo recolocou o chapéu, levantou-se e saiu do escritório de cabeça erguida.

Francesco recostou-se na cadeira, fechou os olhos e acabou por descobrir que sua cabeça estava explodindo.

E agora? Como agir?

Conhecia muito bem o caráter temperamental, voluntarioso e impulsivo de Francesca.

Como lidar com a situação sem permitir que ela agisse de forma impensada?

Francesca jamais fora contrariada. Seus mínimos desejos sempre foram atendidos.

Mas um consórcio nestas condições? Com Giacomo?

E se ele estivesse apenas interessado em suas terras, em sua fortuna?

Não aguentaria ver sua única e preciosa *bambina*, vilipendiada em seus mais caros sonhos de *ragazza.*

Mas o que a fará feliz?

Como era difícil para um pai tomar determinadas decisões...

Precisava pensar...

FRANCESCA
x SIGNORE FRANCESCO

No dia seguinte, como era de costume, lá estava Francesca à espera de Giacomo, à beira do riacho.

Quando ele chegou, Francesca atirou-se em seus braços, indo contra todo e qualquer pudor observado na época e pôs-se a soluçar, desesperada.

— *Signore* Giacomo, não consigo mais me conter! Diga-me, *papà* deu permissão ao nosso enlace? Proibiu-o? Que passa?

— Acalme-se, *amore mio*. *Suo papà* pediu um mês de prazo para pensar no assunto. Chamar-me-á novamente para resolvermos tudo.

— *Dio mio!* Por que um mês? Não é muito tempo? Será que ele tentará nos separar no decorrer deste tempo? Será que sua vida corre perigo, *amore mio*?

— Por favor, não imagine coisas absurdas. Em nenhum momento, o *Signore* Francesco ameaçou-me a vida. Disse apenas o que eu já esperava. Frisou intensamente a diferença entre nossos mundos. Desejou saber como eu manteria seu padrão de vida, sendo apenas um empregado.

– Ora, não me importo nem um pouco com as terras e a fortuna de *papà*. Vamos fugir, *Signore* Giacomo?

– Está louca, *Signorina* Francesca? Somos acaso fugitivos da lei para desaparecermos sem deixar rastro? Como pretende que sobrevivamos desta maneira? Sem ter onde morar, o que comer, vestir? Fugir? – indignou-se Giacomo, nervoso.

Era só o que faltava aquela *bambina* tola ter essa ideia insana!

Giacomo jamais desistiria dos seus objetivos!

Tinha que tirar essa ideia da cabeça de Francesca de qualquer maneira.

– Então não me ama, Giacomo! O *Signore* enganou-me durante todo este tempo. Não há amor! Estava apenas a divertir-se! Reconheça a verdade, *Signore* Giacomo Antonelli!

Giacomo estava prestes a perder a paciência diante de tanto capricho.

Respirou fundo, tentando acalmar-se, aproximou-se mansamente de Francesca, que a essa altura havia se afastado e estava chorando desesperadamente, recostada em uma árvore, cobrindo os olhos com os braços.

– *Amore, amore mio...* Amo-te com toda a força do meu coração! Só desejo que nosso enlace se realize da maneira correta, da maneira que a *Signorina* merece. O que aconteceria à sua honra se fugisse? Seus genitores jamais a perdoariam, *Signorina* Francesca! A *Signorina* seria, no mínimo, escorraçada de cada cidade onde pernoitássemos. As notícias correriam como vento. Seria difamada e caluniada por toda a sociedade italiana. Lembre-se que é Francesca Olivetto, a única *bambina* descendente e herdeira da família Olivetto! Nossos *bambinos* seriam tratados como bastardos e não poderiam ter uma vida e educação que merecem. É isto o que deseja? Se pudermos fazer as coisas da maneira correta, por que fazê-las da maneira errada? O que nos custará esperar um mês para que, enfim, seu *papà* autorize e abençoe nosso consórcio? É um direito dele pensar sobre a proposta que lhe fiz, *Signorina* Francesca – Giacomo falava e acariciava os cabelos de Francesca, tentando de todas as formas fazê-la desistir de estragar seu plano, há tantos anos pensado e almejado.

Francesca foi se acalmando e deixando-se abraçar por Giacomo.

Recostou a cabeça em seus ombros largos e fortes, e, mais do que depressa, Giacomo aproveitou para beijar aqueles lábios cheios, virgens e rosados.

Francesca, no início, assustou-se com a ousadia, mas foi se entregando àquele beijo e sentiu-se como se estivesse sobre as nuvens do céu...

Francesca retornou a casa decidida a conversar com seu *papà* sobre Giacomo.

Não importava que as regras da época permitissem que ela só se dirigisse ao *papà* quando chamada.

Ela sempre fizera o que bem entendera e não seria agora que seguiria tolas convenções sociais.

Entrou como um furacão e foi direto ao escritório, pois sabia que, naquele horário, era ali que seu *papà* se encontraria, pois checava os documentos da fazenda todos os dias.

Bateu nervosamente à porta e aguardou a permissão para entrar.

– Entre – gritou Francesco, sem imaginar quem poderia estar ali.

– Com *permesso, papà*.

– Francesca?! *Dio mio!* O que passa? Está doente? Aconteceu algo com a *Signora* Maria Antonieta?

– Não, *papà*. Preciso falar-lhe com urgência.

– Ora, sabe bem que não deve vir a mim sem que eu lhe tenha chamado... Mas como nunca respeitou regras, por que o faria agora, não é verdade? Sente-se, *bambina*. Diga a que veio, embora eu já possa imaginar...

– É isso mesmo. Desejo falar sobre o *Signore* Giacomo...

– Francesca, isto será resolvido dentro de um mês, entre Giacomo e eu, portanto, se o assunto era este, pode retirar-se. Vá juntar-se a sua *mamma* e ajudá-la nos afazeres domésticos – retrucou Francesco, com carinho e paciência, embora de maneira firme e indiscutível.

– Pois não irei. Importo-me com minha vida e felicidade! O *Signore* não está permitindo que eu seja feliz com quem amo, somente pelo fato de ele não pertencer ao nosso nível. Por que é tão preconceituoso e odeia sua única *bambina*? – berrou Francesca, encolerizada, totalmente descontrolada.

– Porca miséria! *Mamma mia!* Que passa, *Signorina* Francesca Olivetto? Está a desafiar seu *papà*? Deve-me respeito! E de onde tirou a ideia de que a odeio? Você é o único tesouro que possuo. Sua felicidade é o que mais me importa e preocupa nesta vida! Controle-se! Não está se comportando como uma moça da estirpe e linhagem secular que possui! – respondeu Francesco, também aos gritos, levantando-se abruptamente e segurando Francesca de maneira que ela não começasse a atirar-lhe os objetos dispostos em sua escrivaninha de trabalho.

– Solte-me! É um *maledetto* sem coração e odeia-me, sim! Por que proíbe minha felicidade? – respondeu Francesca, debatendo-se e tentando livrar-se dos braços do *papà*.

– Não sabe o que está falando! Sente-se, acalme-se e escute-me, Francesca! – ordenou o *papà*, praticamente jogando-a em cima da cadeira.

Francesca procurou acalmar-se, afinal, nada lhe custaria ouvir as palavras do *papà*, já que sempre fizera o que bem queria, portanto, fosse o que fosse que ele lhe dissesse, não impediria que ficasse com o *Signore* Giacomo.

Francesco tocou a sineta, chamando a empregada, e pediu que trouxesse um chá calmante. Estavam precisando. E precisaria mais ainda ter todo o tato do mundo para conversar com Francesca.

– Está mais calma, pequena criança minha? Podemos conversar agora? Ou continuará desejando agredir seu velho *papà*, que nada mais deseja do que a sua felicidade e alegria?

– Estou ouvindo, *papà*... O que tem a falar?

– *Va bene...* Giacomo pediu minha permissão para desposá-la, Francesca. Mas diga-me... O que sente por ele, minha princesa? O que viu nele?

– Enamoro-me de Giacomo, *papà*! Ele é o único que me fará feliz, entende? – respondeu em tom de súplica.

– Como sabe, *amore mio*? Afinal, não conhece outro, somente Giacomo!

– Isto é o que menos importa. Meu coração diz que ele é o único homem da minha vida, e não discutirei com meu coração, *papà*!

As coisas estavam piores do que Francesco esperava.

Se bem conhecia Francesca, nem mesmo um milagre a demoveria daquela ideia, que dirá meras palavras proferidas por um velho *papà*, que amava sua única *bambina* mais do que tudo no mundo?

– *Amore*, somente suponha que, talvez, Giacomo esteja verdadeiramente interessado em sua herança. Que acharia disto?

– Um absurdo, *papà*. Sei que o *Signore* Giacomo enamora-se de mim e tudo fará para fazer-me feliz. E digo mais: se eu fosse filha de um empregado qualquer, amar-me-ia tanto quanto ama hoje e muito mais.

– Tem certeza do que afirma? O que lhe dá esta certeza?

– A convivência com o *Signore* Giacomo. É atencioso, sempre me respeitou, e vejo, nos seus olhos, todo o amor que tem por mim.

– E caso decepcione-se futuramente? Como pensa em resolver o problema? Sabe que um consórcio, assim que realizado, perdurará até os últimos dias de suas vidas e terá que conviver com Giacomo até a velhice de ambos. Já pensou que, talvez, ele não seja tão perfeito assim? Afinal, quem de nós é?

– *Papà*, está fugindo do assunto e colocando obstáculos onde não existem! Por que me faz sofrer tanto? – respondeu Francesca e recomeçou a chorar.

– Amo-a mais do que a mim mesmo! Receio que sofra. Por que não pensa mais sobre o assunto? Aguarde o término do prazo e, então, conversaremos novamente.

– Jamais! Não mudarei de ideia. Sei que amo e sou amada. Se não der permissão para meu enlace com o *Signore* Giacomo, juro-lhe que se arrependerá. Sem ele, minha vida não tem sentido, não desejarei mais viver! – gritou Francesca, erguendo-se da cadeira e correndo para seus aposentos.

Francesco estava no auge do desespero.

O que faria?

"*Dio santo!* Mostra-me o caminho!"

Fechou os olhos repletos de lágrimas e orou como nunca antes havia feito em sua vida.

NO *MUNDO* ESPIRITUAL...

Sempre que elevamos nossos pensamentos a Deus, somos socorridos em nossas aflições.

Francesco, por amor à filha, deixou o coração falar mais alto e...

Num belo e verdejante descampado, vamos encontrar três Espíritos iluminados a conversarem calmamente...

Uma leve brisa soprava, e a noite estava amena e cálida, céu repleto de estrelas brilhantes.

As folhas das árvores farfalhavam suavemente, transmitindo muita paz e despertando a atenção para a beleza e perfeição da natureza que os rodeava.

– Irmão Clemente, o que podemos fazer por meu pupilo?

– Cássio, meu amigo, podemos enviar-lhe pensamentos de amor e coragem e intuir-lhe o melhor caminho a seguir. Mas, caso ele não nos escute, o máximo que poderemos fazer será respeitar o seu livre-arbítrio...

– Mas tanto ele já sofreu nas zonas umbralinas, por anos

e anos a fio, devido às faltas graves do passado... Será que ainda não entendeu que o único caminho que pode e deve seguir é o do amor e do perdão?

– Caro amigo... O que nos cabia fazer, enquanto Giacomo se encontrava aqui no plano espiritual, para ajudá-lo e orientá-lo, já fizemos. Cabe a ele, agora, fazer as escolhas corretas para que possa se livrar de outra temporada nas zonas umbralinas quando para cá retornar.

Geraldo, o terceiro ser translúcido que ali se encontrava, interrompeu a conversa:

– Irmãos, confiemos em Jesus, nosso irmão maior, e em Deus, nosso Pai, todo amor e justiça... Minha pupila encontra-se também no mesmo ponto em que sua vida foi interrompida na última romagem terrena. Embora tenha passado por maus bocados nas zonas umbralinas, perseguindo e obsediando nosso irmão Giacomo, tenho fé que ela saberá escolher de maneira correta dessa vez... Mas Francesca em nada mudou. Continua voluntariosa, egoísta e não pensará duas vezes, caso decida-se por colocar fim à sua vida terrena novamente. Ela não hesitará em cometer o mesmo erro!

– Quem poderá saber? – tranquilizou irmão Clemente – Não somos os donos da verdade nem tampouco possuímos uma bola de cristal para sabermos o que acontecerá nas vidas de seus respectivos protegidos. Escolhas são imprevisíveis, meus amigos! Quem nos garante que, na hora exata, Deus, nosso Pai, não nos inspirará e autorizará a impedir que erros maiores sejam cometidos ou mesmo repetidos?

– Mas dessa forma não estaríamos interferindo no livre-arbítrio de nossos pupilos? – indagou Cássio.

– Somente Deus pode autorizar que o façamos, mas saibam que isso é muito difícil de acontecer. Em geral, o livre-arbítrio é totalmente respeitado, e o que nos cabe fazer é emitir vibrações e pensamentos de amor, coragem e resignação em direção aos nossos pupilos – respondeu Clemente.

– Exatamente, irmão Clemente! – concordou Geraldo.

– Afinal, irmão Clemente... Por qual motivo Giacomo e Francesca permanecem no mesmo ciclo vicioso desde muitas encarnações passadas?

– Realmente, Cássio... Alguns séculos se passaram, e os dois ainda não aprenderam que o ódio destrói e que só o amor constrói! Não aprenderam a perdoar e não se deram conta de que os valores materiais são efêmeros e passageiros. Que a consciência tranquila é um bálsamo, uma bênção, e que praticar a caridade é a única maneira de crescer e de nos realizarmos como pessoa.

– Se os dois mandamentos deixados por Jesus fossem seguidos à risca, o planeta Terra já teria se transformado num mundo de regeneração e teria deixado de ser de provas e expiações, não é mesmo, Geraldo?

– Sem dúvida, Cássio. "Amai a Deus sobre todas as coisas e ao próximo como a si mesmo"! Belas e sábias palavras do nosso amado Mestre... Se todos tivessem conhecimento da vida espiritual, de que a vida não acaba com a morte e de que colheremos o que tivermos plantado, muita coisa ruim não teria acontecido e menos ainda continuaria acontecendo. Parece que as pessoas se odeiam cada vez mais, quando amar é tão fácil e tão bom! Um não tolera o outro, não há respeito pela vida das pessoas... – suspirou Geraldo, desalentado.

– Amigos – retrucou Clemente –, devemos amar aos nossos irmãos e mais ainda àqueles que se encontram perdidos em caminhos duvidosos e tortuosos.... Não devemos julgá-los, e, sim, pedir a Deus e a Jesus que os ilumine cada vez mais, até que encontrem o caminho correto! Quem de nós não errou ou se enganou um dia na vida? Todos conseguirão atingir o topo da elevação espiritual, basta para isso que se esforcem e que desejem progredir e aprender cada vez mais. Infelizmente, a maioria de nós só aprende através da dor, escolhendo o caminho mais difícil e espinhoso, mas mesmo esse caminho leva-nos a Deus. É claro que outros chegarão à nossa frente, mas no fim da jornada, todos nós chegaremos lá. Nenhum aprendizado se perde, apenas acrescenta conhecimento e experiência à nossa bagagem espiritual. Ninguém regride ou estaciona no decorrer da senda evolutiva. Uns caminham mais depressa, outros, mais devagar... Mas o caminho é o mesmo e nos levará ao mesmo lugar.

– Por que as pessoas complicam tanto o que é tão fácil? Vai entender... – desabafou Cassio.

– É o livre-arbítrio, meu irmão – brincou Geraldo, para desanuviar o ambiente.

– Vamos voltar ao trabalho? Seus pupilos esperam-nos. Que Deus abençoe e ilumine nossa missão! – orou Clemente, fervorosamente.

Os três seres iluminados elevaram seus pensamentos ao plano mais alto, pedindo força e coragem aos seus respectivos protegidos.

Deram-se as mãos e transportaram-se de volta à casa sede da fazenda.

Chegando ao destino, encontraram Giacomo inquieto, andando de um lado para o outro, num dos pequenos cômodos que lhe serviam de moradia.

"Por Deus! – pensava Giacomo febrilmente. – Falta tão pouco para eu chegar lá... Nada pode sair errado agora... Por que tive sensações tão estranhas ao beijar os lábios de Francesca? Naturalmente é uma bela mulher, mas nenhuma conseguiu mexer com meus sentimentos de forma tão intensa quanto ela... Pareceu-me que não era a primeira vez que nos beijávamos, que já havíamos vivido a situação... Mas como? Nunca havia me aproximado da *Signorina* Francesca até poucos meses atrás, que dirá beijar-lhe os lábios! Muito estranho... Não posso e não devo me deixar envolver nas malhas da paixão. Devo manter meus pensamentos em ordem, caso contrário, poderei colocar tudo a perder. O amor não leva ninguém a lugar algum. Quando amamos, deixamos de raciocinar com clareza, e tudo o mais passa para um segundo plano. Só o que passa a nos interessar é o ser amado, e não devo permitir que isso aconteça, mas como sei das desvantagens do amor se nunca amei a ninguém, a não ser a mim mesmo? Que pensamentos são esses que me assaltam a mente, agora?"

Cássio e Clemente trocaram um olhar de entendimento e espalmaram suas mãos em direção a cabeça de Giacomo.

Este, por sua vez, começou a sentir uma sonolência incontrolável e resolveu deitar-se, pois a noite já ia alta e, logo mais, amanheceria. Ele teria que retornar aos seus afazeres e não podia perder noites de sono em vão. Diante disso, deitou-se e fechou os olhos.

Imediatamente, viu-se fora do corpo. Olhou ao redor.

Cássio, Clemente e Geraldo fizeram-se visíveis a Giacomo.

– Quem são vocês? O que fazem em minha residência? Eu os conheço? – indagou Giacomo, confuso, tentando lembrar-se de onde conhecia aquelas pessoas.

– Giacomo, somos seus amigos de longa data e desejamos conversar um pouco com você – respondeu Cassio, prontamente.

– Ora, mas eu os conheço? Quais assuntos teríamos em comum? Vocês interessam-se por terras, plantações? – perguntou Giacomo, ainda sem entender o que estava acontecendo.

– Já lhe disse que somos amigos, embora, talvez, não possa se lembrar disso no momento! – retrucou Cássio.

– Não seria melhor que ele lembrasse, irmão Cássio? – sugeriu Clemente.

– Talvez... Então, façamos com que se lembre – aquiesceu Cássio e, prontamente, os três seres translúcidos projetaram uma tela mental à frente dos olhos de Giacomo.

Giacomo assistiu ali como se fosse a um filme, em que o personagem principal era ele mesmo. Reconheceu-se em diversas ocasiões e situações e, ao findar a projeção, como num estalo, exclamou, emocionado:

— Cássio, é você, meu amigo?

— Sim, Giacomo. Precisamos conversar. Por que insiste no erro? Já não bastaram os seis decênios que passou nas zonas umbralinas? – respondeu Cassio, colocando a mão no ombro do seu protegido e olhando-o tristemente.

— Para aquele inferno não retornarei, jamais! – revoltou-se Giacomo.

— Como deseja não retornar se continua errando, apesar do tanto que sofreu e de tudo o que tentamos lhe ensinar, meu irmão? – indagou Clemente, bondosamente.

— Quantas vidas já ceifou nesta sua atual romagem terrena? – perguntou Geraldo que, até então, ativera-se apenas a observar os acontecimentos.

— Foi necessário! Aquelas pessoas estavam em meu caminho, e mereço ser o melhor de todos! – exclamou Giacomo, com arrogância e sem demonstrar o mínimo arrependimento.

— Quem pensa que é? Se nem Jesus, nosso irmão maior, admite ser o melhor e o maior, que dirá você, Giacomo?! Onde estão suas promessas de melhorar-se nesta atual romagem terrena? Recorda de suas promessas, enquanto ainda no plano espiritual? Por que não resiste às suas más tendências e tenta começar a amar e perdoar? Por que atrasa sua evolução espiritual e valoriza tanto as coisas efêmeras? Pensa, acaso, que trará consigo as terras e a fortuna do *Signore* Francesco quando retornar ao verdadeiro lar? Pensa que suas vítimas acatarão suas maldades e perdoarão o fato de ter-lhes tirado suas vidas, por ambição desmedida? Pensa que Francesca perdoará o fato de ter sido usada e enganada mais uma vez por você, Giacomo? Onde o amor que dizia sentir por ela? Quem ama não mata, Giacomo! – despejou Clemente, de maneira firme e inquestionável.

– Ora, o amor... Amo Francesca, mas... – Giacomo não encontrava palavras para explicar-se e começava a questionar seus atos.

– Isso mesmo. Questione, analise e diga-me: está no caminho certo, Giacomo? – indagou Geraldo.

– Giacomo, você possui muitos inimigos de outras vidas, que se encontram ainda no plano espiritual, e eles não perderão a oportunidade de levá-lo ao fundo do poço. Não dê guarida aos maus pensamentos, não agasalhe a mesquinhez e a ambição desmedida em seu coração, pois, caso o faça, não poderemos ajudá-lo. Será abandonado à própria sorte, é isso o que deseja? – questionou Clemente, imperiosamente.

– Como faço para pedir perdão às minhas vítimas do passado? – quis saber Giacomo, derramando lagrimas abundantes.

– Está mesmo arrependido ou é o medo que lhe assalta no momento? Se já é difícil nos defendermos dos inimigos que conseguimos enxergar, que dirá daqueles que não vemos? Eles estão por toda a parte, e a cada ato nefando que praticamos, mais ainda atraímos esses irmãos infelizes. Você já está muito comprometido com a Lei, meu irmão. Para pedir perdão é necessário, antes de qualquer coisa, arrepender-se sinceramente dos seus atos e, mesmo assim, não há garantia de que será perdoado por suas vítimas. Sabe qual a única maneira de resolver o problema? Transformar-se interiormente, evitar cometer os mesmos erros, amar sempre e sempre mais, ajudar as pessoas com as quais convive, respeitar os acontecimentos do jeito que são, pois o acaso não existe e, se as coisas são e estão do jeito que estão, Deus sabe o motivo, portanto, está tudo certo do jeito que está – explanou Cássio.

– Só agindo assim é que suas vítimas do passado verificarão, por si mesmas, que seu arrependimento é sincero e "talvez" perdoem seus crimes, Giacomo. E independentemente desse perdão ser-lhe ou não dado, você colherá o que plantou, pois se aprendeu algo até hoje, Giacomo, foi que o plantio é livre, mas a colheita é obrigatória. Portanto, por mais perdoado que seja, não fugirá do cumprimento da Lei de Causa e Efeito – completou Clemente.

– Tenham misericórdia, amigos! – implorou Giacomo, ajoelhando-se aos pés de Cássio.

– Deveria ter pensado nas consequências dos seus atos antes de cometê-los, mas nunca é tarde, e o que desejamos saber é se começará, desde já, a corrigir seus erros e dar tudo de si para melhorar-se intimamente – inquiriu Geraldo.

– Como poderei fazer isso? – perguntou Giacomo, segurando as mãos de Clemente junto ao coração.

– A resposta está dentro de você. Busque e achará! Não podemos interferir em seu livre-arbítrio, apenas aconselhá-lo no melhor caminho a seguir. Nossa parte já foi feita e continuará sendo. Cabe a você fazer a sua! Lembre-se de que só o amor constrói e o perdão sincero é um bálsamo para nossa alma, calejada de erros e desmandos. Recue diante do seu plano diabólico. Não leve adiante tal desatino. Se ama mesmo a menina Francesca, consorciem-se, mas respeite-a e, principalmente, poupe o *Signore* Francesco de suas ideias nefandas! Ele já lhe pediu perdão por seus erros passados, tratando-o, até hoje, com todo o respeito e consideração. Admira seu trabalho e reconhece seu valor. Para que enredá-lo nas teias do ódio e da vindita novamente? Permita que a vida siga o seu curso e verá que agiu de maneira correta. Então, o que nos diz? – inquiriu Clemente.

Giacomo não sabia o que responder.

Como desistir agora, que estava a apenas um passo de atingir seu objetivo?

Por outro lado... Se o enlace com Francesca realmente se

realizasse, seu objetivo seria cumprido da mesma maneira, embora demorasse mais tempo para tal.

Estava decidido! Se o consórcio realmente se realizasse, esqueceria suas ideias nefastas a respeito do *Signore* Francesco e trataria de usufruir, não só do amor de Francesca, como também dos seus bens materiais. Não seria necessário derramar sangue, portanto.

Embora não soubesse, os três seres na sua frente acompanhavam cada pensamento dele e estavam começando a questionar se havia valido a pena toda aquela conversa...

Teria adiantado?

Giacomo finalmente colocaria a mão na consciência e começaria a praticar todo o aprendizado adquirido, enquanto ainda no plano espiritual? Cumpriria as promessas feitas diante deles, do *Signore* Francesco e de sua filha? Deixaria o amor desabrochar em seu coração, relegando o ódio e a ambição?

As respostas a essas perguntas, somente Giacomo poderia dar.

O que lhes era possível fazer em relação ao assunto, já havia sido feito. Continuariam orando e pedindo a Deus por aquele irmão, que ainda se encontrava perdido nas trevas da ignorância.

Giacomo acordou em seu corpo material e teve a nítida impressão de que algo muito importante havia se passado enquanto dormia.

Tinha a sensação de que deveria rever seus planos.

Mas de onde viera ideia tão absurda? Já não estava tudo certo?

Não.

Era melhor repensar o assunto...

A *CHANTAGEM* DE FRANCESCA

Duas semanas haviam decorrido desde aquela noite estranha, e Giacomo achava que talvez não precisasse lançar mão de atitudes mais radicais em relação ao *Signore* Francesco.

Se bem conhecia a *Signorina* Francesca, ela tudo faria para que o enlace de ambos fosse autorizado, portanto cabia-lhe esperar os acontecimentos e deixar a vida seguir o seu curso.

Na casa sede da fazenda, o ambiente estava tenso.

A *Signora* Maria Antonieta havia sido colocada a par dos últimos acontecimentos e temia pelo futuro de sua *bambina*, mas não podia fazer nada, já que as mulheres, na época, não tinham o direito de opinar em nenhum assunto e deviam aceitar o que quer que fosse decidido pelos seus pais ou maridos.

Restava-lhe rezar muito e pedir a Deus que fosse feito o melhor para todos.

Pessoalmente, desejava um consorte mais apropriado para Francesca, mas se havia amor entre ambos, deveria na verdade desejar que fossem muito felizes.

Cobria-a de mimos e carinhos e recomendava, a todo instante, que ela tivesse calma e paciência, pois tudo daria certo. Conhecia o temperamento de Francesca e receava o pior.

Francesca, por sua vez, não se continha de tanta ansiedade. Emagrecera e perdera totalmente o apetite, o que preocupava sobremaneira os seus zelosos genitores.

Enquanto não conseguisse a aquiescência do *papà* para o consórcio com Giacomo, não sossegaria.

E se ameaçasse se matar? E se chegasse à frente do *papà*, armada de um punhal, e dissesse que, se ele não lhe desse a resposta que desejava naquele momento, tiraria a própria vida?

Sim, era uma ideia. Sabia o quanto era amada pelo *Signore* Francesco, portanto ele não resistiria a uma cena dessas. Seu *papà* sempre lhe fizera as vontades e não seria diferente nas atuais circunstâncias...

Mais do que depressa, colocou o plano em prática.

Sabia que no escritório do *papà* havia um punhal, cujo cabo era cravejado de pedras preciosas.

O *Signore* Francesco guardava-o como a uma relíquia, pois a arma pertencera a muitas gerações da família Olivetto. Mostrara-o a Francesca quando esta ainda era uma criança, e ela achara-o belíssimo, pois as pedras que enfeitavam seu cabo faiscavam e fascinavam seus olhos infantis. Pediu-o de presente ao *papà*, mas naturalmente seu pedido foi negado. Não adiantaram suas lágrimas e seus trejeitos de raiva. O *papà* havia sido firme pela primeira vez em sua vida e, devido à pouca idade, Francesca logo esquecera o incidente e distraíra-se com outros assuntos.

Mas agora lembrava-se perfeitamente da ocasião. Esperaria o *papà* sair para percorrer a fazenda, como fazia todos os dias, e iria até o escritório.

Foi o que fez.

Logo que ouviu seu *papà* batendo a porta de frente da casa, dirigiu-se ao escritório, tendo o cuidado de verificar se não estava sendo observada por alguma serva.

Entrou discretamente no escritório e começou a procurar o que desejava.

Abriu e fechou diversas gavetas, e nada de localizar a arma.

De repente, seus olhos se depararam com um móvel que se encontrava meio escondido num canto da sala e teve a certeza de que era ali que estava o que desejava.

Encontrou o punhal e guardou-o cuidadosamente entre os seios.

Saiu sorrateiramente do escritório e voltou aos seus aposentos.

Deparou-se com Concetta, que havia muito estava a sua procura.

– O que passa, *Signorina*? Não sairá para seu passeio?

– Hoje não iremos, Concetta. Estou sentindo-me indisposta e gostaria de ficar sozinha com meus pensamentos – redarguiu Francesca, apertando levemente com os dedos o objeto entre seus seios. – *Per favore,* saia, quando eu precisar de você, chamarei.

– *Va bene, Signorina* – respondeu Concetta, estranhando deveras o comportamento de sua amiga de infância, mas não estava ali para discutir e, sim, obedecer.

Francesca deitou-se, tendo o cuidado de guardar o punhal dentro da gaveta existente ao lado de sua cama, e entregou-se a pensamentos angustiosos e febris.

Geraldo, ao seu lado, emitia energias de paz e reconforto em direção a ela, mas sua faixa vibratória estava tão baixa que, praticamente, de nada adiantava seu esforço.

Virou-se para Clemente e perguntou se não poderia fazer com Francesca o mesmo que Cassio fizera com Giacomo.

Clemente concordou e passou a ajudá-lo na tarefa a que se propusera.

Francesca sentiu uma agradável sonolência e, mesmo inquieta, decidiu dormir um pouco. Quem sabe, quando acordasse, suas ideias estariam mais claras, e teria achado uma maneira melhor de abordar seu *papà* e exigir dele uma resposta imediata?

Viu-se fora do corpo físico e olhou ao redor. Onde estava? Ah, em seus aposentos... Mas quem eram aqueles homens tão iluminados que estava vendo à sua frente? Aquela luz chegava a ofuscar-lhe os olhos... Foi obrigada a cobri-los com os braços. Seriam santos? Sua mãe sempre lhe falara de Deus e de santos, mas será?

Percebendo o desconforto de Francesca, diminuíram a intensidade do brilho e aproximaram-se.

Ela resolveu perguntar-lhes diretamente quem eram.

– Somos seus amigos, Francesca. Viemos ajudá-la – respondeu Geraldo, em pensamento.

– Ajudar-me? Vieram convencer meu *papà* a aceitar Giacomo como meu consorte? – perguntou Francesca, esperançosa.

– Não, linda menina. Viemos conversar um pouco e tentar demovê-la de cometer certos desatinos – respondeu Clemente, com muito carinho, ao mesmo tempo em que emitia eflúvios de paz e conforto em direção à moça.

Francesca imediatamente sentiu-se mais calma, confiante, e deu prosseguimento ao diálogo.

– Em que os amigos podem me ajudar?

– Faremos com que se recorde de alguns fatos passados para que nossa conversa flua mais facilmente e consigamos fazê-la compreender a realidade das coisas – respondeu Geraldo.

Francesca permaneceu em silêncio e o mesmo processo decorrido com Giacomo deu-se com ela.

Na tela em sua frente, Francesca via um casebre numa longínqua localidade. Não havia viva alma num raio de quilômetros. De repente, surgiu uma bela mulher, aos prantos. Seu desespero era patente.

Francesca compadeceu-se de tal figura e, quando pensou em questionar, Geraldo fez-lhe em sinal para que aguardasse as próximas cenas, calmamente.

O filme foi descortinando-se, e quanto mais observava os acontecimentos, mais chocada ficava...

Quem era aquela mulher?

Conheci-a de algum lugar. Sentiu o peito opresso e cobriu a boca com as mãos trêmulas, abafando um grito de terror.

À sua frente, aquela mesma mulher jazia agora numa poça de sangue.

Havia, num ato tresloucado, tirado a vida com as próprias mãos.

Francesca sentia uma dor lancinante na altura do coração e quase veio a desfalecer.

Geraldo, mais do que depressa, aplicou-lhe alguns passes de refazimento e elevou seu pensamento a Deus, pedindo-lhe que olhasse por aquela irmã, que, havia muitas vidas, vinha tentando aprender a valorizar a própria vida e ainda não conseguira.

Na verdade, Caroline, era esse o nome de Francesca naquela vida pregressa, havia fugido do castelo onde morava com seus pais, Conde e Condessa G, e seus dois irmãos, para viver clandestinamente com Rodolfo, o homem pelo qual se apaixonara perdidamente e com quem fora proibida de unir-se em matrimônio por seu genitor, homem frio e calculista, que não tinha amor por nada nem ninguém, apenas pelo seu ouro, que trancafiava, avaramente, nos calabouços de seu rico castelo, ornamentado pelas mais preciosas obras de arte e tapeçarias.

Rodolfo era proprietário do castelo vizinho, mas seu pai,

Barão de K, era inimigo mortal do Conde G, e muitas disputas haviam sido praticadas entre eles, por motivos banais, mesquinhos e vãos.

Caroline, moça bela e altiva, não se conformava com a avareza do progenitor e muito menos com a maneira com que tratava sua mãe, a Condessa G.

Jurara, a si mesma, consorciar-se com um belo mancebo o mais rápido possível para que pudesse libertar-se da opressão paterna, mas Rodolfo cruzara seu caminho e, a partir de então, nada mais havia-lhe importado.

Rodolfo tentara pacificamente selar o enlace com a permissão do Conde G, mas a tentativa fora em vão.

Conde G mandara seus capangas saírem em perseguição a Rodolfo, ferindo-o quase mortalmente, mas ele, ainda convalescente, procurou Caroline às escondidas e propôs-lhe a fuga.

Ela, sem pestanejar, combinou tudo com o homem amado e, numa noite sem estrelas, saiu sorrateiramente do castelo, montando num cavalo já preparado antecipadamente por um servo de sua confiança, saindo a todo galope em direção ao local onde havia combinado de se encontrar com Rodolfo.

Encontraram-se os dois enamorados e viveram juntos por um período de relativa paz e harmonia.

Enquanto isso, no castelo, Conde G não descansaria enquanto não eliminasse aquele que ousara roubar-lhe o que considerava de sua exclusiva propriedade.

Sim, apesar de Caroline ser humana, Conde G não via as coisas sob esse prisma e considerava que tudo e todos pertenciam a ele, o único que poderia pôr e dispor de seus "bens" quando e como lhe aprouvesse.

Mesmo porque, o infeliz mancebo era filho de seu maior inimigo, e seu orgulho não permitiria que Caroline se unisse a alguém tão desprezível.

Sua preocupação paterna em relação à filha era totalmente inexistente, tanto assim era que resolvera que, ao encontrá-los, eliminaria os dois de uma só vez.

Não se amavam os infelizes? Não haviam desafiado o poderoso Conde G?

Nada melhor e mais prático do que padecerem juntos sob o fio de sua espada!

Sombras escuras sugavam as energias do Conde G, sussurrando-lhe palavras e sugestões infernais...

Era o plano espiritual inferior agindo sob a influência da lei das afinidades, atração e repulsão.

As buscas continuavam frenéticas.

Enquanto isso, num casebre distante dali...

Rodolfo acabara de sair para caçar, e Caroline sentia uma estranha sensação a sufocar-lhe...

Sentia que o ar lhe faltava e teve um terrível pressentimento.

Empalideceu, caiu de joelhos e, de olhos fitos no teto, pediu fervorosamente:

"Deus, se existe mesmo, o que duvido muito... Salva meu Rodolfo! Sinto que ele corre perigo e não tenho a quem recorrer. Ouça minha súplica e atenda-me, por misericórdia...."

Soluçava desesperadamente e se encolheu num canto, sem conseguir pensar em mais nada que não fosse a segurança de Rodolfo.

Enquanto isso, o Conde G estava sendo informado de que haviam localizado o casebre onde os fugitivos haviam se escondido.

Antegozando a vingança, Conde G armou-se da maneira mais completa possível e saiu ao encontro dos seus inimigos, acompanhado de mais alguns homens de sua confiança.

O que o Conde G desconhecia é que havia, em seu castelo, um servo fidelíssimo a Caroline e, desde que esta partira, ele procurara ficar à espreita para descobrir os próximos passos do seu odioso *Signore*. Qualquer eventualidade, sua intenção era a de tomar a frente do Conde G e avisar a *Signorina* Caroline, caso estivesse correndo perigo, para que tivesse a chance de fugir com o *Signore* Rodolfo, antes que a tragédia se abatesse sobre suas cabeças.

Diante desse fato inusitado, o servo em questão já estava a meio caminho do destino de Conde G e dava tudo de si e de sua montaria para que conseguisse chegar até Caroline o quanto antes.

Dia após dia, o servo seguia em frente e já estava quase chegando onde precisava.

Mas, infelizmente, quando é chegada a hora da partida, por mais que façamos para impedir ou adiar o inevitável, não o conseguimos...

Rodolfo havia saído para caçar e, ao invés de seguir à frente de onde se localizava o seu esconderijo, voltou algumas léguas, justamente na direção de onde o Conde G se aproximava, pois considerava que a caça naquelas paragens seria mais farta e variada.

Desconhecendo o desfecho funesto que estava para acontecer, encontrava-se Rodolfo na beira da estrada, ao lado de seu cavalo, descansando e refrescando-se, quando viu ao longe alguns homens se aproximando.

Devido à distância em que se encontrava dos tais homens e pelo fato de já terem se passado alguns meses da fuga, Rodolfo não considerou que aqueles cavalheiros estivessem à sua procura e deduziu que eram apenas estranhos a caminho de algum lugar mais adiante.

O servo de Caroline apeou um pouco distante de onde

sabia que ela estava escondida a fim de que seu cavalo recuperasse as forças. Ele achava que estava em vantagem em relação ao Conde G e, portanto, não seria necessário que se apressasse. Tudo daria certo e, para evitar perder sua montaria, nada custava ele mesmo descansar um pouco também.

Mal sabiam o servo e Rodolfo que estavam muito próximos um do outro, mas a visão não alcançava o quanto. Ouviram um tropel de cavalos, e o servo escondeu-se rapidamente atrás de uma moita, observando quem vinha se aproximando.

Rodolfo não teve tempo de fazê-lo e o máximo que conseguiu foi dar um gemido inaudível antes de cair morto, ferido cruel e traiçoeiramente pelas costas, pelo Conde G.

Conde G deduziu que Caroline deveria estar próxima dali, pois o verme que jazia morto aos seus pés não a deixaria sozinha por muito tempo, devido aos dois estarem sendo procurados.

Como não estava com pressa de terminar o serviço, ordenou aos companheiros que apeassem e descansassem por alguns minutos antes de prosseguirem.

O servo, mais do que depressa, montou e saiu em disparada em direção ao esconderijo de Caroline como se mil demônios estivessem ao seu encalço, o que não deixava de ser verdade.

Resfolegando, chegou à porta do casebre e, aos gritos, chamou pela moça.

Esta, assustadíssima, prevendo uma desgraça, correu ao encontro do servo e foi colocada a par dos últimos acontecimentos nefandos.

Quase desfalecendo, dispensou o servo fiel para que pudesse salvar a própria vida e regressou ao casebre.

Agora, nada mais fazia sentido... havia perdido Rodolfo...

Para que continuar vivendo?

Mesmo porque, seu pai chegaria dentro de poucos minutos e matá-la-ia da mesma forma.

Por que não lhe adiantar o serviço e poupar-lhe o trabalho?

Unindo os pensamentos à ação, pegou o facão que Rodolfo havia deixado para que ela se protegesse de qualquer eventualidade ou animal selvagem e enterrou-o no peito, sem um único gemido...

Caiu e, rapidamente, uma poça de sangue se formou à sua volta e não se lembrou de mais nada, mergulhando num vazio e escuro túnel sem fim....

Foi exatamente essa cena que tanto chocou Francesca.

Finda a exibição das cenas, nenhuma palavra foi dita.

Francesca lutava contra a náusea, o mal-estar e tentava de todas as maneiras entender exatamente o que havia se passado.

Clemente suspirou profundamente e dirigiu-se a ela:

– Francesca, entendeu agora o motivo da nossa visita? Compreendeu que não deve incorrer no mesmo erro? Que a oportunidade reencarnatória dada por Deus a todos nós não pode e não deve ser desperdiçada? Que devemos ter coragem e discernimento para enfrentar nossos problemas, já que foram causados por nós mesmos? Que quem ama não mata a outrem nem a si mesmo? Que Rodolfo foi a vítima nessa ocasião, mas como desconhece outros fatos, garanto-lhe que ele também foi o algoz em outras épocas, que não a que presenciou aqui? Que Rodolfo é Giacomo reencarnado e o Conde G de outrora é o *Signore* Francesco de hoje?

– Deus! Como isso é possível? O que devo fazer diante de tantas informações novas? – desesperou-se Francesca, recomeçando a soluçar.

– Percebeu ao menos o que NÃO deve fazer? – inquiriu Geraldo.

– Sim. Achava que, pressionando *papà*, conseguiria meu intento mais rapidamente, mas diante de tudo o que vi e ouvi, não sei mais como agir... – respondeu Francesca, desconsolada.

– Quanto à maneira correta de agir, somente a você caberá decidir e arcar com as consequências de suas escolhas. O que desejamos é que considere que a vida de qualquer ser vivente, seja vegetal, animal ou hominal, é por demais preciosa e tem por objetivo a evolução espiritual de todos eles, portanto não deve dispor de sua vida como se a mesma lhe pertencesse, pois ao retornar à pátria maior, seu invólucro carnal retornará à terra de onde veio, mas seu Espírito é eterno e terá que responder por cada ato, cada palavra e cada pensamento – avisou Clemente, imperioso.

Francesca nem sabia o que dizer.

Quanta responsabilidade! Não que tivesse entendido muito bem as palavras daquele iluminado ser, mas, no fundo, no fundo, sabia que tudo o que eles lhe disseram era verdade.

A jovem remexeu-se na cama e acordou assustada.

Levantou-se num salto e olhou para todos os lados.

Onde estavam aquelas pessoas com quem havia conversado?

Quem era, afinal, Rodolfo?

Será que enlouquecera?

Não.

Algo havia acontecido, e Francesca lembrou-se do punhal guardado em sua gaveta.

Deveria usá-lo mesmo?

Por que, neste momento, achava que não?

A DECISÃO DO SIGNORE *FRANCESCO*

No dia seguinte, o prazo pedido pelo *Signore* Francesco chegaria ao fim.

Giacomo não cabia em si de tanta ansiedade.

Francesca encontrava-se confusa, pois o sonho que tivera, naquela tarde, não lhe saía da lembrança.

Sabia que, no dia seguinte, teria a resposta que tanto aguardava.

Mas sem entender como, nem por que, não estava tão aflita quanto antes.

O dia transcorreu sem acontecimentos dignos de nota, e a manhã seguinte chegou esplendorosa.

O Sol brilhava intensamente e parecia que a Natureza, em peso, resolvera demonstrar a vida e a alegria que possuía.

Francesco não dormia havia muitas noites.

Penosamente, tomou a decisão que tanto adiou.

Mandou chamar Giacomo ao seu escritório e, enquanto esperava a sua presença, matutava e pedia aos céus que estivesse agindo da melhor maneira possível.

Ouviu duas batidas à porta, respirou profundamente e pediu que Giacomo entrasse.

— *Buon giorno, Signore* Francesco.

— Espero que seja um bom dia mesmo, Giacomo Antonelli — respondeu Francesco, gravemente.

— E por que não seria? Basta que dê a resposta que tanto almejo e garanto-lhe que teremos inúmeros dias, meses e anos bons pela frente — ironizou Giacomo.

— Será? Mas vamos ao que interessa. Diante de todos os acontecimentos que se sucederam ao seu pedido absurdo, já tenho a resposta que deseja. Pensei muito e resolvi que se minha Francesca o considera o consorte ideal, que seja feita a sua vontade. Mas entenda bem, Giacomo Antonelli: não ouse fazer minha *bambina* sofrer, pois não hesitarei em tirar-lhe a vida com minhas próprias mãos se isso vier a acontecer — ameaçou Francesco, de punho fechado e dedo em riste.

— Isso não me surpreende! — disse Giacomo.

O que estava dizendo?

Acaso enlouquecera?

Nunca soubera que nenhum assassinato fora cometido por Francesco Olivetto!

Por que sua ameaça havia tocado tão fundo em sua alma?

Até parecia que já tinha passado por situação parecida. De onde tirara isso?

Passou as mãos pelos cabelos empapados de suor, procurou controlar-se e dirigiu-se ao homem.

— Fico feliz por ter-se decidido pelo melhor e mais fácil caminho. Diante disto, nada mais nos resta a fazer a não ser marcar a data do enlace e, de preferência, que seja para breve, pois eu e a *Signorina* Francesca já perdemos muito tempo, e não sou mais nenhum menino. Pretendo formar minha família o quanto antes – afirmou Giacomo, sentindo-se o dono da situação.

Ideias contraditórias passavam pela mente de Giacomo...

Parecia que vozes soturnas lhe sussurravam: "Mate-o! Ele é seu inimigo! Matou-o também! Vingue-se!"

Sentindo o ar faltar-lhe, despediu-se rapidamente de Francesco, que não entendeu nada, e dirigiu-se à sua casa, quase a correr.

Se Giacomo pudesse ver o que se passava no plano espiritual, entenderia o que estava acontecendo e de onde se originava todo seu mal-estar.

Inimigos de outrora estavam vampirizando-o e inspirando-lhe ideias macabras, incessantemente, dia após dia, noite após noite.

Cássio, presente a todos os acontecimentos, materiais e espirituais, procurava, de todas as formas, amenizar as energias negativas que aqueles irmãos infelizes jogavam em cima de Giacomo, mas, para que conseguisse realmente fazê-lo, precisaria que seu pupilo saísse daquela faixa vibratória e sintonizasse com ele.

Clemente adentrou o recinto e procurou ajudar Cássio.

Procuraram inspirá-lo a pensar em coisas positivas e no amor que sentia por Francesca.

Giacomo tremia como se queimasse em febre. Jogou-se em sua cama e tentou equilibrar-se.

Achava que ia morrer...

Será que estava sendo vítima de algum mal súbito?

Justamente agora que conseguira?

Sua saúde sempre fora boa e não era possível nem justo que, fosse quem fosse que comandasse a vida e a morte, o tirasse dali naquele momento.

Lembrou-se daquele sonho.

Pareceu ver, à sua frente, um homem sorridente e amigo, mas não sabia de onde o conhecia. De suas mãos jorravam luzes coloridas e pareceu-lhe que este dizia que ele, Giacomo, deveria pensar em Deus, em Francesca...

Sabia que existia algo ou alguém superior a tudo e a todos, mas nunca se preocupara com isso.

As imagens embaralhavam-se diante de seus olhos.

Parecia ver Cornélio com a mão na garganta e rindo, rindo muito, ao mesmo tempo em que o ameaçava de punhos erguidos, blasfemando e usando de palavras pouco lisonjeiras.

Via mulheres com suas vestes empapadas de sangue, tendo nos braços crianças esquálidas e brancas como cera.

Via homens, de todas as idades e raças, rindo, ameaçando-o, jurando vingança...

Mas o que estava acontecendo?

Cássio e Clemente tentavam de todas as maneiras tirar Giacomo do alcance de seus algozes. Elevaram fervorosamente uma prece a Deus e pediram que Ele, em sua eterna misericórdia, iluminasse-os para que conseguissem ajudar aquele irmão.

De repente, o quarto encheu-se de luz, e as vítimas do passado de Giacomo debandaram desesperadas. Aquela luz queimava seus corpos e ofuscava seus olhos...

Os irmãos do Cordeiro estavam agindo.

Nada podiam contra eles.

Seria melhor uma retirada estratégica. Não faltariam

oportunidades para que levassem seus planos de vingança em frente.

Muitos seres etéreos e iluminados adentraram o recinto onde estava Giacomo, que jazia inerte em sua cama.

O suor empapava as roupas que cobriam seu corpo.

Cássio, Clemente e outros companheiros de jornada emitiam energias de limpeza no ambiente, e irmãos socorristas cuidavam do moço.

Em espírito, Giacomo estava desmaiado exatamente como seu corpo material.

Cássio perguntou a Clemente o que aconteceria com ele.

– Aguardemos instruções do Alto e continuemos em prece. Estamos numa encruzilhada, e somente Deus poderá dizer se poderemos ou não interferir nos acontecimentos.

Alguns minutos se passaram, Clemente abriu os olhos lúcidos e repletos de sabedoria, sorriu e disse a Cássio:

– Já estou a par do que deveremos fazer. Vamos dar um susto em seu pupilo.

– Quer dizer... Um tratamento de choque? – perguntou Cássio, não crendo em seus ouvidos.

– Entenda como quiser. Vamos... Despertemos Giacomo em perispírito, suavemente.

Das palavras à ação, Giacomo começou a despertar do torpor no qual se encontrava.

– Cássio, é você novamente, meu amigo e protetor? – balbuciou fracamente.

Cássio assentiu e aguardou que Clemente tomasse a frente da situação.

– Muito bem, Giacomo. Sua sentença já foi proferida – anunciou Clemente, observando a sua reação.

– Sentença? Morri? Fui condenado? O que posso fazer? – desesperou-se.

– Sabe perfeitamente que a morte não existe. Fomos informados, por nossos irmãos maiores, que está em suas mãos continuar ou não em sua atual romagem terrena – informou ainda Clemente.

– Como? Não compreendo. Ainda vivo?

– Terá que escolher entre duas saídas. Ou volta ao seu corpo e continua sua senda evolutiva no plano material ou retornará imediatamente para as zonas umbralinas, em Espírito eterno que é e onde suas vítimas de outrora o aguardam ansiosamente para fazerem cumprir a Lei! – proferiu Clemente.

Cássio disfarçou o espanto e aguardou os acontecimentos.

– Não !!! Tenham misericórdia! Para aquele inferno não retornarei! O que devo fazer para evitar desfecho tão trágico? – implorou Giacomo, ajoelhando-se aos pés de Clemente, em atitude de submissão e respeito ilimitados.

– Bem, já que perguntou, a única maneira de ADIAR seu retorno aos abismos umbralinos é perdoando ofensas passadas e esquecendo completamente sua ideia de assassinar o *Signore* Francesco – anunciou Clemente, triunfante.

– Como... ADIAR meu retorno? – indagou Giacomo sem entender.

– Quero dizer que o máximo que lhe concederam foi o adiamento de sua volta àquelas paragens. Não esqueça de que terá de resgatar seus crimes e corrigir seus erros quando retornar ao plano astral. Deus, em Sua infinita misericórdia, concedeu-lhe um prazo maior, pois confia em seu discernimento e espera que pare de cometer desatinos o quanto antes. Então, o que decide? O que prometer terá de cumprir, caso contrário, será abandonado à própria sorte, e deixaremos que suas vítimas de ontem façam cumprir a Lei, sem nenhuma interferência de nossa parte – intimidou-o Clemente, finalizando a tarefa que o Plano Maior lhe havia conferido.

– É claro que prometo! Cássio, diga alguma coisa...

– Giacomo, faço minhas as palavras de Clemente e só posso torcer para que realmente cumpra sua promessa, para o seu próprio bem – acrescentou Cássio, compadecido.

– Para que a promessa seja gravada em sua mente, sentirá um mal-estar bem próximo ao que sentiu hoje cada vez que permitir que pensamentos indignos e nefandos assaltem-lhe a mente, para que lhe sirva de lembrete e lição nos dias, meses e anos vindouros – avisou Clemente.

– Aceito, aceito, meus amigos. Muito obrigado! Que Deus abençoe vocês! – disse Giacomo, emocionado e feliz.

Tendo sido resolvida a questão, Cássio e Clemente fizeram com que o perispírito de Giacomo adormecesse, assim como seu corpo físico, e afastaram-se dali, com a grata sensação do dever cumprido.

– Clemente, meu amigo...

– Já sei, Cassio. Não entendeu nada, não é? – interrompeu Clemente, antevendo as dúvidas do amigo – Eu já havia-lhe dito que, em raríssimas ocasiões, Deus permite que façamos o que foi feito com Giacomo. Ele teve todas as chances que precisava para que modificasse sua maneira de agir e pensar, por livre e espontânea vontade, mas não o fez. Alguns séculos se passaram, e muito pouco nosso irmão cresceu e evoluiu. Ninguém é inocente perante a Justiça Divina, mas isso não quer dizer que possamos sair por aí, interrompendo a senda evolutiva de nossos irmãos, simplesmente por ambição e maldade desmedidas. Giacomo passou de todos os limites permitidos por Deus, então, foi ordenado que as coisas acontecessem da maneira que aconteceram. Mais alguma dúvida, Cássio? – finalizou Clemente, abraçando fraternalmente seu irmão de jornada.

– Nenhuma. Obrigado por esclarecer-me. E mais grato ainda estou por ter tanto a ensinar-me. Não tenho palavras para agradecer-lhe e demonstrar todo o apreço e admiração que sinto por sua pessoa. Como é sábio, iluminado e humilde, irmão Clemente! – respondeu Cássio, à beira das lágrimas, pois sua emoção e gratidão eram indescritíveis.

– Deixe de lorotas, Cássio. Assim, ficarei constrangido. Não mereço seus elogios e não sou superior a você em absolutamente nada. Apenas possuo boa vontade, pois sei que embora você me considere sábio e iluminado, não passo de um mísero servo de Jesus, ignorante e passível de erros e acertos. Mudemos de assunto, pois temos muito trabalho pela frente – finalizou Clemente, afastando-se através da volitação, sem dar chance a Cássio de retrucar ou continuar com seus elogios.

A MUDANÇA RADICAL DE GIACOMO

Dois dias após o mal-estar que sentira, Giacomo encontrava-se à espera de Francesco para que ultimassem os preparativos dos esponsais, que se dariam dali a noventa dias.

Assim o fizeram, e Giacomo, após resolver todas as pendências sobre o assunto, foi ao encontro da *Signorina* Francesca, que não cabia em si de tanta felicidade.

Giacomo havia mudado radicalmente após quase ter estado à beira da morte.

Não pensava mais em tirar Francesco do seu caminho, não desejava mais nada que não lhe pertencesse por direito e estava disposto a conviver com Francesca da melhor forma possível, pois se amavam e nada mais tinham a temer.

Teria em seus braços a mais bela *ragazza* daquelas paragens e, finalmente, poderia construir uma família saudável e feliz. Nunca mais passaria por privações materiais e seus filhos teriam todas as condições para se instruírem e tornarem-se homens ou mulheres dignos de carregarem o sobrenome Olivetto Antonelli. Nenhuma mancha do passado de Giacomo respingaria nos seus, pois ele jamais tiraria a vida de alguém novamente.

Por certo, seus pesadelos não o abandonaram por completo, e ainda passava noites em claro, com medo de adormecer e ser atirado àqueles abismos, que tão bem conhecia, por seres escuros, grotescos e repletos de ódio no coração. Pressentia que, toda vez que sentisse a aproximação desses seres, deveria firmar o pensamento nos entes iluminados que lhe apareceram em sonho e pedir clemência e misericórdia a Deus. Sempre que se lembrava de assim agir, sentia um bem-estar imediato e conseguia, por fim, conciliar o sono sem maiores sobressaltos.

Se já amava seu trabalho, passou a dedicar-se cada vez mais, e os outros empregados ficavam abismados com a mudança que se operara naquele que, antigamente, só tinha palavras ríspidas e autoritárias para dirigir a eles.

Giacomo passou a tratar a todos com mais educação e respeito e foi, assim, conquistando a amizade e a admiração daqueles que, no passado, só lhe tinham inveja e rancor.

As bodas se aproximavam, e Giacomo não via a hora de ter sua linda princesa de neve em seus braços.

Às vezes, receava que estivesse sonhando, pois tantas coisas boas estavam lhe acontecendo que, intuindo seus erros passados, temia algo indefinível e que, quando menos esperasse, tudo se acabasse e nada mais lhe restasse.

Quando isso ocorria, procurava desviar o pensamento e fixar-se no que de maravilhoso estava por vir.

os ESPONSAIS

Francesca, indiferente aos temores de Giacomo, não encontrava tempo nem para respirar.

Suas bodas realizar-se-iam no dia seguinte, e a ansiedade e o medo do desconhecido deixavam-na no auge da irritação.

Maltratava os servos, Concetta e também a *Signora* Maria Antonieta, que procurava não levar em consideração os ataques da filha, pois de certa forma entendia os sentimentos e temores de sua *bambina*.

Seu lindo vestido nupcial deixaria qualquer consorte de respiração suspensa. Francesco Olivetto não poupara despesas para realizar o enlace da *ragazza* amada.

Seu enxoval, ricamente bordado à mão com fios de ouro e prata, possuía pequeninas pedrinhas preciosas, muito brilho, muito glamour.

Bordadeiras de todas as partes foram chamadas e trabalhavam dia e noite para que tudo ficasse pronto e a contento, dentro do prazo estipulado.

Os consortes viveriam ali na casa sede e deixariam a viagem de núpcias para ocasião futura, já que Giacomo não pretendia afastar-se da fazenda, deixando seu futuro sogro sem ninguém para auxiliá-lo na administração.

Francesca não se importava com viagens, apenas com o enlace tão sonhado.

Seria, a partir do dia seguinte, a *Signora* Francesca Olivetto Antonelli, com muito orgulho e amor.

A recepção estava praticamente organizada. Só faltava dispor, sobre a enorme mesa do salão de festas, os comes e bebes para os convivas. A festa duraria três dias e três noites.

Convidados de todas as partes estariam presentes ao consórcio da filha de Francesco Olivetto, única herdeira de imensa fortuna, de uma beleza exuberante e inigualável.

O dia tão esperado e temido chegou finalmente. O céu estava coberto de nuvens ameaçadoras, e Francesca, ao perceber isso, sentiu um aperto no peito.

Dividiu seus receios com Concetta e esta, mais do que depressa, tratou de distrair sua atenção de pensamentos impróprios para uma data tão importante e esperada.

O momento chegara, e Francesca adentrou o salão, mais parecia uma ninfa saída das águas de um oceano sem fim. Todos olhavam em sua direção, boquiabertos diante de tanta beleza e brilho.

Giacomo não tinha palavras para expressar seu encantamento e orgulho.

Sentia-se o homem mais feliz da face da Terra!

O casal Olivetto, em lágrimas, não conseguia controlar a emoção ao ver sua linda *bambina* naquela ocasião tão solene, importante e especial.

Geraldo, Cassio e Clemente também estavam presentes ao acontecimento.

Estavam felizes, porque, até o momento, Giacomo e Francesca haviam cumprido à risca a promessa feita.

Cerimônia realizada, consortes satisfeitos e felizes, o baile começou e comes e bebes foram servidos...

Tudo parecia um sonho...

Em determinado momento, Giacomo puxou Francesca e saiu sorrateiramente por uma porta lateral, levando-a em direção aos aposentos já preparados para o casal de enamorados.

Ela enrubesceu, pois não fazia ideia do que acontecia entre um homem e uma mulher quando ambos se consorciavam. Estremeceu levemente e começou a recear o que estava por vir.

Giacomo, por sua vez, tinha plena consciência do que desejava fazer com sua bela consorte.

Havia meses, aguardava ansiosamente por esse momento, que finalmente chegara.

Lá fora, trovões ribombavam estrondosamente, e a chuva açoitava selvagemente a estrutura da casa. O vento rugia e viam-se os galhos das árvores dobrando sobre si mesmos, devido à violência com o qual eram atingidos.

Giacomo e Francesca, indiferentes a tudo e a todos, só desejavam entregar-se ao grande e profundo amor que os unia.

Agora, Francesca pertencia a Giacomo.

A VIDA A DOIS

Passados três meses das bodas, encontramos a *Signora* Francesca Olivetto Antonelli bordando delicadamente em companhia de sua genitora.

Francesca ainda estava nas nuvens e, a cada dia que passava, amava mais e mais a Giacomo, no que era plenamente correspondida.

Ficava mais a sonhar acordada do que qualquer outra coisa.

A *Signora* Maria Antonieta enchia-se de alegria ao ver a *bambina* amada tão feliz e agradecia a Deus todos os dias, pela graça recebida.

A harmonia reinava na casa sede e também por toda a extensão da fazenda.

Percebia-se a alegria reinante por onde quer que passassem.

Francesco, enfim, reconhecera que havia tomado a decisão certa e regozijava-se com a felicidade da filha. Cada vez mais admirava o genro, que tanto demorara a aceitar como tal.

Giacomo mostrara-se ainda melhor na execução de suas atividades e, frequentemente, trazia-lhe ideias inovadoras e promissoras para fazer a fazenda crescer e prosperar. Consequentemente, seus lucros aumentaram ao final do primeiro ano das núpcias.

Giacomo amava Francesca e não se cansava de provar-lhe isso, tanto através de palavras, quanto através de atos.

Não havia um dia em que não trouxesse, ao menos, um botão de rosas ou uma fruta colhida no pé para sua idolatrada consorte.

Ele mesmo nunca se considerara capaz de demonstrar e sentir tanto amor, cuidado e carinho por alguém, mas Francesca transformara radicalmente sua vida, sua maneira de pensar, agir e sentir.

Ela o surpreendia a cada dia.

Se o tempo voltasse... Jamais teria cometido as barbaridades que cometera em nome de sua ambição e orgulho desmedidos.

Era disso que tinha medo.

Sabia que o plantio era livre, mas a colheita, obrigatória.

A culpa ainda o deixava insone por noites seguidas. Procurava esconder seus receios de Francesca para não amedrontá-la infundadamente, mas sabia que o dia do resgate chegaria.

Aprendera a orar e, todas as manhãs, antes de sair para trabalhar, pedia aos seus amigos espirituais para que o iluminassem e protegessem. Que não permitissem que nenhuma desgraça se abatesse sobre suas cabeças. Que fizessem com que a sua felicidade e a de Francesca perdurasse ainda por muitos e muitos anos.

Cássio, Geraldo e Clemente ouviam suas súplicas sinceras e sabiam que, por enquanto, seria possível atendê-las, mas que, em breve, a Lei teria que ser cumprida, afinal, a reencarnação serve para aprimorar nossos Espíritos, resgatar nossas faltas e corrigir nossos erros. A felicidade completa só a teria quem não mais fosse devedor da Lei, o que não era o caso de Giacomo e Francesca, infelizmente.

Em nada acrescentaria à evolução espiritual dos dois, viverem num eterno colóquio amoroso, pois tinham muito trabalho a fazer e muito ainda o que amadurecer e crescer como Espíritos eternos que eram. A vida não estaciona, segue seu curso e não é permitido ficarmos parados no tempo e no espaço.

Aqueles seres evoluídos e iluminados que ali estavam, protegendo e orientando aquelas duas almas afins, sabiam que, neste planeta de provas e expiações, não existem relacionamentos sentimentais perfeitos e totalmente felizes, pois tal não combinaria com a vibração pesada e escura que a Terra emana no espaço.

Tais enlaces neste mundo, em geral, são acertos de contas entre dois seres que não souberam respeitar o livre-arbítrio do outro, prejudicando, atraiçoando, roubando, ou coisas do gênero. Estes mesmos seres, na maioria das vezes, não tão afins quanto se gostaria, tornam a convivência muito mais complicada e problemática.

Convivência esta que tem por objetivo aparar as arestas, lapidar, burilar sentimentos inferiores e negativos, que talvez tenham um pelo outro, trazidos de outras romagens terrenas, pendências que não se resolveram, ódios que não foram sanados, enfim...

Um deve aprender com o outro o dom da paciência, da tolerância, da perseverança, do perdão, do respeito, do companheirismo, da caridade, do carinho, da amizade. Devem cultivar bons sentimentos e depreciar os maus. Devem aprender que todos são passíveis de erros e acertos, que ninguém é perfeito e que estamos todos aqui com o intuito de melhorar nosso eu interior.

Que ninguém é de ninguém e que se temos hoje um companheiro ou companheira, isso não quer dizer que somos seus donos, e, sim, que estamos juntos para que um ajude o outro a subir, degrau por degrau, a escada evolutiva que pertence a cada um de nós. Devem estar cientes de que os problemas e obstáculos colocados em nossos caminhos só servem para que paremos, analisemos e os removamos um a um, com muito bom senso, coragem, determinação e resignação. Os empecilhos não podem fazer com que desistamos de nossos objetivos, muito pelo contrário.

Não devemos nos esquecer de que após a tempestade vem a bonança, e nada melhor do que viver um dia de cada vez, um dia após o outro, para verificarmos a veracidade desse ditado popular.

E para aqueles que se encontram solitários e não entendem seus destinos, saibam que não cai uma folha de uma árvore sem que Deus, nosso Pai, permita.

Tudo está certo do jeito que está, portanto embora desconheçam o porquê de estarem vivenciando tal experiência, devem entender que motivos não devem faltar e que, um dia, todos haverão de saber desvendar essa incógnita, concluindo, a partir daí, que Deus não erra nunca, apenas nós o fazemos, seres imperfeitos, cegos e infelizes que ainda somos!

Deus tudo faz, juntamente com nossos mentores, Espíritos familiares, amigos e afins para que alcancemos a felicidade tão almejada. ELE, em sua infinita sabedoria, misericórdia, amor e justiça, proporciona-nos as experiências necessárias e coloca-nos nas situações exatas para que possamos aprender o que ainda desconhecemos a fim de que cresçamos e acertemos cada vez mais e erremos cada vez menos.

Se o contrário se dá, se o aprendizado não é adquirido ou se o ignoramos de livre e espontânea vontade, por comodismo, egoísmo, revolta ou preguiça, a culpa cabe somente a nós, mas nosso Pai não nos nega uma segunda, terceira, quarta, infinitas chances, enfim, para podermos continuar tentando.

Todo mundo tem uma cruz a carregar, literalmente falando.

Quando sua cruz parecer-lhe muito grande ou pesada, eleve seu pensamento a Jesus e peça ajuda para carregá-la.

Creia que, imediatamente, O sentirá ao seu lado e a cruz parecer-lhe-á muito mais leve.

Só não espere que a carreguem em seu lugar, pois se é isso o que deseja, onde seu mérito, seu esforço próprio?

A FAMÍLIA
OLIVETTO ANTONELLI

Dois anos transcorreram desde o enlace.

Francesca encontrava-se em final de gestação, à espera de seu primeiro *bambino*.

O enxoval estava pronto, e a ansiedade dominava-lhe os pensamentos.

Como seria ter um *bambino*?

Sua *mamma* não quisera lhe contar de que maneira vinham ao mundo, e ela não fazia a menor ideia de como aquele ser sairia de dentro de si.

Giacomo não cabia em si de felicidade e aguardava, com muito amor, a chegada de seu primeiro varão, sim, porque seria um varão, é claro.

Os *Signore* e *Signora* Olivetto também aguardavam o neto com alegria.

A data se aproximava, e já haviam providenciado a vinda para a fazenda da melhor parteira daquelas cercanias.

Uma semana após a chegada da *Signora* Madeleine, Francesca começou a sentir as dores do parto.

Foi um corre-corre!

Água quente, panos limpos, chás calmantes, tesoura... Vinho para os homens, que não continham a preocupação e o nervosismo.

Francesca berrava e chorava diante de tantas dores lancinantes.

Por que sua *mamma* não havia lhe contado que ter um *bambino* era uma dor como se tivessem lhe enfiado punhais diversos no baixo ventre?

Não aguentava mais fazer tanta força! Transpirava, praguejava...

Por que aquele *bambino* não vinha ao mundo logo?

Sentiu como se estivessem lhe arrancando a alma e, logo em seguida, um forte vagido.

Lágrimas escorriam por sua face e desejava ver de perto aquele que tanto a fizera sofrer para chegar.

Signora Madeleine limpou e vestiu aquela criaturinha tão pequenina, rosada e gorducha e a entregou a Francesca, que já a esperava com os braços estendidos, embora ainda recostada em seus travesseiros e exausta.

Concetta e a *Signora* Maria Antonieta não continham a emoção enquanto cuidavam do asseio da mais nova *mamma* da família Olivetto e admiravam a beleza e a pureza do novo membro.

Giacomo, acompanhado do *Signore* Francesco, encontrava-se no escritório, andando de um lado para o outro como se mil demônios o estivessem perseguindo.

– *Dio mio!* O que passa? Por que ainda não vieram colocar-me a par da chegada do meu varão? – impacientou-se Giacomo, indagando a Francesco, que se encontrava calmamente sentado à sua escrivaninha, tomando seu vinho.

– Tenha calma. Passei por isto seis vezes e sobrevivi. E no meu caso, as notícias que recebi por cinco vezes seguidas não foram nada animadoras, funestas, inclusive. Estava quase desistindo quando, finalmente, *Dio* decidiu recompensar-me com o nascimento de Francesca – confortou-lhe o sogro.

– A situação não o preocupa? – surpreendeu-se Giacomo.

– Não. Depois de todas as experiências pelas quais passei nesse sentido, aprendi a entregar nas mãos de *Dio,* o que não está nas minhas mãos resolver. Faça o mesmo, caro *mio.* Francesca é forte e saudável, portanto só nos resta esperar.

Giacomo calou-se e resolveu sentar-se, o que não conseguiu fazer por muito tempo, pois quando estava chegando ao auge do desespero, a *Signora* Madeleine entrou no escritório, com um belo sorriso nos lábios.

– *Signores...* Prazerosamente, venho comunicar-lhes que são, agora, *nono* e *papà* de uma bela *bambina!*

– Como ?! *Bambina*?! Pois não foi o vagido de um varão que nos chegou aos ouvidos? – indignou-se Giacomo, empalidecendo.

– O que passa, Giacomo? Qual o problema de ser uma *bambina?* Deve amá-la tanto quanto se fosse um varão! O que importa é ser saudável e bela! – corrigiu Francesco, sem entender o comportamento de Giacomo.

– Não entende, *Signore* Francesco? Eu esperava um varão! De que me servirá uma *bambina?* – irritou-se mais ainda.

– Não deve estar em seu juízo perfeito, caro *mio*. Verá que logo se acostuma com a ideia e amará sua *bambina* tanto quanto eu e a *Signora* Maria Antonieta amamos Francesca. E espero que não demonstre seu desagrado diante de minha *ragazza*, pois ela sofrerá muito! – avisou o sogro, temendo a reação de Francesca, caso viesse a saber que havia desagradado o consorte.

– *Va bene...* Não entendo, *Signore* Francesco. Necessito sair e respirar um pouco de ar puro. Diga à *Signora* Francesca que não sei quando retornarei – disse Giacomo, saindo intempestivamente.

Enquanto isso, nos aposentos de Francesca, a paz e o silêncio voltaram a reinar.

Ela, embevecida, olhava para o rostinho de sua *bambina* e não se cansava de admirar sua beleza.

Cabelos fartos e negros enfeitavam a linda cabecinha, suas bochechas rosadas davam a impressão de que raios de sol haviam acabado de banhar-lhe a face, realçando os seus olhinhos vivos e brilhantes, de um lindo azul da cor do céu. As mãozinhas, pequeninas e alvas, apertavam o dedo de Francesca com muita energia, e sua boquinha sugava com sofreguidão o seio materno.

Francesca fez uma prece em agradecimento e suplicou aos céus que aquela preciosa *bambina* tivesse muita saúde e felicidade no decorrer de sua vidinha, que estava apenas começando.

E Giacomo? Onde estava que ainda não viera conhecê-la?

Como ele ficaria feliz!

O coração de Francesca transbordava de amor por aquele ser tão indefeso e diminuto em seus braços.

Giacomo cavalgava como uma flecha. Para quanto mais distante fosse de Francesca, melhor.

Como Deus fizera aquilo com ele?

Dois anos e, depois de tanta demora, quando finalmente conseguira começar a formar sua família, acontecia-lhe aquilo? Uma *bambina*?

Sem perceber, viu que se aproximava daquele mesmo riacho onde trocara juras de amor com Francesca.

Apeou, agachou-se às suas margens e permitiu que lágrimas de desilusão e revolta escorressem livremente pela face.

Por quê? Por quê?

De repente, sentiu uma brisa soprar ao seu redor. Enxugou as lágrimas, ergueu-se e olhou ao redor. Algo estranho estava acontecendo.

Virou-se lentamente e, num salto, afastou-se daquele ser que estava ao seu lado.

Um ancião, barbas longas e brancas, túnica alva e translúcida, pele enrugada, segurando um longo cajado em uma das mãos, e olhos verde-esmeralda que fitavam-no com compaixão, mantendo a expressão facial séria e introspectiva.

– Quem é? – Giacomo perguntou com medo.

– Não sabe? – retrucou o ancião, penalizado.

– Acho que já nos vimos antes, mas não me recordo onde nem como nos encontramos...

– O nome Cássio lembra-lhe algo?

– Sim. Não pertence ao mundo dos vivos, não é?

– E qual é o mundo dos vivos? O seu? Engana-se. O seu mundo é o dos mortos, para as verdades espirituais e os valores eternos.

– Não compreendo.

– Compreende muito bem. Desejo perguntar-lhe: sabe o que é o amor?

– Naturalmente. É o que sinto, ou melhor, sentia... Não sei... por Francesca...

– Não sabe se ainda a ama? Por quê?

– Porque me deu uma *bambina,* e eu desejava um varão – afirmou categoricamente, sentindo a raiva tomar conta do seu coração novamente.

– Oh! Pois vou lhe contar uma coisa: em seu mundo, em assuntos relacionados ao veículo carnal, Giacomo, quem define se nascerão *bambinas* ou varões são os seres do sexo masculino. Sinta-se privilegiado por ter feito esta bela descoberta nos dias de hoje, pois a comprovação desse fato, de maneira irrefutável e científica, só será possível daqui a alguns séculos, já que seus atuais companheiros de jornada terrena, inclusive e principalmente você, encontram-se ainda num imenso e indescritível atraso moral, intelectual e espiritual. Se sair por aí, espalhando o que acabei de lhe contar, será considerado, no mínimo, insano. E se estou lhe contando isso é porque seria inconcebível que uma criatura tão devedora da Lei, quanto você é, tivesse o direito de cometer o desatino de adquirir novos débitos diante de Deus, nosso Pai, por puro e simples desconhecimento de causa. E se a Providência Divina continua auxiliando-o em seu caminho evolutivo, saiba que é porque realmente vem cumprindo a promessa feita em determinada época de sua atual vida terrena. Embora muito ainda tenha a resgatar, tarefas importantes e cruciais serão designadas a você dentro de alguns poucos séculos. Portanto, tenho como missão ajudá-lo no que for possível e permitido para que consiga alcançar o ponto evolutivo ideal e possa ser considerado apto a executar as tarefas referidas. Mas, naturalmente, se terá ou não, algum dia, merecimento para executá-las só dependerá de você e do seu esforço. Alguma dúvida?

– Bem... Para dizer a verdade, não entendi nem metade do que disse, mas, com certeza, sua intenção foi dizer que não devo culpar Francesca por ter dado à luz a uma *bambina* e que devo continuar amando-a como sempre. Mesmo porque, ela ainda é jovem e muitos rebentos poderão vir no decorrer de nossas vidas. E pensando melhor, devo concordar que exagerei um pouco... – desculpou-se Giacomo.

– Deus de misericórdia! Giacomo, esqueça tudo o que eu lhe disse e fixe na memória apenas o seguinte: continue amando Francesca e passe a amar sua *bambina*, pois muitas alegrias ela lhe trará. Quanto ao varão que tanto desejava e que não veio desta vez, tenha a certeza de que virá num futuro muito próximo. Mas saiba, desde já, que as coisas não serão da maneira que espera. Entenderá, um dia, que mais vale uma *bambina* que lhe ama e lhe traz orgulho, do que um varão que lhe sirva de resgate e expiação. Mas quanto a isso, nada há a ser feito. A Lei deve ser cumprida. Terá que colher o que plantou. Deus o abençoe – finalizou e despediu-se num aceno, desaparecendo como que por encanto.

E Giacomo retornou a casa, disposto a amar sua bela *bambina*.

Deus fazia tudo certo e se resolvera mandar-lhe uma *ragazza*, ao invés de um varão, é porque tinha seus motivos, e não seria ele a questioná-los.

O nome de sua *bambina* seria Carmela Olivetto Antonelli!

CARMELA, CONSTÂNCIA E VICENZO

Carmela era a *bambina* dos olhos dos *nonos*, da *mamma* Francesca e de *papà* Giacomo.

Com poucos meses de vida, já agitava os bracinhos e perninhas alegremente, fazia trejeitos com a boquinha como se quisesse sorrir.

Seus negros cabelos eram encaracolados e macios.

Seus olhinhos de um azul infinito brilhavam e estavam sempre alertas.

Francesca, mesmo podendo colocar alguém para cuidar de Carmela, preferia ela mesma fazê-lo. Não se importava se teria noites insones, o que desejava era acompanhar cada fase do seu crescimento e estar sempre por perto nos momentos mais importantes daquela vidinha, que estava apenas começando.

Giacomo não gostava nem de lembrar da absurda rejeição que havia sentido por Carmela, em seguida ao seu nascimento.

Envergonhava-se disso e procurava dar toda a atenção e carinho à *bambina*.

Quando Carmela deu seus primeiros passinhos... Nossa! A família não contivera a emoção.

E ao balbuciar suas primeiras palavras?

– Pa...pa...pa!

Giacomo nem sabia o que dizer... O amor paterno transbordava em seu peito, e ele jurou, novamente, que sua princesinha seria a *ragazza* mais feliz daquelas paragens.

Carmela era grudada no pai, que, para onde ia, tinha que levá-la, pois caso não o fizesse, o pranto era tão intenso e sentido, que lhe partia o coração.

Aos três anos de idade, bem se via que Carmela tinha muito de Francesca.

Não respeitava formalidades familiares e sempre burlava a vigilância de quem quer que fosse para contrariar ordens.

Por outro lado, tinha uma doçura e inteligência, que a todos espantava. Quando percebia que seu *nono* estava preocupado, dava um jeitinho de pular em seu colo e cobri-lo de beijos e abraços. Ele emocionava-se tanto, que esquecia a tristeza na mesma hora.

Mas com Giacomo não tinha jeito. Nunca se havia visto tanta idolatria e amor!

Preferia-o a Francesca e comportava-se como se fosse mesmo um filho varão, pois acompanhava o pai por onde quer que ele fosse, a pé, a cavalo, de charrete e interessava-se por todos os assuntos que só diziam respeito aos homens.

Bordados, costura, piano?

Nem pensar!

Carmela, aos sete anos, havia dito categoricamente que

estas eram ocupações de mulheres sem inteligência nenhuma, o que não era o caso dela.

Quando contrataram uma preceptora para dar-lhe as primeiras noções de escrita e leitura, aí sim, havia se regozijado e se empenhado ao máximo para aprender.

Ao adquirir o conhecimento de leitura e escrita, passava horas a fio na biblioteca, devorando todos os livros que via pela frente. Não havia assunto que não lhe interessasse.

Francesca preocupava-se, pois sua *bambina* era diferente de todas as outras que conhecia.

Naquela época, não se compreendia a instrução e a cultura para mulheres como uma qualidade ou necessidade, pois eram os homens que dominavam todos os assuntos e ambientes.

Carmela era uma ótima amazona, sabia atirar muito bem e adorava sair para caçar com Giacomo.

Ele via com bons olhos o comportamento de Carmela, pois tudo o que ela fazia o encantava, sobremaneira.

O filho varão?

Ainda não viera.

Quando Carmela tinha quatro anos de idade, nasceu mais uma *bambina* no seio da família.

Giacomo nem perdeu tempo com lamentações. Foi logo conhecê-la e achou-a bela, mas não tanto quanto Carmela.

Chamar-se-ia Constância Olivetto Antonelli.

Tudo na vidinha de Constância aconteceu mais devagar, se comparada à de Carmela.

Suas primeiras palavras foram:

– Ma... Ma...!

Era geniosa e retraída desde o berço. Não gostava muito

de chamegos e, quando a apertavam muito nos braços, punha-se a prantear, querendo livrar-se do contato o mais rápido possível.

Seus cabelos eram castanho-claros, lisos, olhos quase negros. Sua pele, mais escura que a de Carmela. A expressão de seu olhar... indefinível. Nunca se sabia o que estava pensando ou sentindo.

Sorrir? Raramente.

Era muito apegada à *Signora* Maria Antonieta e quase não saía do seu lado.

Interessou-se pelo bordado e o fazia lindamente, tocava piano com toda a sua alma e costurava muito bem.

Estudos não lhe interessavam, era quieta, ao contrário da falante e espevitada Carmela.

O relacionamento entre as duas era difícil, repleto de rivalidade e ciúme por parte de Constância.

Carmela tentara várias vezes aproximar-se da irmã, querendo sua amizade, mas nada conseguira. Não entendia o comportamento de Constância em relação a ela. Ficara tão contente quando ganhara aquela irmãzinha... mas a recíproca não era verdadeira, infelizmente.

Se Carmela ganhava um novo vestido ou objeto de toalete, Constância fazia um escândalo: queria-os também. Carmela, mais do que depressa, oferecia os presentes e esperava outra oportunidade para ganhá-los de novo. Achava que, agindo assim, estaria agradando a irmã e, quem sabe, poderiam ser amigas.

Tudo em vão.

Constância não se esforçava nem um pouco para ser gentil e agradável com Carmela.

Não perdia oportunidade de alfinetá-la ou criticá-la, já

que, em sua opinião, Carmela comportava-se como um *ragazzo* e não como uma *bambina*, que é o que deveria fazer.

Francesca e Giacomo não entendiam a rivalidade das duas e tudo faziam para amenizar as coisas entre elas.

Signora Maria Antonieta não se cansava de conversar com Constância, explicando-lhe que duas irmãs de sangue deveriam se amar e se respeitar, integralmente.

Constância, para agradar a amantíssima *nona*, sempre prometia que mudaria de comportamento, mas nunca cumpria a promessa.

O filho varão?

Finalmente, chegou.

Quando Carmela estava com seis anos e Constância com dois, nasceu o *bambino* tão esperado.

Mas... Giacomo, ao saber da notícia, inexplicavelmente, sentiu o peito opresso e a cabeça a rodar. Recostou-se no primeiro móvel que viu, respirou fundo e tentou entender o que significava aquilo.

Afinal, não estava contente com a vinda do varão tão esperado?

Então, por que aquela sensação horrível, como se uma desgraça estivesse prestes a fulminá-lo?

Seu filho varão iria se chamar Vicenzo Olivetto Antonelli.

Quanto à sensação estranha... deveria ser nervosismo, mais nada.

OS *AMIGOS* ESPIRITUAIS

Na espiritualidade maior...

– Mais uma etapa se inicia na senda evolutiva de Carmela – comentou Alesio.

– Compreendemos que todos desejamos que nossos pupilos vençam suas más tendências, mas nosso auxílio, como sabem, é limitado. Poderemos apenas intuí-los para que sigam o melhor caminho e alertá-los quando estiverem prestes a errar novamente. Mas, o resultado final, somente a eles caberá – explanou Geraldo.

– Exatamente, caro Geraldo – concordou Cássio –, quanto a mim, preocupo-me muito com Giacomo, pois o dia do resgate está se aproximando. Mas considero que, intimamente, Deus permitirá que o prazo seja estendido, oferecendo-lhe uma chance maior de eliminar, do Espírito de Vicenzo, o desafeto, a repulsa e o ódio originados no passado recente. Nada como o amor paterno para despertar o amor filial, concorda, Clemente?

– Esperamos que sim. Como Giacomo modificou para melhor sua maneira de pensar e agir, talvez consiga amenizar a cobrança da dívida por parte de Vicenzo, mas não podemos esquecer que este reencarnou compulsoriamente, portanto não teve oportunidade de aprender os verdadeiros valores espirituais e morais em nosso plano e, muito menos ainda, de aprender o significado eterno e edificante da palavra PERDÃO – ponderou Clemente.

– Mas Vicenzo nunca foi mau. E se odeia hoje foi porque teve sua vida eliminada! – defendeu Anacleto, tenazmente.

– Até parece que esquece que Deus é justo, bom e magnânimo! Jamais permitiria que injustiças fossem cometidas contra seus filhos. E a Lei de Causa e Efeito? – indagou Madalena, sem entender a colocação de Anacleto.

– Expressei-me mal. Quis dizer que, em sua última encarnação, Vicenzo não foi mau e, mesmo tendo o vício do alcoolismo, não cometeu nenhum erro que pudesse acrescentar mais débitos à sua bagagem espiritual. Mas é claro que na penúltima romagem terrena teve diferenças que precisavam ser acertadas com Giacomo. O que ocorre é que se tornou um ciclo vicioso. Se Giacomo não o tivesse assassinado nessa última encarnação, o acerto de contas entre os dois já estaria sendo liquidado, pois o Vicenzo, de hoje, havia reencarnado como Cornélio, naquela época, disposto a perdoar Giacomo dos erros cometidos em vidas pretéritas, mas acabou sendo uma de suas vítimas. E Giacomo, por sua vez, havia prometido aos nossos irmãos maiores, antes de reencarnar, que não o vitimaria mais, porém não cumpriu o prometido e deu no que deu – finalizou Anacleto, suspirando.

– Já Carmela... Veio disposta a aparar as arestas com Constância, mas esta não está colaborando em nada – comentou Alesio.

– Constância passou sete décadas no umbral e só parou de perseguir Carmela, porque esta última encontrou o caminho que leva a Jesus e a Deus, nosso Pai, três décadas antes de Constância tê-lo feito. Carmela foi socorrida e encaminhada a um hospital em nosso plano e, posteriormente, teve a oportunidade de frequentar nossas escolas e grupos socorristas, onde adquiriu conhecimento sobre assuntos diversos, tanto materiais quanto espirituais. Constância, por sua vez, ao finalmente ser socorrida, depois de muito sofrimento e ranger de dentes, não se interessou muito pelos estudos e, apesar de ter feito alguns trabalhos socorristas, dentro da própria Colônia, esteve poucos anos conosco antes de reencarnar na família Olivetto Antonelli – explicou Madalena.

– Mas ela modificou-se de alguma forma ou continua disposta a ir à desforra contra Carmela? – perguntou Anacleto, numa curiosidade sadia, com o intuito de aprender e entender cada vez mais.

– Caro Anacleto, o que pudemos perceber, eu e meus companheiros da Colônia, é que Constância, enquanto mantinha a mente ocupada com o trabalho sadio e edificante, nem se recordava dela. Mas bastava que houvesse folgas semanais, para que ela voltasse firmemente seu pensamento contra Carmela. Quando isso acontecia, tinha crises e recaídas violentas, e precisávamos usar de todo o nosso discernimento e bom senso para que ela voltasse a reequilibrar-se. Respondi a sua pergunta a contento? – inquiriu Madalena com simpatia.

Num gesto, Anacleto concordou e permaneceu em silêncio.

– Não deseja nos contar a origem do ódio entre Carmela e Constância, minha irmã? – perguntou Clemente, vivamente interessado no desenrolar dos fatos que enredaram toda uma família ao mesmo tempo.

Madalena sorriu, concentrou-se como se estivesse entrando em contato com o Alto e respondeu:

– Com muito prazer, irmão Clemente. Mas vamos nos dirigir a um local de energia mais edificante, por favor.

Deram-se as mãos fraternalmente e volitaram velozmente até chegarem a um lindo parque arborizado.

Uma fonte de água límpida e cristalina jorrava em meio àquelas árvores frondosas. Pássaros de todas as espécies, tamanhos e cores cantavam alegremente, enquanto borboletas multicoloridas esvoaçavam ao redor de nossos amigos.

Aproximaram-se de um banco de madeira, colocado estrategicamente de uma maneira que se podia observar o belo bosque sob todos os ângulos que se olhasse.

A paz que emanava ali era indescritível.

O perfume das flores, inebriante.

O céu azul anil era de uma beleza inexpugnável.

Madalena sentou-se no meio dos amigos, respirou profundamente, como se procurasse a melhor maneira de começar a contar a história de sua vida, a origem de tudo o que estava acontecendo naquele momento na família Olivetto Antonelli.

– Não entrarei em detalhes de lugar, costumes, acontecimentos corriqueiros, etc. O importante é ater-me aos fatos que originaram o que estamos observando hoje. Era por volta do século XIV, França. Meu nome era Eleonore e estava prestes a contrair núpcias com o Visconde de M. Eu beirava minha décima sexta primavera e tinha muitos sonhos e ilusões a respeito de Gautier. Não o conhecia, mas além do título que ostentava, era um homem de imensa fortuna, inclusive em relação a ouro e pedras preciosas. Meu pai era o Barão de B e só faltava dar a minha mão em matrimônio, pois minhas duas irmãs e meu irmão já haviam contraído núpcias. Desde tenra idade, sonhava em consorciar-me com um belo homem que eu amasse e que me correspondesse e, então, dar início à minha própria família, mas é claro que, diante dos costumes da época, guardava meus anseios e sonhos comigo mesma. Bem, conheci meu marido, Visconde de M, no dia de nossas núpcias, na hora da cerimônia. Fiquei encantada com sua beleza e porte másculo. Gautier tinha cabelos claros como o trigo e os olhos, de um azul profundo e misterioso. Quando nossos olhares se encontraram, senti um baque no coração como se tivesse levado um choque. Tive a sensação de que ali, naquele momento, a minha vida daria uma reviravolta de 360 graus e que muitas agruras e angústias me aguardavam ao lado daquele homem.

Mas achei que tudo não passava de nervosismo e que o tempo me diria que eu estava enganada.

Mas não. Gautier era um homem agressivo, prepotente, um verdadeiro tirano. Mas acreditem se quiser, apaixonei-me por ele, perdidamente. Tratava-me como se eu fosse um objeto de decoração do castelo, um de seus vassalos, mas eu o amava de verdade. Concluí que, se quisesse viver bem com ele, teria que me submeter, tentar e, com o decorrer do tempo, fazê-lo mudar e, quem sabe até amar-me como eu o amava.

Quase não o via e entrava em comunhão com Deus todas as noites para que ele me visitasse em meus aposentos diariamente a fim de que eu pudesse ao menos vê-lo e sentir seu toque.

De resto, nos víamos nos bailes que oferecíamos aos amigos, parentes e pessoas que tinham algum tipo de negócios com ele. Para que reparasse em mim, esmerava-me na toalete, nas joias, e mais ainda como anfitriã. Eu era uma bela mulher, apesar da pouca idade e, por diversas ocasiões, após o término dos bailes, Gautier elogiava minha postura, minha beleza e dizia que era um homem invejado pelos outros homens. Quando o ouvia dizer essas coisas, iludia-me achando que ele estava se tornando mais humano e, quem sabe, começando a amar-me...

Madalena enxugou algumas lágrimas que teimavam em rolar por seu belo rosto, aureolado de suave luz diáfana.

Clemente segurou sua mão, num gesto de incentivo, e ela continuou.

– Procurava ignorar o que os vassalos e a vizinhança do condado falavam sobre meu marido, pois ele não poderia ser o monstro que descreviam.

Na verdade, Gautier não hesitava em matar, roubar e desonrar donzelas, caso alguma delas lhe despertasse o interesse, inclusive profanar lares, se mulheres comprometidas lhe despertassem a cobiça.

E se a fortuna dele crescia cada vez mais era por derramar sangue inocente e por inúmeras falcatruas que praticava.

Resumindo a questão: Gautier era o homem mais odiado de todo o condado.

Mas as aparências e o dinheiro que possuía faziam com que, em sua frente, as pessoas agissem de maneira falsa, interesseira. Mal sabia, meu Gautier, que tramavam em nossas costas.

Nos salões, era um verdadeiro fidalgo, um anfitrião maravilhoso e generoso.

Nosso primeiro ano de casados foi, para mim, uma eterna descoberta, e meu amor por ele cresceu muito. Eu não conseguia vê-lo como aquela pessoa fria e calculista já que, entre as paredes de nossos aposentos, mostrava-se um homem doce, vulnerável e suave.

A convivência comprovou que sim, mas seu amor por mim não era grande o suficiente para que parasse de matar e vilipendiar sobre a desgraça alheia, infelizmente.

Nossa primeira filha nasceu no decorrer do nosso segundo ano de casados.

Tive uma gravidez um pouco problemática, repouso absoluto até o nascimento de Anne Beatrice.

Era linda, rechonchuda e rosada. Gautier apaixonou-se por ela à primeira vista.

Ele a embalava nos braços com muito carinho, muita doçura, no que era totalmente correspondido.

Recuperei-me logo e meu relacionamento com Gautier voltou a ser o que era antes. Ele dizia que me amava e me agradecia todos os dias por ter lhe dado uma filha tão formosa. Fazia planos para Anne e a cobria de mimos e presentes.

Dois anos depois do nascimento de Anne, nasceu nosso Raoul, um lindo menino, forte e saudável. Nossa alegria não poderia estar mais do que completa. Éramos uma família feliz e unida, em minha opinião.

Mas os inimigos tramavam...

Mais lágrimas, e Madalena parou um pouco a narração para poder respirar e reequilibrar-se.

Geraldo e Cássio forneceram-lhe energias de refazimento, e ela agradeceu com um sorriso sincero.

– Nossos filhos tinham o costume, quando alcançaram idade para tal, de acompanhar Gautier em suas cavalgadas, e Raoul adorava as caçadas que fazia com o pai.

Era uma alegria incomensurável quando, ao retornarem, traziam como prêmio um belo animal ou ave.

Raoul gabava-se, dizendo que ele é quem havia conseguido o troféu, e Gautier sorria, cúmplice e orgulhoso.

Por oito anos, a contar do nascimento de Anne, fomos muito felizes juntos, nós quatro.

Mas Gautier não havia abandonado os vícios da paixão e

da infidelidade, vindo a deflorar a filha mais velha do Conde de S, sem dó nem piedade.

Esse Conde era conhecido pela ferocidade com a qual tratava seus inimigos, todos sabiam que suas filhas eram o tesouro mais sagrado que possuía, portanto, não hesitou em vingar-se de Gautier, da maneira mais vil e covarde que poderia existir: contratou bandoleiros perigosíssimos e raptou Anne Beatrice, durante um passeio que ela fazia pelos bosques próximos ao nosso castelo, junto com sua dama de companhia. A Condessa de S não ficava atrás em maldade e responsabilizou-se pelo cativeiro onde Anne ficaria presa e incomunicável e também pelo "tratamento" que dispensaria à menina, até quando eles bem entendessem, pois quanto mais sofrimento e dor trouxessem ao Visconde de M, melhor.

Com oito anos, Anne estava mais linda e formosa do que nunca.

Naquele dia, quando Anne e a dama não voltaram no horário de costume, preocupei-me deveras.

A tarde findava-se, e enviei os vassalos à procura de Gautier, nos parreirais pertencentes ao nosso castelo, para informá-lo do desaparecimento de Anne.

Gautier, desesperadamente, chegou ao castelo, chorando muito, e abraçou-me, sem saber o que fazer. Colocou todos os seus homens de confiança no rastro de Anne e avisou expressamente que, se não voltassem com notícias ou com Anne, morreriam como cães, pelas suas próprias mãos.

O próprio Gautier montou seu fogoso garanhão e saiu em disparada pelos bosques e parreirais, gritando o nome de Anne a plenos pulmões.

Eu tive um mal súbito, desmaiei e fiquei desacordada por dois dias e duas noites inteiras, ardendo em febre e delirando.

Raoul, apesar da pouca idade, entendeu o que havia acontecido e não conseguia esconder o ódio que estava sentindo dentro de seu coraçãozinho infantil. Ele e Anne davam-se muito bem e eram verdadeiros amigos e companheiros de folguedos e brincadeiras.

Voltei a mim, mas não conseguia levantar-me do leito. Mas, diante do comportamento grave que Raoul estava apresentando, meu amor de mãe falou mais alto e, com esforço sobre-humano, levantei-me e não o deixei um minuto sequer a sós. Orava muito e tentava incutir a ideia da existência de Deus no coração do meu Raoul. Ele praguejava em seu linguajar infantil, negava a existência deste Deus que havia permitido que lhe roubassem a irmã tão querida, chorava muito e me custou fazê-lo, finalmente, começar a orar junto comigo, pedindo proteção para Anne e muita fé e coragem para nós todos.

Não via Gautier havia oito dias. Desde que partira alucinadamente em seu cavalo, no dia fatídico, não havia retornado ao lar. Mandou-me avisar que só retornaria com Anne e que tudo, absolutamente tudo, faria para isso.

Eu tentava me manter firme e forte por causa de Raoul, mas na solidão dos meus aposentos, quando finalmente meu filho conseguia conciliar o sono, eu chorava, meu coração doía como se mil espadas o estivessem rasgando. Como se não bastasse a filha amada desaparecida, também meu Gautier, sabe-se lá onde se encontrava, se enfrentando animais ferozes ou, pior, inimigos implacáveis, de carne e osso.

A desgraça havia desabado sobre o castelo do Visconde de M.

Quando a notícia se espalhou, os inimigos de Gautier regozijaram-se.

Disseram que ele merecia tudo isso e coisa muito pior.

– E Anne? – perguntou Cássio, ansioso.

– Nunca mais a vimos. Viemos a saber de todos os detalhes sórdidos, todo o sofrimento, a dor, a humilhação, a desonra pela qual ela passou, depois de havermos retornado ao plano espiritual.

– Mas o que aconteceu, afinal? – insistiu Geraldo.

– Anne foi raptada e levada para um casebre muito distante do nosso castelo. Lugar sujo, ordinário, ladeado por mata selvagem e um rio que passava ali perto. Não havia viva alma naquele lugar e muitas cavernas também ali existiam. Ao chegar lá, acompanhada pelos malfeitores que a haviam raptado, Anne foi jogada porta adentro e quem a esperava com um imenso sorriso de escárnio e ódio? A Condessa de S e mais duas servas de sua total confiança.

A Condessa, antegozando as maldades que pretendia praticar contra aquela criança indefesa, gargalhava como se não estivesse em seu juízo perfeito. Dispensou os malfeitores, dando, a cada um deles, muito ouro e muitas joias como forma de pagamento e, ao ficar a sós com Anne, fê-la começar a viver num inferno. Disse a ela tudo de ruim que se podia imaginar, a respeito de Gautier. Anne, na tentativa de defender o pai, levou uma surra de chicote, que quase lhe arrancou o couro. Sangrava muito e, nem assim, recebeu sequer um copo d'água por parte da Condessa. Suas servas ficaram chocadas com tanta maldade, mas não podiam interferir, pois senão lhes sobraria o mesmo castigo.

A Condessa proibiu as servas de alimentarem e matarem a sede de Anne e o máximo que permitiu foi que passassem um pouco de unguento em seus ferimentos. Fez todas as recomendações funestas que podia e despediu-se, dizendo que voltaria no próximo mês, com novas ordens de maldades e castigos. Se Anne quisesse comer ou beber, deveria ela mesma providenciar seu sustento, ou pescando no rio, ou caçando, ou colhendo frutas das árvores, e para matar a sede e cultivar cuidados de higiene pessoal deveria ir até o rio. Sua roupa deveria ser lavada por ela mesma, deveria limpar o casebre, cozinhar, enfim... Anne foi escravizada, sem nenhuma hesitação. Foi acorrentada e não a soltavam por nada. Tudo o que ela fazia, tinha que ser acorrentada.

Roupa, ela só tinha a mesma com a qual havia sido raptada e não tinha cobertas para se proteger do frio à noite...

Anne foi tomada pelo ódio e fez uma promessa: sobreviveria a todos os revezes que a vida estava lhe preparando, por dias, meses e até anos, se fosse necessário, mas vingar-se-ia, nem que esta fosse a última coisa que fizesse na vida.

Uma vez ao mês, a Condessa visitava o pardieiro onde tinha prendido minha filha, sumia com todo o alimento que Anne tinha conseguido com seus próprios esforços e despejava toda a água que ela também tinha armazenado. Surrava-lhe com o chicote por vários minutos seguidos, ao mesmo tempo em que destilava todo o veneno que possuía contra Gautier.

As servas da Condessa, sem que esta soubesse, procuravam dar carinho e atenção a Anne sempre que estavam sozinhas, mas na frente da Condessa eram obrigadas a seguir suas ordens, por mais que isso lhes causasse repulsa e revolta.

Os anos foram passando, e nada mudava.

Em nosso castelo, Gautier havia perdido a vontade de viver, mas jamais deixou de procurar por Anne. Ele mudou muito, arrependeu-se dos seus desatinos e crimes, e o remorso lhe corroía a alma, pois sabia que se haviam nos roubado Anne era por causa de todas as insanidades que ele havia praticado contra pessoas inocentes. Tinha pesadelos horríveis, não dava muita atenção aos negócios, deixando de ser infiel e mau para com os outros. Suas únicas alegrias éramos eu e Raoul.

Eu procurava ser forte, pois sentia que o equilíbrio familiar dependia de mim e não podia falhar. Meus sofrimentos e dores tinham que ficar para depois, para quando eu estivesse sozinha em meus aposentos, pois, aí sim, eu permitia que o pranto lavasse minha alma.

Raoul tornou-se um homem de caráter, generoso com seus subalternos, ajudava os colonos em tudo o que precisavam, passando a cuidar dos negócios do pai e fazendo a prosperidade honesta e merecida chegar ao castelo. Raoul lembrava-se de Anne com dor e saudade, nunca deixara de ajudar o pai nas buscas e sempre orava pela irmã, pedindo a Deus que desse a ela muita coragem e fé, porque, um dia, finalmente, eles se reencontrariam.

A incerteza da vida ou da morte de Anne enlouquecia-me. Gautier era apenas uma sombra do homem que fora. Nossos salões nunca mais se abriram para bailes ou comemorações. Sempre que Gautier me procurava em meus aposentos, encolhia-se em meus braços e chorava como criança. Pedia-me perdão por sua infidelidade, por sua maldade, cobiça e egoísmo.

Eu repetia que o amava de todas as formas e que não havia o que perdoar.

Realmente, meus amigos, não era eu quem deveria perdoá-lo ou para quem ele deveria pedir perdão, pois como eu já disse, por mais que eu soubesse do comportamento de meu marido, jamais senti raiva dele, a não ser amor sincero, profundo e puro. Portanto, ele deveria pedir perdão aos seus inimigos, não a mim.

Gautier sabia que se arrepender apenas dos seus desatinos não adiantaria grande coisa. Corrigir seus erros? Impossível, em algumas situações. Como devolveria a honra das muitas donzelas que havia deflorado? Como devolveria a vida a todas as pessoas que havia assassinado? Como devolveria a harmonia e a união para as famílias que havia destruído através de sua infidelidade ou ambição desmedida?

Mesmo assim, Gautier procurou suas vítimas de outrora,

pediu perdão pelos seus maus atos e ressarciu as pessoas que havia prejudicado financeiramente. Mas nem assim conseguiu ter paz.

Seus pesadelos o torturavam e, por diversas noites, anos a fio, eu acordava apavorada com os gritos de Gautier, vindos dos aposentos vizinhos. Corria para lá, abraçava-o e implorava a Deus que o perdoasse e lhe desse um pouco de paz e alegria de viver. Ele acalmava-se diante das orações e dormia mais tranquilamente, com a cabeça encostada em meu peito, como se fosse um menino indefeso e infeliz. Mas, na noite seguinte, tudo se repetia, e eu, incansável e eternamente apaixonada, lá estava sempre ao seu lado para o que desse e viesse.

Os pesadelos eram ocasionados pelas suas vítimas desencarnadas que desejavam vingar-se.

Raoul procurava cobrir o pai de atenção e carinho, o que reconfortava Gautier, mas não conseguia trazer de volta aquele brilho em seu olhar, aquela paixão, aquela doçura, aquele bom humor, aquela harmonia e união que haviam nos acompanhado por oito anos.

Madalena chorava sentidamente, misto de tristeza e saudade.

Clemente abraçou-a e disse que, se não mais quisesse falar no assunto, ninguém se importaria.

Madalena controlou-se e respondeu:

– Não, irmãos... Continuarei a narrativa. É que parece que estou revivendo tudo aquilo, mas encontro-me bem, não se preocupem.

Bem, Raoul casou-se com uma bela mulher e foi muito feliz com ela. Tiveram quatro filhos, mas ele jamais esqueceu Anne, embora, após terem-se passado vinte anos do rapto, ele passasse a acreditar que a irmã não mais vivesse.

Eu sentia que Anne vivia em algum lugar, sentia que estava sofrendo, chorando, chamando por mim e por Gautier, por inúmeras vezes. Sonhava com ela em condições deprimentes, sentia sua revolta, seu ódio... e me apegava a Deus porque era a única coisa que me restava fazer.

Gautier desencarnou aos quarenta e cinco anos de idade, doente, vítima de seus pesadelos sem fim e chamando por Anne.

Eu vivi ainda por mais vinte anos na Terra.

Quando perdi meu Gautier, quase pus fim à minha vida. A mim nada mais importava, pois tinha perdido tudo.

Mas Raoul, com seu amor e doçura, chamou-me à razão, pediu ajuda para cuidar dos filhos, ficou sempre ao meu lado. Decidi viver por Raoul e por meus netos.

Aqui no plano espiritual, vim a saber de toda a história de Anne. Quando ela completou quatorze anos de idade, a Condessa levou, ao casebre, dez homens de caráter duvidoso, dados a bebedeiras e badernas. Disse a Anne que, como presente de aniversário, ao invés de ganhar um mimo, perderia sua honra, pois sua filha, naquela mesma idade, havia sido desonrada por Gautier e cometera suicídio em seguida. Nada mais justo e natural que Anne passasse pela mesma situação, mas, ao invés de ser deflorada por um só homem, o seria por dez, um de cada vez. Gargalhou insanamente, autorizou o início da "festinha" e foi embora, satisfeita e contente.

Anne foi violentada repetidas vezes por aqueles homens. Ao final daquela semana, foram embora, deixando Anne com muitos hematomas devido às surras que levou, toda machucada, suja, cheirando mal, desfalecida.

As servas da Condessa choraram de compaixão por aquela menina que havia sido arrancada do lar paterno em tenra idade e cuidaram, com muito carinho, de todos os seus ferimentos.

Mas e quanto aos ferimentos da alma? Esses, nem trezentos anos conseguiram ainda apagar.

Quando Anne completou vinte e cinco anos, as servas estavam cansadas de tanta maldade por parte da Condessa e elaboraram um plano audacioso. Sabiam que, a um mês de distância dali, a cavalo, havia um convento e resolveram levar Anne para lá. O problema seria arrumar as montarias, o que foi resolvido quando um ermitão passou pelo casebre em direção à cidade mais próxima. As servas o cercaram e explicaram tudo o que haviam feito com Anne. Pediram ajuda, e como ele possuía somente dois cavalos, ficou de arrumar mais dois. Disse que voltaria dali a alguns dias.

Apesar de temerem que ele não cumprisse a promessa, qual não foi o alívio quando o viram chegando, dentro do prazo prometido, com mais duas montarias.

Explicaram o plano a Anne e perguntaram se ela queria ir para o convento ou se queria voltar ao castelo dos pais. Anne, que estava desonrada, infeliz, e que não teria mais nada de bom a oferecer à sua família, resolveu ir para o convento.

Iniciaram a viagem perigosa e longa e chegaram ao destino. Lá as servas repetiram a verdadeira história de Anne para as irmãs de caridade e pediram que a acolhessem e a elas também, no que foram admitidas pela freira dirigente do convento.

Anne desencarnou aos sessenta anos de idade e embora tivesse aprendido a conhecer a Jesus e a Deus e acompanhasse as freiras nas orações e nas obras de caridade, em seu peito ainda ardia a chama do ódio e foi assim que ela chegou às zonas umbralinas. Quando percebeu seu estado de espírito eterno, saiu em busca da Condessa de S, encontrou-a no próprio umbral e passou a obsediá-la tenazmente. A Condessa havia chegado ali trinta anos antes de Anne e, farta de tanto sofrimento, arrependeu-se de seus erros e ao ser explicado a ela o porquê de sua filha ter passado pelo que passou nas mãos de Gautier, encheu-se de remorsos, foi em busca da filha, ajudou a socorrê-la no Vale dos Suicidas, foi para nossa Colônia, muito aprendeu e trabalhou em prol de nossos irmãos inferiores e, então, retornou ao veículo carnal para tentar conseguir o perdão de Anne.

— Constância é Anne reencarnada? E Carmela, a Condessa de S? – perguntou Geraldo, atônito.

— Sim – respondeu Madalena, suspirando.

— E a senhora? – perguntou Clemente.

— Fui a mãe dela nesta vida que acabei de lhes narrar e tenho vínculos afetivos com Constância há mais de sete séculos. Amo-a muito e pedi permissão para ser sua protetora na vida atual. Há muitas vidas, estou tentando acompanhá-la desta maneira. Depois de muito tempo, consentiram e eis-me aqui – finalizou Madalena.

— E Gautier, também retornou ao veículo carnal? – perguntou Cassio.

— Não, meu Gautier encontra-se numa Colônia, em estudos e com muito trabalho a fazer. Já conseguiu redimir-se perante muitas vítimas, mas ainda faltam algumas. Não reencarnará tão cedo, pois precisa preparar-se muito bem antes de enfrentar uma nova etapa terrena.

Madalena foi abraçada fraternalmente por todos aqueles amigos que ali se encontravam e que prometeram a ela estarem disponíveis, caso ela precisasse de auxilio.

Madalena agradeceu com lágrimas nos olhos, e aqueles seis espíritos, unidos pelo mais puro sentimento de amor, compaixão e fé, elevaram o pensamento a Deus e agradeceram a oportunidade de aprendizagem que Madalena havia lhes ofertado, de maneira tão sublime.

CONSTÂNCIA x CARMELA

Como já foi dito, entre as duas irmãs reinava a desarmonia.

Carmela tentava de todas as formas aproximar-se de Constância, mas era repudiada e desprezada com tanta firmeza e ódio, que estava quase desistindo.

Mas o que tinha feito a Constância, afinal? Sempre lhe dera seus melhores presentes, sempre a protegera quando fazia traquinagens, assumindo a culpa para que não fosse castigada pelos pais, procurava atender aos seus menores desejos e pedidos. Passeava com ela, contava-lhe histórias, enfim, tudo fazia para agradá-la, mas não conseguia.

Carmela resolveu perguntar diretamente a ela qual era o problema e assim o fez.

Saiu à procura da irmã e encontrou-a ao lado da avó, bordando e conversando.

A *Signora* Maria Antonieta, aproveitando a chegada da outra neta, foi até a cozinha pedir que lhes preparassem um lanche. Enquanto isso, Carmela sentou-se ao lado de Constância, pegou carinhosamente em sua mão e qual não foi sua surpresa quando Constância enfiou a agulha em seu dedo, com muita raiva.

– Ui... Por que fez isso, Constância? Estava lhe fazendo um carinho e é assim que retribui? – perguntou Carmela, com lágrimas nos olhos, extremamente magoada, sugando o sangue que brotava de seu dedo.

– *Va bene*, por que fazer-me carinho? Não está vendo que estou ocupada com meu bordado? Não pedi seu carinho, tenho nojo de você, Carmela – respondeu Constância, com raiva.

– Mas, por amor de *Dio,* por quê? *Madonna mia!* Que passa? Tento lhe agradar de todas as formas e não consigo. Eu a magoei de alguma maneira? – perguntou Carmela.

Constância surpreendeu-se com a pergunta e ficou sem saber o que responder.

Realmente, Carmela nunca lhe fizera nada, mas ela não conseguia olhar para a cara da irmã, sem sentir raiva, muita raiva.

– Não me fez nada, Carmela. Somente irritou-me com seu gesto – respondeu Constância, dizendo a primeira coisa que lhe veio à cabeça.

– Perdoe-me! Gosto muito de você e queria que nos déssemos bem. Por que me rejeita assim?

– Não rejeito, não. Perdoe-me pelo seu dedo – disse Constância, sem graça.

– Então, vamos passear? – convidou Carmela, esperançosa.

– Não, vamos lanchar com a nossa *nona*. Depois saímos – respondeu Constância, sem a mínima vontade de acompanhar a irmã, mas dando um jeito de adiar a recusa.

– *Va bene*, Constância. Vamos lanchar primeiro.

Nisso, a *nona* entrou acompanhada de duas servas que traziam muitas guloseimas, frutas e sucos.

– *Mangia che ti fa bene, bambinas*! – recomendou a *nona*, alegremente.

Após o lanche, Carmela reiterou o convite, e Constância, sem alternativa, aceitou.

Carmela pegou na mão da irmã, e saíram a passear por entre as árvores frondosas que contornavam a casa sede.

Constância queria retirar a mão, mas depois daquela conversa toda de Carmela, achou melhor engolir o asco que sentia pelo toque da irmã e continuou de mãos dadas com ela.

GIUSEPPE CAPONE

As duas irmãs resolveram ir passear pelos lados das ruínas de uma construção que havia dentro da propriedade Olivetto.

Todos diziam que o lugar era mal-assombrado, por isso elas evitavam ir para aqueles lados, mas, naquele dia, sentiram uma imensa vontade de para lá se dirigirem.

Chegando, resolveram molhar os pés nas águas do riacho que passava por ali, pois estava muito calor.

Estavam observando o movimento da água, quando de repente ouviram um assobio atrás delas, justamente onde ficavam as ruínas.

Arrepiaram-se por inteiro e não sabiam se corriam para bem longe dali ou se investigavam o barulho.

Decidiram pela segunda opção e foram se aproximando vagarosamente, pé ante pé.

Adentraram as ruínas e qual não foi a surpresa das duas quando se depararam com um homem de estatura média, cabelos grisalhos, olhos da cor de mel, amendoados, límpidos, generosos e bondosos.

— Que passa, *Signore*? Trabalha na fazenda do *nono*? – perguntou Carmela, extremamente curiosa e já gostando muito do estranho.

— *Buon giorno, bambinas*! Chamo-me Giuseppe Capone – respondeu com simpatia.

— *Ma* que passa? – insistiu Constância.

— Moro aqui há muitos anos – respondeu Giuseppe, a sorrir.

— Sou Carmela, e ela é Constância, *Signore*.

— Eu sei.

— Mas trabalha aqui? – quis saber Constância.

— Não, somente moro aqui. Sou uma espécie de curandeiro destas paragens – informou Giuseppe.

— Mas isto é coisa de *Dio, Signore*? – assustou-se Carmela.

— Sim, *bambina. Dio* ama todos nós e quer a nossa felicidade – afirmou Giuseppe.

— Não entendo e não creio nisso, pois, senão, por que haveria tanta gente pobre e passando fome? – perguntou Constância, cismada.

— Porque, cara *bambina*, todos nós precisamos passar por determinadas coisas na vida para aprendermos a respeitar os outros. Quem não tem o que comer, talvez, seja porque fez alguém também ficar sem ter o que comer, quem morre assassinado por outros, pode ser que também já tenha matado.

— Mas tem gente que nunca matou e morreu assassinado – afirmou Carmela.

— Não matou nesta vida, entendeu *Signorina* Carmela? Mas nós vivemos outras vidas em outros corpos e lugares, sabia?

— *Caspita! Dio santo!* – confundiu-se Constância.

– Nós vivemos várias vidas. Vamos conversar em minha casa, que explico melhor – convidou Giuseppe.

– Acha que devemos ir, Carmela? – duvidou a irmã.

– Sim, gostei de Giuseppe. Ele não fará mal a nós – respondeu Carmela, puxando Constância pelo braço.

Nossos amigos espirituais acompanharam toda a conversa, e Cássio perguntou:

– Onde Giuseppe entra em nossa história?

– Apresento-lhes Raoul. Espírito muito evoluído e missionário há muitos séculos. Mesmo não precisando reencarnar agora, pediu permissão, pois deseja ajudar Constância. Eles são também Espíritos afins, compreendem? – respondeu Madalena, emocionada.

– Oh, como Deus é bom e misericordioso! – completaram Alesio e Anacleto.

– Sim, amigos, nosso Pai jamais abandona seus filhos, por mais devedores que eles sejam – concordou Clemente.

– Quer dizer que Raoul, agora Giuseppe Capone, ensinará a Constância sobre a vida espiritual, o perdão e o amor? – inquiriu Geraldo, contente.

– Sem dúvida, amigo. Veremos se Constância conseguirá aprender e, mais ainda, sentir seus ensinamentos no fundo do coração, colocando-os em prática – respondeu Madalena, esperançosa.

– Vamos acompanhar os acontecimentos? – sugeriu Anacleto.

Todos anuíram e passaram a prestar atenção na conversa que se desenrolava na casa de Giuseppe.

Sentadas num dos cômodos da casa simples, limpa e acolhedora de Giuseppe, Carmela e Constância aguardavam que ele lhes servisse o chá que havia preparado, para continuarem a conversa.

– *Signore*, quer dizer que a vida não acaba com a morte? – perguntou Carmela.

– Não, a morte não existe. O que existe são duas vidas: a material e a espiritual. A que vivemos aqui, utilizando um corpo de carne, é a vida material e a que vivemos depois de abando- narmos o nosso corpo carnal é a vida espiritual, que se passa em outro espaço.

– Quer dizer que podemos reencontrar, depois de irmos para esse espaço, todos os que amamos na Terra e que partiram antes de nós? – perguntou Constância, tentando não parecer muito interessada no assunto, mas com os olhos brilhando de interesse.

– Sem dúvida. O amor verdadeiro atravessa as fronteiras do tempo e do espaço e nunca deixa de existir ou de ser sentido por quem ama de verdade.

– Mas... Apesar de sentir dentro de mim que eu já sabia de tudo o que está dizendo, por que existem pessoas que não gostam de nós, mesmo que não lhes tenhamos feito mal algum? – perguntou Carmela, pensando nitidamente em Constância.

– O ódio também atravessa as fronteiras do tempo e do espaço. Se não fez mal algum a este alguém NESTA vida, não quer dizer que não tenha feito em vidas passadas.

– E como se deixa de odiar alguém? – perguntou Cons- tância, vivamente interessada na resposta, pois também estava pensando em Carmela.

– Perdoando esse alguém – disse Giuseppe, categórico.

– E quando não sabemos que mal nos fizeram, mas odia- mos alguém, como saber se essa pessoa merece nosso perdão? – insistiu Constância.

– Não devemos ser juízes de ninguém. Se alguém lhe fez mal, tenha a certeza de que você mesma já fez mal a alguém, embora não se lembre e, talvez, nem tenha sido nesta vida.

NÃO EXISTEM INOCENTES, *Signorina*. Todos nós cometemos erros e acertos e somente *Dio* pode nos julgar.

– Não entendo. Se perdoarmos quem nos fez mal, a pessoa continuará impune e fazendo mal a outros – teimou Constância.

– Quem lhe garante isso? Será que esse alguém não pode estar arrependido do mal que fez? Será que esse alguém não precisa apenas do perdão de sua vítima para nunca mais errar? – perguntou Carmela, como se fosse outra pessoa a dizer essas palavras.

– Arrependimentos não trazem vidas ceifadas ou destruídas de volta, cara Carmela – vociferou Constância, sem nem saber o motivo de estar dizendo aquilo.

– Pode não trazer de volta, mas alivia o coração, principalmente de quem perdoa a ofensa recebida. É bom odiar, *Signorina*? – interrompeu Giuseppe.

– Verdadeiramente, não. A sensação é muito ruim e destrutiva – respondeu Constância, abaixando o olhar.

– Então... E qual a sensação de amar? – continuou Giuseppe.

– Amar é muito bom. Amo a minha *nona* e isso é muito bom de sentir. Ainda mais porque ela também me ama – respondeu Constância carinhosamente, lembrando-se da *Signora* Maria Antonieta.

– Tenha a certeza de que todas as pessoas, tanto as que amamos hoje quanto as que odiamos, fizeram parte de nossas vidas passadas e estão se reencontrando aqui, ou para apararem as arestas e resolverem pendências antigas, ou no caso do amor, para ajudarem uns aos outros, cultivar e fazer crescer ainda mais esse amor que as une – explicou Giuseppe.

– Puxa, que belo! Quer dizer que nunca estamos sozinhos diante das dificuldades? Sempre tem alguém que nos ama de verdade para nos apoiar e ajudar? – encantou-se Carmela.

– Sem dúvida, *Signorina*. E mesmo quem não tem família, por exemplo, sempre encontrará um amigo ou protetor que estará sempre ao seu lado nos momentos mais importantes de suas vidas, tanto nas alegrias quanto nas tristezas. E mesmo que esse amigo, esses familiares ou protetores não estejam usando um corpo de carne, estarão nos ajudando e apoiando no plano espiritual.

– Se tivemos mesmo outras vidas, por que não nos lembramos? – perguntou Constância, um tanto confusa. Ela sabia que aquilo era tudo verdade, só não sabia de onde lhe vinha esta certeza.

– É difícil entender! São tantas as injustiças... – reclamou Constância.

– Não acabei de falar que não existem injustiças? Todos nós somos devedores, *Signorina* – repetiu Giuseppe.

– Preciso pensar nisso... – murmurou Constância, bem baixinho.

– *Va bene!* Também acho que precisa, *Signorina*. Pense também que o ódio e a mágoa não nos levam a lugar nenhum e que podemos fazer, deste mundo em que vivemos, um lugar muito melhor, harmônico e feliz. A começar de dentro de nossa própria casa – recomendou Giuseppe, pois havia percebido o mal-estar existente entre as duas irmãs e tinha a certeza de que algo muito sério e grave havia acontecido no passado delas, para que as coisas estivessem no ponto em que estavam.

– Bem, devemos voltar agora, Carmela. *Mamma* e *nona* devem estar preocupadas com nossa demora – comentou Constância, levantando-se.

– Sim. Poderemos conversar outras vezes? – perguntou Carmela, ansiosa.

– Sempre que quiserem. Moro aqui – garantiu Giuseppe, sorrindo com simpatia e benevolência.

– *Va bene. Adios, Signore* Giuseppe – disseram as duas em uníssono.

– *Adios.*

Voltaram para casa, cada uma perdida em seus pensamentos.

Carmela se perguntava o que teria feito a Constância, para que esta a odiasse tanto, e Constância perguntava-se se a explicação do ódio que sentia pela irmã não estaria em suas vidas passadas.

Madalena acabara de fazer uma prece em agradecimento a Deus, por ter permitido que sua Constância estivesse tendo a chance de conhecer e conviver com alguém como Giuseppe. Pedira ao Pai, que seu querido Raoul conseguisse incutir em sua mente, pelo menos, uma sementinha de entendimento e da necessidade de perdoar Carmela para que fosse feliz.

– O que acharam, irmãos? – perguntou Alesio.

– Acho que a sementinha foi semeada – respondeu Geraldo, com firmeza.

– Com certeza! – disseram todos os outros, concordando com Geraldo.

– Mas não devemos nos esquecer do livre-arbítrio. Por mais que Constância aprenda com os ensinamentos de Giuseppe, só caberá a ela perdoar ou não Carmela – lembrou Anacleto aos amigos.

– Não devemos perder a esperança, afinal, é dela que vivemos, não é? – comentou Madalena.

– Sim, devemos ter esperança, e mais ainda, muita fé e confiança em Deus. Ele tudo sabe e tudo vê. Somos pobres servidores, repletos de boa vontade e amor no coração – disse Cássio, emocionado.

– E Giacomo, irmão Cássio? – perguntou Alesio.

– Bem... Melhorou muito do que era, mas agora que Vicenzo reencarnou como seu filho, mais uma etapa difícil deverá ser vencida pelos dois. Giacomo, como Espírito eterno que é, já pressentiu que problemas advirão, em relação ao varão que ele tanto esperou – explicou Cássio, preocupado.

– E Francesca, irmão Geraldo? – perguntou Anacleto.

– Francesca não tem alimentado ideias suicidas ATÉ AGORA. Mas diante dos fatos que se desenrolarão entre Giacomo e Vicenzo, terá mais uma prova difícil a vencer. Veremos se ela resistirá aos seus instintos suicidas quando as coisas piorarem, e o resgate vier a acontecer.

– Digamos, meus irmãos, que Giuseppe esta aí para ajudar não só a Carmela e a Constância, mas também a Giacomo, Francesca e Vicenzo... – disse Clemente, misterioso.

– Verdade, Clemente? Nós só podemos nos regozijar com tanta bondade divina !!! – felicitou Geraldo, não cabendo em si de contentamento e muito agradecido a Deus pelo auxílio enviado.

– Deus jamais nos abandona, caro Geraldo. Ainda duvidava disso? – espantou-se Clemente.

– Não, simplesmente não esperava essa ajuda que veio em tão boa hora – respondeu Geraldo.

– E os inimigos desencarnados de Giacomo, Cássio? – inquiriu Madalena.

– Continuam à espreita, minha amiga. Os pesadelos de Giacomo sempre o atormentam, bastando para isso que ele tenha qualquer tipo de pensamento de vingança ou maldade contra o próximo. Seus pensamentos infelizes acabam atraindo os inimigos, e eles só não conseguem derrubá-lo, porque, assim que começa a pensar no que não deve, percebe o que está fazendo e muda sua faixa vibratória, lembrando-se de Francesca e dos filhos, que tanto ama. Vibrações de amor não interessam aos nossos irmãos infelizes, portanto afastam-se e ficam de tocaia, só esperando que Giacomo tropece nos instintos inferiores que ainda o dominam, para que possam atacá-lo sem dó nem piedade – lamentou Cássio, cruzando os braços e fechando os olhos, como se estivesse em prece.

– Ele conseguirá se livrar das zonas umbralinas, Clemente? – perguntou Geraldo.

– Isso dependerá de como se portará diante do resgate. Se ele perdoar Vicenzo e não for à desforra, talvez, a misericórdia divina salve-o das trevas, mas se agir de maneira contrária... Não poderemos fazer nada para impedir – esclareceu Clemente.

– Teremos que esperar para ver. E orar muito para que Deus nos ilumine e possamos ajudar nossos tutelados da melhor forma possível, sem interferirmos no livre-arbítrio deles – opinou Madalena.

– Sábias palavras, cara amiga – concordou Clemente.

– Não imaginei que ser anjo da guarda fosse tão complicado! – brincou Anacleto, para desanuviar o ambiente.

– Tem coisa melhor do que ajudar as pessoas que amamos a descobrirem o caminho do amor, do perdão, da harmonia, da sabedoria, a evoluírem rumo ao infinito, ao encontro de Jesus, nosso irmão maior, e de Deus, nosso Pai amantíssimo? Como poderíamos seguir nosso caminho evolutivo e deixar para trás os nossos irmãos de outras romagens terrenas? Qual mãe seria feliz vivendo nos planos mais altos se seus filhos, familiares, amigos, pais ou companheiros de jornada estivessem purgando, expiando suas penas nas zonas umbralinas, no Vale dos Suicidas? Ou mesmo se estivessem encarnados para expiar suas faltas e cumprir suas provas terrenas? – completou Madalena.

– Não MESMO! – responderam todos e abraçaram-se em plena harmonia, cumplicidade e profundo entendimento fraterno.

Ao retornarem para casa, as meninas foram à procura de Francesca ou da *Signora* Maria Antonieta.

Desejavam saber mais a respeito de Giuseppe.

Encontraram a *nona* na varanda e foram logo perguntando:

— *Nona,* quem é Giuseppe Capone?

— Bem, é um curandeiro que mora aqui nas terras de seu *nono* desde que Carmela nasceu. Já salvou muitas vidas, e os outros empregados sempre o procuram para pedir conselhos e ajuda. Por que, *bambinas?*

— Porque o conhecemos hoje e gostamos muito dele, *nona* – respondeu Constância, mais do que depressa.

— Graças a *Dio!* Ele é uma boa pessoa, e fico feliz em saber que o conheceram.

— Quem conheceu quem, *Signora* Maria Antonieta? – perguntou Giacomo, que vinha chegando dos parreirais.

— Nós conhecemos Giuseppe, querido *papà* – disse Carmela, jogando-se nos braços do pai, alegremente.

— Muito bom, minha princesa. Giuseppe é um grande amigo e gosto muito de conversar com ele. O que acharam do que ele costuma falar? – indagou Giacomo, curioso, dirigindo-se também a Constância.

— Muito interessante, mas não sei se creio, *papà* – respondeu Constância, em dúvida.

— Deveria crer, *bambina mia.* Giuseppe é muito sábio e seja o que for que lhes tenha falado, tenham a certeza de que é a mais pura verdade... – afirmou Giacomo, categoricamente.

— Apesar de saber que é verdade, não sei como terei essa certeza – comentou Carmela, pensativa.

— Pois eu vou pensar sobre tudo o que ele disse e, depois, direi o que acho – informou Constância, decidida.

— Que acha, *Signora* Maria Antonieta, de convidarmos

Giuseppe para jantar conosco amanhã? – consultou Giacomo, mais por educação do que por necessidade de autorização.

– Acho uma bela ideia. Francesca também vai gostar.

– Então, mandarei meu empregado até lá, agora mesmo, para convidá-lo e trazer a resposta – disse Giacomo, unindo as palavras à ação e dando a ordem.

Dali a um tempo, o empregado retornou dizendo que o convite tinha sido aceito.

Todos ficaram contentes, e Giacomo foi informar Francesca, para que ela desse as ordens necessárias para o jantar do dia seguinte.

Se o *Signore* Francesco ainda vivesse, o convite não poderia ter sido feito, pois ele não gostava nada de Giuseppe. Achava-o desequilibrado e muito misterioso. Ninguém ali sabia de suas origens e nem de onde tinha vindo. Mesmo tendo-lhe salvado a vida quando picado por uma cobra extremamente venenosa, logo após o nascimento de Carmela, ainda assim Francesco não confiava nele. Ofereceu-lhe uma alta soma em dinheiro como forma de agradecimento, na época, e qual não foi sua surpresa quando Giuseppe recusou a oferta terminantemente e pediu, em troca, apenas um lugar simples e agradável para fixar moradia.

Francesco lembrou-se das terras próximas às ruínas e, como não utilizava as mesmas para nada, autorizou que ele construísse uma casinha rústica ali e tirasse seu sustento da própria natureza.

Giuseppe, imensamente feliz, mais do que depressa, dirigiu-se ao local designado e pôs mãos à obra.

Todos diziam que as terras ali eram mal-assombradas, mas Giuseppe tinha conhecimentos sobre a vida e a morte, que poucos tinham naquela época, portanto, nada foi tão fácil para ele do que esclarecer aqueles Espíritos que ali fixaram moradia, por não terem ainda consciência de seu estado de Espíritos eternos, ou seja, não sabiam que não pertenciam mais ao plano material e ali haviam ficado, assustando pessoas mais desavisadas e descrentes, daí a má fama do lugar.

Giuseppe possuía vários tipos de mediunidade, tais como: vidência, audiência, psicofonia, premonição e magnetismo (mediunidade de cura).

Por isso, quando alguém vinha à sua procura, por causa de doenças, acidentes, brigas, rixas ou coisas do gênero, ao olhar para cada uma das pessoas que ali chegava, sabia exatamente qual o problema que teria que ajudar a resolver, sem que muitas vezes fosse necessário que dissessem a ele.

Esse comportamento assustava alguns, mas não a ponto de rechaçarem a presença dele ali. Por outro lado, sua fama e mistério cresciam a cada ano.

Giuseppe não se incomodava. Nem ele sabia por que havia ido parar justamente ali, tendo tantos outros lugares para ir, mas diante do conhecimento que possuía, sabia que nada acontecia por acaso. Portanto, ele ficaria ali até que sua presença fosse necessária. Quando sentisse que não era mais, seguiria seu caminho, e só Deus sabia para onde iria posteriormente.

Ele sabia, por exemplo, que sua maior tarefa relacionava-se com a família Olivetto Antonelli.

Seus amigos espirituais ainda não haviam-lhe mostrado o motivo, mas ele sabia que deveria estar perto daquelas pessoas e ajudá-las.

Já conhecia as meninas de vista, mas nunca havia conversado com elas.

Ao ver Constância, percebeu que já a conhecia de priscas eras e sentiu um profundo amor fraterno brotar em seu coração.

Quanto a Carmela, sentiu pesar e compaixão.

Sabia, de alguma maneira, que Constância a odiava por

algo de muito grave que havia acontecido no passado de ambas, e por que não dizer, no seu próprio passado também?

Sabia que estava ligado àquelas pessoas de alguma maneira.

E sentia que estava prestes a descobrir o motivo de ter vindo parar naquela fazenda distante, com a graça de Deus.

E tudo faria para ajudá-las a encontrar o caminho.

Giuseppe lembrou-se de sua família tradicional e riquíssima. Era o primogênito do Conde de P.

Tinha tudo o que um mancebo poderia sonhar em termos materiais, mas, desde tenra idade, sabia em seu íntimo que seu lugar não era ali, onde sua família residia a maior parte do tempo, ao norte da Península Itálica, além de também possuir uma outra casa próxima à fazenda de Giacomo.

Aos quinze anos, despedira-se definitivamente da vida ociosa e saiu percorrendo o país. O conhecimento sobre as ervas, ele adquiriu na primeira cidade em que pernoitou, assim que saiu de casa. Ficou ali por dez anos, sempre aprendendo e praticando o aprendizado. Seu mestre fora uma pessoa excepcional, que agora não mais pertencia ao plano material, mas Giuseppe sabia que não estava abandonado. Conversava horas a fio com seu mentor querido, mesmo tendo um véu material separando os dois.

Ao desencarnar, seu mestre havia dito que chegara a hora de Giuseppe sair mundo afora, praticando tudo o que ele lhe ensinara. Prometeu, em seu leito de morte, que sempre estaria com ele em pensamento. Predisse que a missão que Giuseppe tinha que cumprir nesta vida seria encontrada mais ao sul da Península Itálica. E garantiu que ele saberia que chegara a hora de agir quando fosse o momento propício.

Não era isso o que estava acontecendo naquele momento?

Giuseppe tinha certeza que sim.

GIUSEPPE E A FAMÍLIA *OLIVETTO ANTONELLI*

Na hora combinada para o jantar, Giuseppe chegou.

Foi recebido com alegria, e enquanto tomavam um aperitivo antes da refeição ser servida, conversaram todos sobre assuntos amenos e corriqueiros.

Vicenzo já havia conversado muito com Giuseppe, pois não entendia todo o ódio e rancor que sentia pelo pai.

Desde criança, só sabia agredi-lo com palavras, e nada do que Giacomo fizesse para agradá-lo surtia o menor efeito, muito ao contrário, parecia que irritava Vicenzo ainda mais.

Aos treze anos de idade, Vicenzo era um belo rapazinho. Muito doce e cortês com Francesca, Maria Antonieta e as duas irmãs, mas em relação a Giacomo...

Francesca preocupava-se muito com o comportamento de seu filho varão e não perdia oportunidade de chamá-lo aos brios, sempre que Vicenzo passava dos limites do tolerável em relação ao pai.

Tudo indicava, na opinião de Francesca, que Vicenzo havia dado ouvidos às conversas dos empregados mais antigos da fazenda em relação ao caráter duvidoso que Giacomo ostentava, antes de contraírem matrimônio. Era a explicação mais plausível para o comportamento do filho.

Mas Giacomo havia mudado muito e, hoje em dia, em nada lembrava aquele homem frio, ambicioso e materialista. Aliás, ela procurava nem levar em consideração esse tipo de coisa já que, em relação a ela, seu marido sempre fora generoso, carinhoso e de comportamento impecável.

Por que, então, Vicenzo tinha que dar ouvidos a julgamentos duvidosos, que nem sabia se eram verdadeiros?

Giacomo, por sua vez, sentia verdadeiro mal-estar na presença do filho, desde que este nascera. Penitenciava-se por causa disso, já que sua obrigação de pai era amar o filho acima de todas as coisas, mas era mais forte que ele. O olhar de Vicenzo... Lembrava-lhe o de alguém que ele gostaria de esquecer para sempre.

Algumas palavras e expressões também.

Mas Cornélio estava morto, e seu filho, além de vivo, chamava-se Vicenzo!

Nem a aparência de Vicenzo lembrava a aparência de Cornélio.

Então, qual era a explicação para aquilo tudo?

Sem contar que sentia nitidamente que Vicenzo o odiava com todas as forças do seu coração juvenil e impetuoso...

Já conversara a respeito com Giuseppe, mas sinceramente, não havia acreditado muito nas explicações que lhe dera.

Seria possível?

Não.

Vicenzo era rebelde mesmo, e, com a idade, melhoraria e passaria a amá-lo e respeitá-lo, com certeza.

Levar tudo a ferro e fogo e dizer que todo e qualquer problema de convivência familiar tinha a ver com outras vidas, era muito fanatismo, não era?

Era?

Antes de iniciarem o jantar, Giuseppe sugeriu que fizessem uma prece em agradecimento ao alimento que receberiam.

Logo após, Giuseppe explicou que a prece era o alimento da alma, assim como aquele alimento que estava disposto na mesa era o alimento do corpo. Recomendou que fizessem da prece um compromisso diário e, mais uma vez, todos anuíram.

O jantar transcorreu num clima agradável e divertido.

Aquele jantar estava maravilhoso. E o vinho, então? Safra pertencente à própria fazenda dos Olivetto: saboroso e inigualável!

No final do jantar, Carmela, não aguentando mais, perguntou a Giuseppe quando poderiam continuar aquela conversa tão interessante, no que ele respondeu que seria quando ela quisesse.

Todos queriam ouvir as palavras de Giuseppe, menos a *Signora* Maria Antonieta, que se recolhia cedo. Ela se despediu e dirigiu-se aos seus aposentos.

O restante dirigiu-se à biblioteca.

– Vamos esperar a *Signora* Francesca para iniciarmos a palestra – avisou Giacomo.

Concordaram e ficaram à espera da *mamma*.

Assim que Francesca chegou, Giuseppe perguntou:

– *Bene...* Quem deseja perguntar primeiro?

— *Papà*, posso começar? – perguntou Carmela, ansiosamente.

— *Va bene, bambina* – anuiu Giacomo.

— *Signore* Giuseppe, como podemos pedir desculpa às nossas vítimas de outrora?

— De duas maneiras, *Signorina*: a primeira é orar pela pessoa em questão e pedir-lhe perdão em pensamento, de um jeito sincero, e a outra maneira é mudar o seu comportamento em relação às pessoas e aos assuntos do dia a dia.

— Não entendi... – disse Giacomo.

— Muito simples. Se era uma pessoa avara, deverá mudar e ser mais generosa, mas do fundo do coração, porque nossas vítimas e inimigos do passado, quando no plano espiritual, ficam à espreita, esperando que cometamos qualquer erro para nos destruir, e se você provar a eles que mudou, talvez eles o perdoem e o deixem em paz. Nada podemos esconder deles, que tudo veem e tudo sabem a nosso respeito.

— E se, mesmo assim, não perdoarem? – perguntou Vicenzo.

— Daí, *bambino*, o problema é deles, porque você está fazendo a sua parte, e *Dio* sabe disso.

— Quer dizer que, se mudarmos interiormente, nossos inimigos nos perdoam? Deixam de nos atormentar? – perguntou Giacomo, muito interessado.

— Se provar que mudou mesmo, na prática, tiver somente bons pensamentos para com todos e, principalmente, para com os inimigos e vítimas, eles não mais poderão interferir negativamente em sua vida, caro Giacomo – completou Giuseppe.

— *Signore* Giuseppe, o que sua sabedoria nos diz sobre o suicídio? – inquiriu Francesca.

– *Signora*, somente *Dio* tem o poder de dar ou retirar a vida. Não temos o direito de ceifar nossas vidas. Existe a Lei do retorno, que nos faz pagar com o mesmo ceitil.

– Mas e se a pessoa estiver com um problema insolúvel? Não teria o direito de cortar o mal pela raiz e resolver tudo? – insistiu Francesca, um tanto perturbada.

– Nenhum problema é insolúvel, *Signora*. Tudo tem uma solução e uma resposta. *Dio* não coloca em nossas costas um fardo maior do que podemos carregar. E se sofremos e passamos por reveses na vida é com o intuito de aprendermos alguma coisa com os problemas que nos visitam.

– E por que *Dio* permite que nossos inimigos e vítimas que já partiram fiquem a nos perseguir e atormentar? – perguntou Giacomo, lembrando-se vivamente de seus pesadelos infernais.

– Porque, caro amigo, se elas partissem e nos deixassem em paz, nunca tomaríamos consciência dos erros que cometemos e do mal que praticamos contra nossos irmãos e não teríamos nenhum motivo para arrependimento e melhoria interior, de acordo?

– É verdade, amigo Giuseppe... Vendo sob este aspecto... – concordou Giacomo.

– *Dio* aproveita todas as situações da vida para nos ensinar o caminho certo a seguir – completou Giuseppe.

– E qual é o caminho certo? – perguntou Vicenzo.

– É o caminho do amor e do perdão, Vicenzo.

– *Caspita,* mas e se a pessoa não merece perdão? – irritouse Vicenzo.

– Todos nós merecemos perdão, caro *mio*. Quem nunca errou que atire a primeira pedra... Não importa se nosso erro foi maior ou menor do que o erro do outro, o que importa é percebermos que erramos, pedirmos perdão e não errarmos mais. O único juiz que pode julgar nossos atos é *Dio*. Você pode achar que errou menos, mas, se *Dio* não achar, você colherá o que plantou – assegurou Giuseppe.

– E por que erramos, *Signore* Giuseppe? – perguntou Constância, com curiosidade.

– Por ignorarmos as Leis de *Dio, bambina*, ou por termos conhecimento delas, mas não colocarmos em prática. Palavras perdem-se ao vento. O que fica são os nossos atos e são estes mesmos atos, bons ou maus, que levamos conosco quando desencarnamos.

– E quando o que planejamos não dá certo? Foi *Dio* quem não quis? – perguntou Giacomo.

– Todos nós temos o nosso livre-arbítrio, caro amigo. Temos a liberdade de fazer o que quisermos, mas, se o que fizermos prejudicar alguém, tenha a certeza de que nós também colheremos o que plantamos, mais dia menos dia, nesta vida ou numa vida futura. E quando queremos muito uma coisa e não conseguimos, talvez seja porque aquela coisa não seria o melhor para nós, embora não saibamos disso. Isso, somente *Dio* sabe. E se levarmos em consideração que Ele somente quer nosso bem e nossa felicidade, deveremos aceitar Seus desígnios, sem murmurar ou sem nos revoltar.

– Mas isso não seria uma forma de conformismo, *Signore* Giuseppe? – questionou Francesca.

– *Signora*, somente podemos mudar o que está em nossas mãos mudar. O que não está, deve ser entregue nas mãos de *Dio*, para que Ele faça o que julgar melhor para nós. É claro que se alguém estiver querendo comer e não tiver o que comer, este alguém deve ir em busca do alimento para não morrer, mas se alguém tem uma doença, por exemplo, que ainda não tem cura, o máximo que pode fazer é seguir o tratamento que foi recomendado por quem entende do assunto e entregar o resto nas mãos de *Dio*.

– Entendo! – murmurou Francesca, impressionada com tão sábias palavras.

– E quando não conseguimos gostar de alguém muito próximo, sangue de nosso sangue? – inquiriu Vicenzo, olhando enviesado para Giacomo.

– *Bambino*, devemos fazer a nossa parte para que a convivência seja a melhor possível e entender de uma vez por todas que ninguém é perfeito. Percebem, que quando tudo vai bem em nossas vidas, nem lembramos Dele, nosso Pai? Percebem que somente nos lembramos Dele, quando as coisas vão mal e quando estamos sofrendo?

– É verdade! – responderam todos em uníssono.

– Infelizmente, nós ainda somente conseguimos aprender e amadurecer através da dor – continuou Giuseppe.

– Mas por que, amigo? – insistiu Giacomo.

– Porque somos ignorantes, egoístas, ambiciosos, materialistas... – respondeu Giuseppe, sem pestanejar.

Vicenzo e Constância estavam deveras surpresos com tantas palavras repletas de verdade.

– Então, não devemos cuidar dos nossos bens materiais? – questionou Giacomo.

– Sim, amigo. Temos obrigação de fazê-lo, já que nos foi confiado por *Dio*. Mas não devemos achar que estes bens materiais nos pertencem e são as coisas mais importantes do mundo, e, sim, que pertencem a *Dio,* que nos EMPRESTOU esses bens, para que usufruíssemos de maneira honesta, generosa e humilde e não para humilhar e destruir nossos irmãos menos favorecidos pela sorte. Fora da caridade, não há salvação, amigos! Jesus morreu por amor a nós, caluniado e crucificado.

— Mas se Jesus era tão poderoso, por que não se salvou da cruz? – inquiriu Carmela.

— Porque, cara *bambina*, se Ele o tivesse feito, tudo o que havia dito até aquele momento de sua vida teria perdido totalmente o efeito e o significado. Ele veio a nós de forma humilde, pobre que era, nasceu num estábulo, longe da riqueza. Andava descalço, com uma túnica surrada e não tinha nem uma pedra para repousar a cabeça. Suas palavras eram um manjar dos deuses! E poucas pessoas entenderam o que Ele tanto repetia sobre o amor, a caridade e o perdão. Tanto não entenderam, que Ele foi crucificado, pregado numa cruz de madeira e teve uma coroa de espinhos colocada em sua cabeça, sem nenhuma compaixão por parte dos seus algozes e de todo o povo que o acompanhava em suas andanças. E sabem o que Ele falou, antes de dar o último suspiro? "Perdoe-os, Senhor, eles não sabem o que fazem!"– finalizou Giuseppe, emocionado, ao lembrar-se da história de Jesus.

— Belíssimas palavras! Ele mostrou a todos que, apesar de sua condição humilde, era sábio, generoso, caridoso e muito superior a todos aqueles que o estavam acompanhando e o haviam julgado e crucificado injustamente, não é verdade *Signore* Giuseppe? – perguntou Francesca.

— Sim, é verdade, *Signora*. Querem exemplo melhor do que este, de amor, desprendimento, humildade e sabedoria?

— Não existe mesmo, nada parecido – concordou Vicenzo, um tanto sem graça, pois seus olhos haviam se enchido de lágrimas ao ouvir esta parte sobre a história de Jesus.

O ambiente estava leve e acolhedor, e nossos amigos no plano espiritual aproveitaram a conversa edificante para energizar a casa inteira. Além disso, haviam inspirado Giuseppe em todas as respostas e tinham fé no Pai que, a partir daquele momento, seus tutelados teriam em seus corações a sementinha da concórdia, da harmonia, da compreensão e do bem querer, a germinar célere e a dar frutos doces e suculentos, para o bem de todos os envolvidos. Uma chuva de luzes coloridas jorrou das mãos de nossos amigos espirituais, e todos, na mesma hora, sentiram um bem-estar indescritível e uma sonolência sadia e bem-vinda.

Giuseppe, que, através da sua vidência, acompanhava todos os movimentos do plano espiritual, embeveceu-se e agradeceu a Deus por Ele ter-lhe dado os dons que possuía, o que permitia que assistisse a toda àquela beleza diáfana e colorida.

Nossos amigos, sabendo dos dons de Giuseppe, acenaram para ele e o abençoaram com o sinal da cruz, afirmando, em pensamento dirigido a ele, que estariam sempre por perto para ajudá-lo no cumprimento de sua missão. Madalena, emocionadissima, já que estava diante do seu Raoul reencarnado, não resistiu e seu amor materno falou mais alto: aproximou-se de Giuseppe e deu-lhe um abraço e um beijo fraterno, doce e suave.

Giuseppe recebeu o pensamento dos amigos por telepatia e, quando viu aquela bela senhora aproximar-se dele, sentiu uma emoção indescritível como se estivesse reencontrando uma pessoa que lhe era muito cara e especial. Lágrimas escorriam pela sua face, de mais pura emoção e saudade.

Madalena sorriu docemente e disse, ainda em pensamento:

"– Filho amado, orgulho-me de você e estarei sempre ao seu lado. Cuide de Constância e ajude-a a acordar para a verdadeira vida e para a felicidade. Amo-o como nunca! Deus o abençoe, hoje e sempre!"

Giuseppe, secando as lágrimas que teimavam cair, mandou um beijo, com a ponta dos dedos, para aquele ser iluminado e tão dele conhecido de eras remotas, e agradeceu pelo auxílio e pelo amor de que ela o fazia merecedor, no que era totalmente correspondida.

Nossos amigos espirituais fizeram-se invisíveis a Giuseppe, e foi aí que ele percebeu que todos estavam olhando para ele, sem entenderem o motivo de tanta emoção.

– Tenho alguns dons espirituais e se estou emocionado deste jeito é porque o que acabei de ver com os olhos da alma não é possível descrever com toda a veracidade e realidade que o acontecimento merece. Mas o que posso dizer é que todos nós estamos protegidos por grandes amigos do plano espiritual e que devemos ser merecedores de tanto amor e dedicação, de maneira a sempre darmos o melhor de nós em tudo o que fizermos, tanto para nós mesmos, como para nossos familiares e irmãos de caminhada. Afirmo que não estamos abandonados e que *Dio* nos ama e quer nossa felicidade e crescimento. Cabe a nós fazermos a nossa parte e merecermos o amor deste Pai tão generoso, justo e benevolente – explicou Giuseppe, expressando-se com palavras entrecortadas pela emoção.

– *Va bene* – cortou Giacomo, limpando a garganta e tentando controlar a emoção –, vamos dormir, que a noite já avança, e amanhã é dia de labuta.

Todos se despediram, dirigiram-se aos seus respectivos aposentos e lares e conciliaram o sono assim que encostaram a cabeça no travesseiro.

Tiveram belos sonhos e dormiram tranquilamente, como há muito não dormiam.

– Estou pensando seriamente em conversar com Vicenzo. O que acham? – perguntou Alesio, dirigindo-se aos companheiros espirituais.

– Acho uma boa ideia, amigo. Acham que devo fazer o mesmo com Constância? – perguntou Madalena.

— Nunca é demais orientarmos e aconselharmos nossos pupilos — respondeu Cássio, no que Geraldo e Clemente concordaram imediatamente.

— Bem, acompanhando os pensamentos de Vicenzo, sei que as palavras de Giuseppe mexeram com ele de alguma forma. Só espero que tenha sido de maneira definitiva e produtiva — comentou Alesio.

— Também acho que terei bons resultados com Constância, mas os seres humanos encarnados são tão imprevisíveis! — declarou Madalena.

— O que quer dizer é que o livre-arbítrio de cada um não nos deixa prever o resultado dos acontecimentos, certo? — corrigiu Clemente.

— Sim, é isso mesmo, irmão Clemente — anuiu Madalena.

— Quanto a Giacomo, no fundo, no fundo, sabe que Vicenzo é Cornélio e desconhece o que deve fazer a respeito. Os ensinamentos de Giuseppe calaram fundo em seu coração, mas ele ignora como proceder para resolver o impasse — comentou Cassio, desalentado.

— Mesmo porque, irmão, Vicenzo não lembra que foi Cornélio e muito menos o fato de ter sido envenenado por Giacomo. O que ele tem são sensações desagradabilíssimas quando está perto ou olha para Giacomo. Ele vê claramente um inimigo declarado à sua frente e está muito confuso, porque o dever de filho manda que ele ame e respeite o pai, mas seu coração diz que deve cobrá-lo e puni-lo de alguma maneira, que foi traído e vilipendiado em seus mais sinceros sentimentos, pois lembremos que Cornélio gostava de Giacomo como se fosse seu filho, o filho que não teve, e que ensinou a ele tudo o que sabia a respeito de como administrar uma fazenda, por exemplo. Era seu amigo, companheiro de noitadas e de diálogos francos e sinceros. Cornélio, na verdade, foi para Giacomo o pai que ele nunca teve – analisou Geraldo.

– Sábias palavras, irmão – aplaudiu Clemente e acrescentou –, sim, a dor da traição é muito forte e corrói nosso coração. Não há coisa pior do que receber, em troca, somente ingratidão de quem tanto nos empenhamos em ajudar, esclarecer, ensinar e amar fraternalmente. Quando aprendermos a fazer o bem sem esperarmos recompensas, muitos sofrimentos serão destituídos de sua razão de ser e existir. Nem sempre quem ajudamos e socorremos em horas difíceis tem maturidade e discernimento para reconhecer o bem que lhe foi feito e, por isso, acabam por pagar com ingratidão e traição. Mas dia virá em que essa ignorância será aniquilada, e todos se amarão e ajudarão mutuamente, só preocupando-se com o bem-estar e a felicidade alheios, não pedindo nem desejando nada em troca. Mesmo porque, quem ajuda o próximo com o intuito de ser recompensado perde totalmente o mérito da ajuda, ou seja, para Deus, é como se ele nada tivesse feito em prol dos outros, já que está querendo receber o pagamento no plano material. Portanto, vamos juntar tesouros no Céu, irmãos, porque tudo o que juntarmos na Terra, na Terra ficará e perecerá quando retornarmos para a verdadeira vida, que é a vida espiritual. Nada traremos conosco de material, apenas carregaremos, em nossa bagagem, o bem que praticamos, juntamente com a caridade, o amor que ofertamos, os bons exemplos, a compreensão e a tolerância com a qual tratamos nossos irmãos menos esclarecidos. Quanto mais cedo a Humanidade se conscientizar dessas verdades, mais cedo a Humanidade caminhará vitoriosamente rumo à sua evolução espiritual, tornando o planeta Terra um mundo muito melhor e mais saudável de se viver e progredir.

VICENZO x GIACOMO
MAIS UMA VEZ

Giacomo resolveu levar em consideração o que Giuseppe dissera sobre fazermos o melhor de nós em relação à convivência familiar e, pensando nisso, convidou Vicenzo para caçar junto com ele e mais alguns homens de confiança no dia seguinte.

Vicenzo quis recusar automaticamente, mas também se lembrou das palavras de Giuseppe e resolveu fazer um esforço sobre-humano e tolerar a presença do pai durante aquela atividade de lazer.

Só Deus sabe o que aconteceria...

Saíram na manhã seguinte, nem bem o dia havia amanhecido, e foram cavalgando lado a lado, sem trocarem palavras, cada um perdido em seus próprios pensamentos.

Pararam para pernoitar assim que escureceu e armaram um acampamento simples e prático numa clareira. Acenderam uma fogueira e abriram um garrafão de vinho.

O céu estava estrelado, a Lua cheia, aves noturnas entoavam seu canto característico.

Pai e filho continuavam calados, e Giacomo resolveu quebrar aquele silêncio, que já estava se tornando incômodo.

— Vicenzo, gostaria que me acompanhasse mais às lides da fazenda, afinal, é meu herdeiro e deve participar dos problemas, soluções, prejuízos, lucros, enfim, de tudo...

— *Papà*, eu gostaria muito de fazer isso, mas não suporto sua companhia... – desabafou Vicenzo, agressivo.

— Por que não me suporta, *ragazzo*? Que lhe fiz? Não acha que está na hora de conversarmos sobre isso como dois homens que somos?

— Podemos até conversar, mas não acho que vá resolver alguma coisa...

— Por que não tentamos, por favor?

— Acho que o *Signore* é um assassino, interesseiro, traidor e que não ama nada nem ninguém, somente dinheiro, entende? – atacou Vicenzo, sem nem pestanejar.

— O que lhe contaram para que me julgasse assim tão severamente? – perguntou Giacomo, chocado e muito triste com a repugnância clara e indiscutível, que despertava em seu único filho varão.

— Contaram muita coisa, mas mesmo que não tivessem contado, EU SEI, dentro de mim, que o *Signore* é tudo o que falei e muito mais! – respondeu Vicenzo, cuspindo no chão para demonstrar o nojo que sentia de seu pai.

— *Per Dio! Madonna mia!* Acha mesmo que eu seria capaz de fazer tudo o que me acusa de ter feito?

— Não tenho dúvida nenhuma – afirmou Vicenzo, categoricamente.

– Mas o que lhe dá esta certeza?

Vicenzo ficou em silêncio... Na verdade, não sabia o que responder, porque realmente nunca vira o pai praticando ou dizendo nada de tão escabroso e funesto. Ele simplesmente SABIA que era tudo verdade.

– Não pergunte como nem por que, mas eu sinto, dentro do meu coração, que fui sua vítima inocente, que já amei muito o *Signore*, que já fui seu amigo, mas o *Signore* me traiu e me fez muito mal – declarou Vicenzo, deixando Giacomo estarrecido.

– Mas como isso é possível, se você tem somente treze anos de idade e se, como pai, somente fiz tudo de bom, que eu saiba, em relação a você? – perguntou Giacomo, embora, no fundo, soubesse a resposta. O problema é que ele tinha medo de acreditar que aquilo era verdade e que quem estava ali, à sua frente, era ninguém mais, ninguém menos, do que Cornélio, pois o jeito de Vicenzo falar aquelas palavras para ele e aquele olhar era exatamente igual ao jeito e ao olhar que Cornélio lhe dirigia quando discordavam de alguma coisa ou quando ele se irritava, por algum motivo, com Giacomo.

– Sinto que o *Signore* tirou algo muito importante de mim, não sei onde nem por que, somente sei que o *Signore* interrompeu alguma coisa preciosa que pertencia a mim – continuou Vicenzo, com lágrimas de revolta nos olhos.

– Mas como pode ser isto, *Dio mio?* Vicenzo, fale como posso corrigir o erro de que está me acusando de ter cometido contra você, e o farei! – pediu Giacomo, emocionado. Nunca se arrependera tanto de ter tirado a vida de alguém como naquele momento. E agora? Como consertar? Que Deus o ajudasse! E Cássio... Não lembrava muito bem quem era, mas considerava-o um amigo muito querido e sentia que ele o queria muito bem também, portanto se estivesse ali em Espírito, que o ajudasse naquele instante crucial de sua vida. Era tudo ou nada!

Cássio estava realmente ali, como sempre estivera ao lado de Giacomo e, juntamente com Anacleto, passou a aplicar-lhe energias de reconforto e a inspirar sentimentos de perdão, esquecimento, amor e união àquelas duas criaturas que se encontravam perdidas nas trevas do remorso, da vingança e do ódio.

Giacomo e Vicenzo sentiram como se uma aragem perfumada e reconfortante os envolvesse, transmitindo muita paz e tranquilidade a ambos.

Vicenzo enxugou as lágrimas, que teimavam em escorrer-lhe pela face, olhou para o pai e respondeu:

— Não me agrada sentir ódio pelo meu próprio *papà*, mas é mais forte do que eu! Sinto que o *Signore* me deve alguma coisa, até mesmo a minha vida! Mas não entendo meus sentimentos.

— Nosso amigo Giuseppe poderá nos ajudar, Vicenzo. Tenho certeza de que somente ele tem o poder de fazê-lo... — constatou Giacomo, esperançoso. Se Vicenzo fosse Cornélio reencarnado, estava ali a sua chance de pedir-lhe perdão, mas não sabia como fazê-lo, já que o que Vicenzo tinha eram apenas sensações fortes de que havia sido muito prejudicado por ele e até mesmo que havia sido morto através de suas mãos, mas não tinha a lembrança do fato em si.

— Também acho, *papà*. O que acha de deixarmos a caçada para outro dia, retornarmos à casa e procurarmos por ele? — sugeriu Vicenzo, muito interessado em resolver aquele assunto o mais cedo possível.

— Não, *ragazzo mio* — recusou Giacomo, colocando a mão no ombro de Vicenzo, e continuou —, vamos para nossa caçada e, quando voltarmos, traremos um belo troféu para nosso amigo Giuseppe. De acordo?

— Ele merece. Então, vamos dormir e amanhã continuamos nosso caminho até o lugar onde tem bastante caça, para que escolhamos a melhor delas para Giuseppe – concordou Vicenzo, dando um meio sorriso e sentindo uma sonolência agradável e bem-vinda.

O bem-estar era ocasionado, naturalmente, pelos nossos amigos espirituais, que aproveitariam o desprendimento do espírito de Giacomo e Vicenzo do veículo carnal, através do sono, para conversar com eles.

Alguns minutos depois, eis Giacomo e Vicenzo, lado a lado, em Espírito, em companhia de Cássio e Anacleto.

– Que Deus os abençoe, amigos! – saudaram amavelmente, em uníssono, Cassio e Anacleto.

– Amém... Atendeu minha prece e veio em meu socorro. Como poderei agradecê-lo?

– Continuando a cumprir a promessa que fez há alguns anos terrenos, lembra-se? – respondeu Cássio.

– Sim, e estou cumprindo, pois não? – inquiriu Giacomo.

– Sim, por enquanto – aquiesceu Cássio, sorrindo.

– A que promessa se refere, desconhecido amigo? – perguntou Vicenzo, dirigindo-se a Cássio.

– Não vem ao caso... O que importa é que vocês devem se entender e colocar uma pedra em cima do passado. Caso contrário, não conseguirão ter paz para seguir as suas sendas evolutivas – respondeu Anacleto, assumindo a palavra.

– A que passado se refere... Como é mesmo seu nome, meu caro? – interveio novamente Vicenzo.

– Anacleto, amigo Vicenzo. E para lembrá-lo a que passado me refiro, feche seus olhos, eleve seu pensamento a Deus e peça a Ele que lhe mostre a resposta – orientou Anacleto.

Vicenzo seguiu a recomendação e, em poucos instantes,

uma luz diáfana se fez no recinto, e uma tela se abriu à frente de seus olhos.

Sua encarnação como Cornélio passava diante de seus olhos como se fosse um filme.

Era como se ele estivesse revivendo todas aquelas cenas e sentindo tudo o que sentiu na época em que viveu como Cornélio.

Viu-se criança recém-nascida, criança em plena infância, na adolescência, na fase adulta, sua orfandade de pai e mãe aos onze anos de idade, a criação que sua tia, irmã de sua mãe, dera-lhe, o carinho e o cuidado que ela tinha, sua morte quando Cornélio tinha vinte e um anos de idade, seu primeiro dia de trabalho na fazenda do *Signore* Francesco Olivetto, o vício do álcool a consumir seu corpo e sua mente, vício este que havia adquirido logo após a morte da tia que tanto amava, suas aventuras amorosas, viu e surpreendeu-se ao constatar que tinha dois filhos legítimos e varões e que havia morrido sem nem saber da existência deles, suas noites solitárias e sombrias, percebeu que sua única alegria ali era o trabalho na fazenda, pois era o que o fazia sentir-se útil, admirado e notado pelos outros. Reviu o dia em que foi apresentado a Giacomo pelo *Signore* Francesco, sentiu novamente aquele carinho e afeto que Giacomo tinha-lhe despertado à primeira vista, reviveu todas as conversas que tiveram, as bebedeiras em dupla, as *ragazzas* que haviam conhecido, a lavoura, as explicações e orientações profissionais que lhe dera de tão bom grado, o orgulho que sentia da fácil e rápida aprendizagem de Giacomo, sua inteligência...

Mas Cornelio reviu também o primeiro momento, e todos os outros, em que Giacomo teve a ideia de matá-lo para galgar seu posto, viu muitas sombras escuras e tenebrosas ao redor do rapaz, inspirando-lhe ideias maquiavélicas e infernais contra a sua pessoa, Cornélio. Reviu as gargalhadas sinistras dadas por Giacomo a cada vez que acrescentava mais um detalhe sórdido ao seu plano diabólico para eliminá-lo. Viu aquelas sombras negras regozijando-se, dançando e pulando de alegria, a cada vez que Giacomo entrava mentalmente em seus padrões vibratórios inferiores e acatava as sugestões que as sombras lhe inspiravam com ênfase, muito ódio e firmeza. Cornélio viu as mesmas sombras chicoteando, batendo, surrando, perseguindo Giacomo, a cada vez que ele tentava desistir do seu plano. Cornélio acompanhou também toda a trajetória de seu assassino, desde que cometera o assassinato frio e odioso, utilizando a substância mortal no vinho que tomaram juntos, as conversas que Cássio tivera com Giacomo quando este se encontrava fora do corpo físico, a promessa feita, a mudança de comportamento para melhor, os pesadelos que, às vezes, ainda atormentavam seu algoz, seu renascimento como Vicenzo e toda a sua vida até a idade atual de treze anos.

Ao final do "filme", Vicenzo estava de joelhos, mãos cobrindo os olhos, pois chorava igual criança só e desamparada, tremia muito e não parava de repetir: "meu Deus, meu Deus...".

Anacleto ajoelhou-se à sua frente, abraçou-o como se abraça a um filho, acariciou seus cabelos e, enquanto fazia isso, mentalmente elevou seu pensamento a Deus e pediu fervorosamente para que o Pai ajudasse aquele seu protegido, de maneira que perdoasse seu algoz do fundo do seu coração e aceitasse que tanto ele quanto Giacomo deveriam recomeçar, reavivar aquela amizade e deixar vir à tona todos os sentimentos bons e fraternos que os unia, antes da abrupta interrupção causada por Giacomo.

Giacomo, por sua vez, também acompanhou toda a vida de Cornélio naquela tela e chorava tanto ou mais do que sua vítima, pois não cabia em si de vergonha e arrependimento. Não tinha palavras para se expressar, porque sentia que, por mais que dissesse ou fizesse, jamais conseguiria o perdão de Cornélio, agora Vicenzo. Jamais conseguiria devolver a ele a vida retirada de forma tão vil, egoística e maldita. A única vantagem de toda aquela situação era que agora sabia o motivo de ser tão odiado por seu próprio filho. Só não sabia como agir em relação ao assunto. Sentia-se mais perdido e entontecido do que jamais se sentira em toda a sua medíocre e infeliz vida. Aliás, sua vida só deixara de ser medíocre e infeliz quando conhecera Francesca e começara a amá-la, embora tenha descoberto que lhe dedicava tanto amor, somente depois de algum tempo. Lembrou-se de suas núpcias, da harmonia do casal, do nascimento de Carmela, de Constância e de Vicenzo. E agora, Deus? Como faria para continuar vivendo, diante de tantas descobertas surpreendentes e terríveis?

Não seria melhor abandonar a família e sumir no mundo? Como poderia explicar para Francesca que pretendia apenas usá-la para enriquecer e tornar-se o dono das terras de seu pai? Como poderia explicar a ela que mudara de ideia depois e que passara a amá-la de verdade? Ela acreditaria nele? Achava que não. Como contaria à mulher amada que havia matado algumas pessoas, tripudiado sobre outras, atraiçoado pelas costas, tudo por ambição e cobiça? E como falaria que sua ideia original era, na verdade, matar o *Signore* Francesco, seu pai, para tirá-lo do seu caminho? Como diria a ela que, num primeiro momento, havia renegado Carmela porque queria um filho varão e não uma *bambina*? Que a havia culpado totalmente por esse nascimento infeliz, mas que depois seus amigos espirituais haviam aberto seus olhos para os verdadeiros valores da vida e que, a partir daquele momento, ele passara a amar Carmela com todas as forças de seu coração paterno? Francesca acreditaria? E pior ainda, como contaria a ela que Vicenzo era a reencarnação de Cornélio, a vítima a quem ele assassinara, havia apenas vinte anos? Somente Deus poderia iluminar sua mente e seu coração para que tomasse a melhor decisão para todos os envolvidos...

Cássio permanecia em silêncio, acompanhando todos os pensamentos confusos de Giacomo e achou que já era hora de interferir.

– Giacomo... Enlouqueceu? Que pensamentos insanos são estes que leio em sua mente? Não será fugindo dos problemas que conseguiremos resolvê-los, pois eles nos acompanharão para onde quer que sigamos. Entendo seu estado de espírito, sei que não sabe o que fazer, mas nem por isso deve dar asas a uma imaginação doentia e covarde, pois agindo assim, com tanto desequilíbrio, somente colherá espinhos, além de abrir chagas vivas nos corações das pessoas que o amam de verdade, tais como Francesca e Carmela. Onde o amor que sente por sua esposa? E a verdadeira adoração paterna que tem por Carmela? E a amizade sincera e leal que diz ter por Giuseppe? E, principalmente, onde sua fé em nosso Deus misericordioso, benevolente e justo? E eu, Cássio? Acha porventura que o abandonarei à própria sorte, amigo? Somos Espíritos afins há muitos séculos e jamais me afastaria de você num momento tão crucial de sua senda evolutiva!

– Muito obrigado, amigo – retrucou Giacomo, deveras emocionado, e continuou –, mas agora que sei quem é Vicenzo e principalmente agora que ele se lembrou de quem eu fui... ele não me perdoará jamais! Acha justo eu permanecer ao lado dos meus familiares, mesmo sabendo que eu e meu filho nunca nos entenderemos, e que ele nunca será capaz de me amar e de respeitar-me como um filho deve amar e respeitar seu pai? Onde a harmonia familiar que todos merecem? Francesca mortifica-se e entristece-se a cada palavra, ato ou frase enviesada e ferina que Vicenzo dirige a mim. Qual o melhor a fazer, Cássio?

– O máximo que posso fazer é aconselhá-lo e orientá-lo, pois a decisão final deverá ser apenas sua. Não posso interferir em seu livre-arbítrio, meu querido irmão. Minha opinião acabei de proferi-la. O que acha? – respondeu Cássio, fraternalmente.

– Sei que não é fugindo dos problemas que conseguiremos resolvê-los... Portanto, concordo contigo. Mas se eu ficar será que conseguiremos ser felizes, todos juntos? Mesmo que eu faça meu possível e impossível para dar todo o amor e apoio que Vicenzo merece e precisa, será que ele aceitará? – questionou Giacomo, demonstrando todo o desespero que sentia.

– Por que não perguntamos a ele? – sugeriu Cássio, segurando no braço de Giacomo e dirigindo-se com ele, para perto de onde Vicenzo se encontrava, juntamente com Anacleto.

Vicenzo estava com os olhos inchados e demonstrava uma tristeza infinita.

– Vicenzo, meu caro irmão em Jesus... – começou Cássio – Giacomo, como você mesmo pode observar, fez uma promessa e está cumprindo-a à risca até o presente momento. Ele já se conscientizou de que não tinha o direito de tirar a vida de ninguém, porque somente Deus tem esse direito. Tentou recompensar alguns dos seus desafetos, corrigir seus erros diante de outras vítimas e tem se comportado de maneira honesta e leal desde que aprendeu o caminho correto a seguir. Sabe que errou e não pretende cometer os mesmos erros. É claro que errar é humano e, enquanto todos vocês não aprenderem as verdades eternas e colocá-las em prática no dia a dia, continuarão errando, já que não são ainda perfeitos. Quero que entenda que errar é humano e aceitável. O que não se deve fazer é cometer o mesmo erro duas vezes, porque daí passará a ser teimosia. E, sendo Deus o Pai justo que é, naturalmente, se persistirem no erro, terão que passar por determinadas lições para que aprendam definitivamente a respeitar e amar aos seus semelhantes, como Ele e Jesus nos amaram e continuarão nos amando para todo o sempre. Giacomo está arrependido de ter ceifado a sua vida e deseja seu perdão, que, daqui a pouco, ele mesmo pedirá. Para que todos convivam em harmonia familiar, será necessária a colaboração e o esforço de todos os envolvidos, portanto, desejo saber se está disposto a esforçar-se para debelar de dentro de si, do seu coração, toda a revolta e o ódio que sente por Giacomo.

Vicenzo fungou, enxugou as lágrimas provocadas pelas palavras proferidas por Cássio, respirou fundo várias vezes, concatenou ideias numa fração de segundos, levantou-se do chão onde estivera sentado em companhia de Anacleto, que o imitou no gesto, e olhou bem dentro dos olhos de Giacomo, como a esperar que este tomasse a palavra, o que foi exatamente o que ele fez:

— Vicenzo, hoje meu filho, e ontem um pai muito querido, embora eu estivesse enceguecido demais pela ambição e cobiça para enxergar tal verdade... Peço-lhe perdão pela minha ingratidão, pela minha traição, pela minha falsidade, por ter-lhe tirado a vida de maneira tão repugnante e covarde... Ajoelho-me aos seus pés, meu amigo, meu pai, meu companheiro, meu irmão... e peço encarecidamente que perdoe esse verme que lhe fala, pois lhe fala de maneira sincera e profundamente arrependida. Dê-me uma chance de provar-lhe meu remorso, de provar-lhe que mudei, dê-me uma chance de provar-lhe que no presente posso ser para você o pai que foi para mim num passado recente... Permita que eu possa amá-lo e orientá-lo como somente um pai sabe e pode fazer por um filho muito amado e esperado. Aguardo, então, sua sentença... Pois dela dependerá minha permanência ou não em nosso lar, meu filho Vicenzo...

— Cássio — chamou Vicenzo —, pode esclarecer-me uma dúvida?

— Claro, meu irmão...

— Giacomo ficará impune pela minha morte e por todo o mal que praticou? – questionou Vicenzo.

— De forma alguma, Vicenzo. O fato de perdoá-lo somente trará a ele paz de espírito, e a oportunidade de conviver com você propiciará a ele corrigir seus erros, demonstrar que mudou, enfim, você estará dando a ele a chance de redimir-se e dar o melhor de si, como seu pai, para que possa ao menos amenizar toda a dor e sofrimento que lhe causou. Deus é justo, e Giacomo, mesmo obtendo seu perdão, terá que expiar suas faltas, seja nesta vida ou numa próxima, seja no plano material ou no plano espiritual, quando para lá retornar. Mas veja bem, se disser que o perdoa, terá que ser do fundo do coração, pois você também deverá fazer a sua parte para que todos convivam em harmonia e tirem o maior proveito possível desta atual romagem terrena. A família é o mesmo que uma escola, onde aprendemos e ensinamos muita coisa aos nossos irmãos de jornada, ou seja, eles também muito nos ensinam e muito aprendem conosco.

– Sendo assim, Giacomo, você está perdoado. Se pretende fazer a sua parte para que tudo corra bem e de maneira proveitosa para todos, farei o mesmo, pois amo *mamma*, Carmela, *nona* e Constância. Só não direi que o amo, porque estaria mentindo. Perdi a confiança que lhe tinha e caberá a você conquistá-la novamente. De minha parte, prometo respeitá-lo, ouvir seus conselhos paternos, aprender o que eu puder sobre a fazenda. Não pretendo mais agredi-lo, nem verbal nem fisicamente. Procurarei ser tolerante, educado e, quando você conseguir novamente despertar em mim todos os bons sentimentos que eu lhe devotava, aí sim, prometo que o amarei de verdade – declarou Vicenzo, estendendo a mão em direção ao pai, sugerindo com isso que voltassem às boas e que o acordo estava firmado entre eles.

Giacomo, emocionadíssimo, ao invés de apertar a mão que o filho oferecia, abraçou-o fortemente, no que foi correspondido, não sem alguma hesitação.

Ambos despertaram ao amanhecer com a sensação de que algo muito importante havia acontecido naquela noite.

Estavam predispostos à tolerância e ao respeito mútuos e assim passaram a tratar-se.

Já conseguiam conversar sem trocar agressões e até pilheriavam um com o outro.

Uma semana depois, resolveram retornar. Estavam levando alguns troféus para os familiares e para o amigo Giuseppe.

Quando chegaram à fazenda, avisaram Francesca, que já estava aflita com a demora dos dois.

Mas qual não foi sua surpresa, quando viu Giacomo e Vicenzo entrarem em casa abraçados, rindo como duas crianças.

Esperou que Vicenzo a cumprimentasse e fosse para os seus aposentos para se dirigir a Giacomo, com estupefação:

– *Mamma mia! Dio* mio! Que passa?

– *Signora* Francesca: uma nova etapa começa agora para nossa família. Palestrei muito com Vicenzo, e decidimos fazer o possível para nos darmos bem e colaborarmos com o nosso lar, manifestando cordialidade e harmonia – respondeu Giacomo, muito feliz.

– Mas que belo! Não tenho nem palavras para expressar minha felicidade, *amore mio!* – empolgou-se Francesca. – Vou, agora mesmo, agradecer a *Dio* e a *Madre de Dio* por este milagre em nossa vida!

– *Va, bela mia!* Depois, eu também agradecerei – incentivou Giacomo, compreendendo perfeitamente a alegria da esposa e mãe tão amada.

Francesca não perdeu tempo e, depois de fazer sua prece de agradecimento, foi à procura da *Signora* Maria Antonieta, de Carmela e Constância para colocá-las a par da novidade tão esperada e bem-vinda.

Giacomo mandou convidarem Giuseppe para jantar com eles novamente. Assim, além da companhia prazerosa e instrutiva, ainda poderia contar-lhe todas as novidades, dividir com ele sua alegria e alívio e entregar-lhe a caça tão bem escolhida para o amigo.

A *Signora* Maria Antonieta regozijou-se com a notícia e as duas netas também.

Francesca aproveitou o ensejo e comentou, sugerindo:

– *Bambinas* minhas, por que não aproveitam a decisão do *papà* e de Vicenzo e fazem também um esforço para se entenderem melhor? Gostaria muito que a paz e a harmonia reinassem em nossa casa.

As meninas entreolharam-se, abaixaram os olhos, e Constância pensou: "mas será que consigo conviver melhor com Carmela? É mais forte do que eu! Será que devo tentar? Afinal, *mamma* está pedindo..."

Carmela, por sua vez, pensou: "tudo faço para agradar Constância, mas ela não quer nem palestrar comigo direito! Não sei o que posso fazer mais do que já faço!"

– *Mamma*, de minha parte, continuarei tratando Constância com o carinho e a atenção com que sempre a tratei, depende somente dela – respondeu Carmela, muito segura de si.

– *Mamma, nona...* Eu não sei por que não consigo gostar de Carmela, tenho raiva dela e, ao mesmo tempo, sei que nunca me fez nada de mal. Não sei como agir... É mais forte do que eu! – soluçou Constância, totalmente confusa e perdida em seus sentimentos contraditórios.

– Vamos, não chore! A *nona* está aqui para ajudá-la a encontrar a resposta para seus problemas! – respondeu a *Signora* Maria Antonieta, abraçando a neta com muito carinho.

– *Grazie, nona.... Mamma*, a *Signora* está brava comigo? – questionou Constância, com medo.

– Não, *bambina*. Mas não sei como ajudá-la. Sei que Carmela nunca lhe fez mal e nunca entendi a raiva que tem dela.

Sempre achei que eram caprichos seus... Mas se está falando que nem você mesma sabe o que passa, não sei o que fazer... – disse Francesca, apertando docemente a mão de Constância.

– Vamos resolver juntos, afinal, somos uma família que se ama e se respeita e temos a obrigação de ajudar nossos *amores* a encontrarem o caminho da paz e da felicidade – prometeu a *nona,* dando um abraço em todos que estavam ali presentes.

– *Grazie, mamma!* Eu a amo, *madona mia!* – emocionou-se Francesca, dando um beijo de reconhecimento e gratidão na *Signora* Maria Antonieta.

A noite chegou, e Giuseppe apresentou-se à família amiga na hora aprazada. Estava contente com o retorno dos dois amigos, pai e filho, e já havia sido avisado por seus mentores espirituais, que eles haviam se entendido e que ele, Giuseppe, deveria ajudá-los a manter o acordo de cordialidade e respeito que prometeram cumprir e também esclarecê-los sempre que surgisse alguma dúvida ou recaída de uma das partes.

Conversaram alegremente, enquanto o jantar não era servido, saboreando um bom copo de vinho até dirigirem-se à mesa que já estava posta e enfeitada para a ocasião.

Carmela lembrou-se da prece e foi ela quem a proferiu, emocionada.

Após a refeição, dirigiram-se à saleta íntima.

– Amigo Giuseppe, eu e Vicenzo fizemos um acordo enquanto estávamos caçando... Resolvemos que nos esforçaríamos para que nosso relacionamento melhorasse...

– Fico muito contente, Giacomo. Pai e filho devem ter amor e respeito um pelo outro. E está dando tudo certo, Vicenzo? – inquiriu Giuseppe, pois queria saber a opinião do menino em relação aos fatos.

– Sim, Giuseppe – respondeu sorrindo –, eu e *papà* estamos cumprindo o acordo e assim pretendemos continuar.

– Verdadeiramente, é muito bela esta novidade. Eu, como *mamma*, preocupo-me demais com a convivência de meus *bambinos*. Até falei para as *bambinas,* que somente falta elas se entenderem para que tudo fique perfeito em nosso lar – comentou Francesca.

– E as *bambinas,* o que falaram? – quis saber Giuseppe, olhando de uma para outra.

– Eu disse que continuarei tratando Constância como sempre tratei e que somente depende dela – repetiu Carmela.

– Eu disse que não entendo a repulsa que sinto por Carmela, mas estava pensando e decidi também esforçar-me para que nosso relacionamento melhore, somente não sei se conseguirei vencer o asco, *Signore* Giuseppe – afirmou Constância, com sinceridade.

– *Bambina*, este asco é difícil de vencer, mas não é impossível. O que interessa é que está disposta a tentar. O restante, entregue nas mãos de *Dio* e peça a Ele que a ajude a conseguir – recomendou Giuseppe, com carinho paternal.

– Assim farei, *Signore* Giuseppe – prometeu Constância, mais aliviada e confiante.

– *Signore* Giuseppe, de onde vem esta repulsa que Constância diz sentir por Carmela? – indagou Francesca, curiosa e preocupada.

– Com certeza, *Signora*, vem de outras vidas. Elas devem ter sido inimigas ou coisa do gênero, e Constância, embora não saiba conscientemente o motivo do asco, ainda não conseguiu perdoar Carmela.

– Mas que coisa complicada! Como podemos perdoar

alguém se não sabemos nem o que fizeram de mal para nós? – questionou Giacomo.

– E qual seria a diferença se soubéssemos, caro amigo? Tem-se que perdoar, tem que ser do fundo do coração, por isso, não adianta saber o motivo. Devemos perdoar por perdoar e ponto final – explicou Giuseppe.

– Mas um dia saberemos o por quê? – perguntou Vicenzo, pois não se lembrava detalhadamente do encontro que tivera com os mentores espirituais, portanto, enquanto acordado, não sabia que ele era a reencarnação de Cornélio e, muito menos, o tipo de mal que Giacomo havia lhe feito.

– Sim, às vezes nossos mentores nos mostram nossas vidas passadas, quando dormimos, para entendermos algumas coisas de nossa vida presente. E mesmo que isso não aconteça, enquanto estivermos neste corpo de carne, quando desencarnamos, poderemos ficar sabendo de nossas vidas passadas e aí, entenderemos tudo o que passamos nesta vida atual, os motivos, razões de tal ou tal acontecimento – esclareceu Giuseppe.

– Quem são os nossos mentores ou amigos espirituais, Giuseppe? – quis saber a *Signora* Maria Antonieta.

– São o mesmo que anjos da guarda, *Signora*. São Espíritos que nos acompanham há muitas vidas, ou por afinidade ou por missão. Nossos mentores estão sempre ao nosso lado, nos bons e maus momentos, sempre nos orientando, aconselhando e protegendo. Somente não podem interferir em nosso livre-arbítrio porque as escolhas que temos que fazer na vida cabem somente a nós. Senão, não adianta nada, já que a nossa evolução depende exclusivamente das escolhas que fizermos. Se eles fizessem por nós, o mérito seria deles e não nosso. E, se assim fosse, perante *Dio,* não teríamos evoluído nada. Assim como existem nossos mentores que querem nosso bem, também existem nossos irmãos menos evoluídos, que não são felizes e não desejam que nós sejamos. Para impedir nossa felicidade, eles nos atormentam, perseguem, prejudicam, orientam para o mal, incentivam brigas entre as pessoas, vícios e tudo o que pode atrapalhar nossa evolução, paz e felicidade.

– Mas como impedir que esses irmãos nos façam mal se não os vemos? – perguntou Vicenzo, profundamente interessado.

– Orando com sinceridade, fazendo o bem ao nosso próximo, a começar dentro de nossa casa, sendo paciente e tolerante com os defeitos dos outros, praticando a caridade, o amor e o perdão. Se agirmos assim, nossos irmãos infelizes perceberão que não conseguirão nos prejudicar e se afastarão por livre e espontânea vontade. Pode acontecer também de eles observarem o bem que fazemos e perceberem que estão no caminho errado e mudarem de ideia, desejando, por sua vez, fazer o bem e acertar o caminho – exemplificou Giuseppe, achando a conversa muito edificante e esclarecedora.

– Quando esses irmãos estão perto de nós? – perguntou Carmela.

– O tempo todo, *Signorina*. Devemos orar e vigiar nossos atos e pensamentos desde o momento em que acordamos até o momento de dormir. E, antes de dormir, entrar em sintonia de novo através da prece, pedindo a proteção de nossos mentores contra as forças do mal e contra as más tendências e pensamentos que temos, já que somos imperfeitos e ignorantes ainda. Mas também podemos atrair esses irmãos infelizes através de nossos pensamentos. Por isso, falo para vigiarem. Quando começarem a sentir raiva de alguém, parem, pensem em *Dio,* chamem por seus mentores e façam uma prece na mesma hora, pois basta um pequeno pensamento errado para atraí-los. E, se isso acontecer, eles instigarão vocês a continuarem tendo raiva e, mais ainda, a vingarem-se de quem "acham" que pode ter-lhes feito mal.

– *Madonna mia!* Mas que labuta! *Caspita!* – reclamou Giacomo, mesmo sabendo que o amigo estava dizendo a mais pura verdade, por experiência própria.

– Mas, se não podem interferir em nossas escolhas, como conseguem nos prejudicar tanto? – quis saber Constância, supondo até que estivesse acompanhada de alguns desses "irmãos" infelizes, porque bastava pensar em Carmela para seu coração encher-se de raiva, e quanto mais dava vazão a essa raiva, mais a sentia crescer.

– Por nossa própria culpa. Se dermos guarida aos pensamentos de raiva e desarmonia, atrairemos esses irmãos. E, se os atrairmos, passarão a acompanhar-nos o tempo todo e a incentivar o mal em nosso coração. Por isso, a importância da oração e da tolerância com nosso próximo. E por falar nisso, *Signorina* Constância, vejo que está acompanhada por dois desses irmãos que acabamos de citar. Portanto, vamos fazer uma prece agora mesmo e tentar afastá-los ou ajudá-los, dependendo da escolha deles.

– Como você sabe tudo isso, Giuseppe? – perguntou Vicenzo.

– Na verdade – respondeu o homem –, sempre tenho contato com Espíritos, e eles me falam a respeito da vida no que eles chamam de Plano Espiritual e nas vidas sucessivas. Muitas vezes, quando durmo, encontro-me com eles e com outros que também estão com seus corpos dormindo. A diferença é que eu me lembro do que acontece lá, e a maioria das pessoas não se lembra ou, se lembrar, é de maneira vaga, apesar de que, não se esquecem e, dependendo da boa vontade, aplicam aqui o que aprenderam , quando em sonho.

E, colocando em prática as palavras que acabara de dizer, Giuseppe levantou-se, sugeriu que se dirigissem à sala onde haviam jantado, pediu que fosse trazida uma jarra de água, que todos se sentassem comodamente e que entrassem em sintonia com o Plano Maior, concentrando-se na figura de Jesus e elevando o pensamento até Deus, pedindo proteção e auxílio para eles próprios e para aqueles irmãos, ainda perdidos nas trevas da ignorância.

Giuseppe proferiu, em voz alta, uma sentida prece e, após alguns minutos, todos observaram que ele estava se transformando como se fosse outra pessoa ali. Sua voz ficou mais grossa, e ele agitou-se febrilmente, deu um murro na mesa e, aos gritos, expressou-se assim:

— O que querem de nós? Deixem-nos em paz! Não conseguirão nos impedir de desforrar-nos desta maldita. Ela matou, prejudicou, fez mal a muita gente. Ela e o marido dela... Tão *carcamano* e maldito quanto ela. Somente porque eram condes, acharam que podiam ceifar vidas e trazer infelicidade e solidão... Ela tem que pagar... Não a encontramos aqui neste mundo. Vocês sabem o que ela fez? Deu permissão para que eu e mais nove homens abusássemos desta *bambina* que está aqui também. Ela é o demônio em forma de mulher! Não tem coração! Tem que pagar...!

Giacomo, que já havia presenciado cenas semelhantes, tendo Giuseppe como pivô, continuou firmando seu pensamento em Deus e dirigiu-se àquele irmão, que transbordava ódio por todos os poros.

— Que *Dio* o abençoe, irmão! Por que tanto ódio? O que afinal lhe fizeram de mal? Quem é essa mulher maldita a quem se refere?

— Não sabe? É esta aí do seu lado, *caspita!*

Giacomo, assustado, percebeu que ele estava se referindo a Carmela e quase se desequilibrou, mas conteve-se e resolveu continuar conversando.

– Mas, amigo... Que passa? Esta é minha filha.

– Sei, infeliz. Quer saber o que sua *bambina* de coração de pedra fez contra pessoas inocentes?

Carmela estava quase caindo da cadeira. Sentiu seu corpo estremecer, as pernas bambearem, apesar de ainda continuar sentada, e tremia muito, pálida como a neve.

Francesca, percebendo o mal-estar da filha, segurou-lhe as mãos e jurou em pensamento que a protegeria de todo e qualquer mal, que estaria ao lado dela hoje e sempre, não importando o que aquele Espírito infeliz falasse naquele momento.

Madalena e Geraldo, aproveitando a predisposição de Francesca, aplicaram, nas duas, energias calmantes e continuaram com as mãos espalmadas sobre a cabeça delas, mesmo depois de terem terminado a energização.

– Vou contar o que a maldita fez! Como vai, "Condessa de S"? Acha que sua vida está um inferno? Mas isso ainda não é nada, perto do que pretendo fazer. Esta infeliz mandou matar meus dois filhos, somente porque recusei o consórcio entre eles e as duas filhas que ela tinha. Nunca gostei de sua família, Condessa, e jamais daria permissão para um enlace que obrigaria meus dois filhos muito amados a ficarem presos a vocês pelo resto daquela vida maldita. Ela mandou um bando de malfeitores tocaiá-los no meio da estrada de nossa fazenda, que levava à cidade mais próxima. Foram mortos sem dó nem piedade. Eram meus dois únicos filhos! – desabafou o Espírito, soluçando como criança.

Giacomo, sensibilizado com a dor daquele irmão, enxugou discretamente duas lágrimas que teimavam rolar por sua face, firmou a voz e prosseguiu:

– Mas, meu caro amigo... Isso já faz tanto tempo, não faz? Por que ainda insiste em guardar tanto rancor em seu coração?

Sei que seu amor de pai foi abalado abruptamente, mas já não está na hora de esquecer, perdoar e procurar um caminho melhor para você seguir?

— Nunca! Ela pagará por todo o mal que me fez! Vou instigar esta outra *bambina* até que ela faça por mim o serviço que não posso fazer, porque não tenho mais meu corpo de carne.

— Mas onde estão seus filhos? Com você aí, nesse lugar?

— Não... Nunca mais os vi. Não sei se estão bem, se estão sofrendo... Sinto uma dor no coração, que parece que sangro de tanta tristeza, amigo...

— Mas não procurou por eles?

— Sim, mas não os encontrei. Ninguém daqui quer ajudar. Quando pergunto algo sobre isso, uns homens maus, feios e malcheirosos respondem com gargalhadas medonhas... É horrível, estou no inferno!

— Mas se não gosta de ficar nesse inferno, por que insiste nessa perseguição, amigo? Será que se resolvesse esquecer o passado, não teria mais chances de encontrar seus *bambinos?* Será que não estão em outros lugares melhores que este? Pense nisso, por favor!

— Ela não pode ficar impune! Devo fazê-la pagar!

— Mas acho que ela já se arrependeu das coisas que fez no passado. Você não tem convivido com ela? Não percebeu que ela mudou? Acha que ela faria, hoje, o que fez no passado?

— Não sei... Realmente, não a vi fazendo nenhum mal por enquanto. O que vejo é ela tentando conviver bem com esta outra *bambina*, mas eu não permito que esta outra *bambina* aceite os carinhos dela.

— Mas será que o fato da Condessa, agora Carmela, ter mudado para melhor, não amansa seu coração? Será que não crê que ela pode ter mudado de verdade e se arrependido dos males praticados outrora?

— Não confio nela! Está se fazendo de boa somente para me enganar. Quem era tão ruim como ela não pode ter mudado tanto assim, afinal, nem faz tanto tempo que tudo aconteceu.

— Por favor, amigo... Pode falar em que ano se encontra?

— Porca miséria! Não sei para que quer saber, mas estamos no ano de 1450.

— Amigo, nós aqui estamos no ano de 1625.

— Que passa? É *parvo?* Não é verdade! — assustou-se o irmão, pois agora tinha percebido que estava infeliz e sozinho havia mais de cento e setenta e cinco anos...

— É verdade. Ainda acha que Carmela não pode ter mudado? Afinal, tempo para isso não faltou a ela... E você? O que fez com seu tempo? Com a sua vida? Por que ficar num lugar tão sombrio, frio, solitário, malcheiroso e lamacento se pode ir para um lugar melhor, mais limpo e agradável? Será que seus *bambinos* já não estão neste lugar que acabei de falar? Será que não o estão esperando? Não estão com saudade do *papà?*

— Esse lugar existe?

— Mas é claro, meu caro irmão... Já não ouviu falar que existem muitas moradas na casa do Pai? E quem é o Pai? É *Dio,* amigo. Por que agora não pensa Nele com sinceridade e vontade e pede ajuda para sair desse lugar maldito?

— Mas Ele me ouvirá? Sou um réprobo! Um maldito! *Dio* não vai perder tempo comigo! — respondeu, chorando muito.

— *Dio* é Pai, assim como eu e você, amigo. E um *papà* jamais esquece um *bambino* seu. *Dio* quer que sejamos felizes, tenhamos paz de espírito, cresçamos cada vez mais e perdoemos nossos desafetos. A justiça de *Dio* é infalível. Não é preciso que você mesmo faça justiça com as próprias mãos, pois *Dio* nunca deixa de fazê-la, no momento certo. Se insistir com ideias de vindita, mais débitos acarretará e muito ainda sofrerá nesse lugar. É isso que você quer, amigo? Não está cansado?

— Sim, muito cansado! Mas quem me garante que ela pagará pelo que fez?

— *Dio* garante, amigo. Confie Nele. Vá viver sua vida, vá procurar o seu caminho, vá procurar os seus *bambinos* nos lugares certos, aprenda, tolere mais as pessoas, perdoe, entregue nas mãos de *Dio* o que você não pode resolver sozinho.

— Preciso pensar. Passei tantos anos nesse lugar, odiando, cheio de rancor no coração, que nem sei se ainda conseguirei amar de novo! E muito menos sei se serei amado de novo...

— Mas é claro que sim. Seus *bambinos* continuam amando-o e somente estão longe de você por sua própria culpa. Acaso queria que eles viessem viver aí com você? É nesse lugar maldito que deseja que seus *bambinos* vivam e sejam felizes? Você não teve pai nem mãe? Por que não chama por eles?

— *Grazie, amico.* Eu vou pensar sobre tudo isso que você me falou e depois voltarei para dar a resposta. *Adios.*

— *Adios.* Que *Dio* o abençoe e ilumine, irmão!

Giuseppe estremeceu violentamente, suspirou profundamente e abriu os olhos. Olhou ao redor, reconheceu a família Olivetto Antonelli e lembrou-se de tudo o que havia acontecido ali.

Fez uma prece em agradecimento e, imediatamente após, sentiu a aproximação e a incorporação de outro Espírito, mas, desta vez, era uma irmã de luz, e Giuseppe, totalmente transfigurado, voz feminina, cálida e maternal, com uma luz amena banhando-lhe a face, começou:

— Boa noite, irmãos. Que a paz de *Dio* esteja com todos! Carmela, o que aqui aconteceu nesta noite, deve fazê-la pensar em tudo o que foi dito. Você não deve entristecer seu coração pelas palavras que foram ditas, nem sentir-se culpada, pois tudo aconteceu há mais de um século, e você muito sofreu e aprendeu, enquanto estava aqui na espiritualidade, antes de renascer como Carmela. Você já compreendeu seus erros, arrependeu-se deles e veio reencarnar no seio desta família para resgatar, corrigir um dos seus erros. Apesar de o nosso infeliz irmão não ter contado a história que envolveu você e Constância, num passado remoto, já deve ter percebido que seu erro foi cometido contra ela, não é mesmo? Constância, mesmo sem se lembrar daquela encarnação, quando muito sofreu por sua causa, tem a sensação, sente em seu Espírito eterno que não deve confiar em você. Ela reage contra o que você fez a ela, embora não saiba o que tenha sido. Você aí está, Carmela, para recompensar de alguma maneira o mal que fez a Constância e tem feito boas tentativas em relação a isso. Somente ainda não conseguiu seu objetivo, porque Constância reage negativamente a você e não permite que se aproxime muito dela. Ela não está colaborando, mas, a partir deste momento, está decidida a tentar, não é verdade, Constância?

— Sim, *Signora*. Como se chama? – perguntou Constância, sentindo um bem-estar enorme ao ouvir aquela voz meiga e firme.

— Meu nome é Madalena, e somos amigas de muitas eras. Acompanho sua jornada desde muitos séculos, *cara mia*. Eu a amo do fundo do meu coração como se fosse uma filha e desejo que seja muito feliz, mas, para isso, precisa ser mais compreensiva, tolerante e colaborar com Carmela, pelo menos tentar, entende, Constância?

— Sim, não sei quem é a *Signora*, mas sinto que a conheço, e meu coração também transborda de amor por você. Uma saudade visita minha alma. Parece que fui arrancada do seu seio materno e muito sofri por isso – disse Constância, chorando muito e sentindo um aperto no coração.

– *Bambina mia...* Não se prenda a sensações tristes e amargas. Quando chegar o dia de retornar para o mundo onde vivo, estarei esperando por você e aí, nós duas, se for necessário e construtivo para o seu adiantamento espiritual, relembraremos nossa última existência juntas, *va bene?* Por ora, gostaria que você soubesse que nunca estará sozinha e que não somente eu, mas outras pessoas que a amam de verdade estaremos velando por você. Dê permissão ao seu coração para que se encha de amor. Ame, *bambina*, ame muito, não somente seus familiares, mas também seu próximo. Agora, preciso ir...

– Espere, *Signora*! – pediu Constância, alarmada com a hipótese de aquele ser tão divino e amado ir embora para sempre – Por que não fica comigo aqui em nossa casa? Se não podemos vê-la é porque não ocupa espaço nenhum e, se é assim, nem *papà*, nem *mamma*, incomodar-se-ão de deixá-la ficar aqui, *Signora* Madalena!

Madalena, através de Giuseppe, deu uma risadinha divertida, repleta de carinho, e respondeu:

– Ficarei aqui, *amore mio,* pode sossegar seu coração. Estarei sempre perto de você, *bambina.* Quando quiser falar comigo, somente deve elevar seu pensamento a *Dio,* com sinceridade e amor, chamar meu nome, que virei imediatamente, *va bene?*

– *Va bene...* Assim, fico muito feliz. Muito obrigada – sussurrou Constância, aliviada.

– Agradeça a *Dio, amore.* Somente a bondade de *Dio* poderia permitir que eu aqui ficasse, ao lado da *bambina* que tanto amo. Francesca, sou grata por cuidar tão bem da *bambina mia.* Um dia, você saberá do que estou falando e compreenderá minha gratidão e respeito, *va bene? Signora* Maria Antonieta, somos também amigas de outras eras, e Constância faz parte de nossa família espiritual, por isso que tem tanta afinidade com a *Signora*. Muito obrigada por tudo!

– Também amo *mios bambinos* e estou à disposição – respondeu Francesca, emocionadíssima.

– Eu faço das palavras de Francesca, as minhas, *Signora*. Muito grata. Que *Dio* a abençoe! – completou a *Signora* Maria Antonieta, enxugando os olhos vermelhos.

– Tenho de ir. Mas estarei, eu e meus amigos, sempre por perto. Nada temam. *Dio* abençoe a todos, hoje e sempre. Até breve! – despediu-se Madalena.

Giuseppe voltou a si, sentindo-se leve, feliz e realizado.

Todos queriam conversar sobre o que havia acontecido ali, pois para eles foi a primeira vez que presenciaram a manifestação de um Espírito. Somente Giacomo já havia presenciado tal fato, e Giuseppe pôs-se a explicar e esclarecer as dúvidas dos presentes.

– *Signore* Giuseppe, que passou? – perguntou Francesca.

– Houve aqui a manifestação de um irmão nosso e de uma irmã de luz, ou seja, um Espírito inferior e outro, evoluído – explicou Giuseppe.

– E quem era o Espírito inferior? – quis saber Carmela, pois fora ela quem tinha sido "atacada" verbalmente.

– É um irmão que estava com muita raiva da *Signorina*. Ele é seu inimigo de outras vidas e estava perturbando Constância para que ela não lhe perdoasse, nem permitia que chegasse muito perto dela – continuou Giuseppe.

– E agora? Ele foi embora? – quis saber Constância, um tanto temerosa.

– Não... Estou vendo nosso irmão ainda aqui conosco, mas ele está decidido a pensar sobre tudo o que o *Signore* Giacomo lhe falou e, depois, virá dar a resposta, ou seja, se vai embora ou não – completou ainda Giuseppe.

– Mas se eu pedir perdão a ele será que deixará de me

odiar e me dará a chance de corrigir meus erros? – perguntou Carmela.

– Ele está ouvindo tudo o que nós estamos falando. Por que não tenta? – encorajou Giuseppe.

– Irmão... Não me recordo do mal que lhe fiz, mas pode ter a certeza de que estou muito arrependida e que mudei. Entendo que não podemos prejudicar nossos irmãos. Gostaria que me desse a oportunidade de corrigir os meus erros, a começar por Constância, por favor? – falou Carmela, com toda a sinceridade de que era capaz.

– Nosso irmão está pensando no que a *bambina* disse e dará a resposta ainda nesta noite. Por isso, vamos falar de outros assuntos e aguardar que ele se manifeste, *va bene?* – informou Giuseppe, pois havia se comunicado com o Espírito em questão, através da telepatia, e narrou exatamente o que lhe foi dito.

– Ouvi nosso irmão falar do lugar horrível em que está. Que é este lugar? – perguntou Vicenzo.

– É o umbral, ou local, onde permanecem os Espíritos devedores das Leis de *Dio,* lugar de resgate, provas e expiações, escuro, malcheiroso, lamacento, as árvores, lá existentes, são secas e retorcidas, o ar é pesado, ouvem-se gritos, gargalhadas e gemidos o tempo todo. Existem cavernas, aves muito estranhas voando. A infelicidade impera.

– Por *Dio!* Mas por que as pessoas vão parar num lugar desse? – assustou-se a *Signora* Maria Antonieta, fazendo o sinal da cruz.

– Quem prejudicar, matar, roubar, trair, humilhar, usar mal seu dinheiro e riqueza, for avarento, materialista, perdulário, enfim, quem não amar ao seu próximo como a si mesmo e a *Dio* sobre todas as coisas, para lá será atraído devido à sua própria energia – finalizou Giuseppe.

– *Mamma mia!* Porca miséria! Quero passar bem longe desse lugar! – afirmou enfaticamente, Vicenzo, no que todos anuíram.

– Isso depende de cada um de nós – informou Giuseppe.

– E a nossa irmã de luz? Quem era? – quis saber Constância, pois sabia que aquela mulher, que havia se manifestado, a amava de verdade e sentia dentro do coração, que o sentimento era recíproco.

– É uma irmã muito respeitada e amada no plano espiritual. Ama-a de todo o coração, Constância, e tem fortíssimos laços afetivos com você. Ela está sempre do seu lado e você pode chamá-la de anjo, guia ou mentora, como queira. Sempre que precisar lhe falar, eleve seus pensamentos até *Dio,* chame por ela e será atendida sempre que for permitido – esclareceu Giuseppe.

– Se Giuseppe consegue ver esses nossos irmãos, bem que poderia descrever-nos a *Signora* Madalena, não é verdade? – pediu Constância.

Todos concordaram com o pedido, e Giuseppe não teve opção, senão atendê-los.

– A *Signora* Madalena aparenta uns quarenta anos de idade, é muito bela e formosa, cabelos claros como o trigo, olhos de um azul escuro que nos transmite muita paz, proteção e fé em *Dio.* Uma luz belíssima e diáfana banha-lhe a face. Sua expressão facial denota um amor profundo por todas as pessoas – concluiu Giuseppe.

Constância, extasiada, não tinha nem palavras para agradecer a descrição de Giuseppe.

Aliás, todos, sem exceção, estavam maravilhados com tudo aquilo que haviam presenciado. Não havia mais dúvidas de que existia um mundo espiritual e de que as pessoas que amamos ou odiamos vão para algum lugar quando partem da Terra, através do que chamamos de "morte".

– *Signore* Giuseppe, gostaria muito de saber o que fiz para Constância no passado. Teria uma maneira para isso? – perguntou Carmela.

– Se você tivesse que saber, *bambina*, nosso irmão teria contado. Não dão permissão para nossos irmãos ficarem falando de nossas vidas passadas, porque isso poderia atrapalhar nossa vida atual. Se ele não contou foi porque nossos irmãos maiores não deram permissão. A única coisa que deixou escapar foi que seu nome era Condessa de S, não é verdade? – indagou Giuseppe.

Carmela anuiu um tanto decepcionada, mas não quis insistir porque, pelas palavras daquele irmão sofredor, ela com certeza fizera mal a muita gente, portanto seria melhor que não soubesse dos detalhes.

Giuseppe informou a todos que aquele irmão estava dizendo que se cansara de sofrer e que iria embora. Isso queria dizer que deixaria de perturbar Constância e que Carmela poderia agora, com justiça e pela bondade de Deus, empenhar-se para conquistar o perdão e a confiança da irmã.

Giuseppe fez uma prece mental junto com o irmão sofredor e viu, maravilhado, aquele ambiente encher-se de luz e que alguns irmãos do plano mais alto estavam chegando para socorrer o Espírito. Pelas suas observações, percebeu que um dos seus filhos de outrora ali estava presente. Ele abraçou o pai, ambos choraram muito e foram embora abraçados, deixando o ambiente com um leve perfume de rosas e muito refrescante.

Giuseppe contou a todos o que acabara de ver, todos se regozijaram e despediram-se, pois a noite já ia alta, e uma leve sonolência visitava cada um.

19

o BAILE

Giacomo, após duas semanas daquela noite mágica e incomparável, chegou a casa e chamou por Francesca, com urgência.

Ela correu para atender o marido e perguntou o que se passava.

– *Signora* Francesca, a família Cabrera Cabrinni acabou de enviar-nos um convite. Oferecerão um baile em sua propriedade na cidade para apresentar a *bambina* mais nova à sociedade italiana. Não podemos faltar, porque nossas *bambinas* já estão em idade de frequentar a sociedade, apesar de já terem sido apresentadas a ela. Depois, daqui a pouco, já estarão na idade certa de contraírem matrimônio e nada melhor do que dar minha permissão para que já comecem a conhecer os futuros pretendentes. Providencie roupas novas e belas para todos nós, inclusive para Giuseppe, pois quero que vá conosco ao baile e não permitirei uma recusa da parte dele – ordenou Giacomo, contente por ter uma festa para irem já que, havia alguns meses, não saíam de casa para se divertirem.

Francesca ficou empolgada com a novidade e não hesitou em rapidamente contar a todos.

As meninas ficaram encantadas e mostraram-se deliciadas com a perspectiva de conviverem com pessoas diferentes. Vicenzo, então, não cabia em si de contentamento, pois, aos quase quinze anos de idade, já sentia certo interesse pelas mulheres e nada como um baile para favorecer futuras investidas e aventuras. A *Signora* Maria Antonieta também gostou da notícia e pôs-se logo a pensar no estilo e nas cores das roupas de todos.

Giuseppe não se interessou muito pelo convite, pois não gostava nada desses ambientes que tanto frequentara quando ainda morava na casa de seus pais, mas diante da ênfase do mesmo, não pôde recusar e confirmou sua presença, agradecendo os trajes que ganharia, já que não tinha roupas apropriadas para essas ocasiões. Esqueceu-se até de perguntar qual família estaria oferecendo o baile, mas achou que isso não era nada importante e continuou normalmente sua rotina de atender aos necessitados que o procuravam na fazenda.

O dia do tão ansiado baile finalmente chegou.

Estava quente e o céu prometia forrar-se de estrelas.

As carruagens de Giacomo pararam em frente à porta da casa, as damas foram numa delas, e os homens, na outra. Giacomo possuía essas duas carruagens de luxo para ocasiões especiais e cuidava delas como se fossem suas filhas, com muito capricho e dedicação, por isso encontravam-se reluzentes e belas, por mais que os anos passassem. Os cavalos escolhidos foram os mais fortes e fogosos da fazenda.

Puseram-se logo a caminho porque a cidade situava-se a algumas horas dali e não queriam chegar atrasados ao baile.

Chegando à casa dos anfitriões, muitas outras carruagens já se encontravam estacionadas. Damas e senhores elegantíssimos desciam das mesmas, auxiliados por seus lacaios. Joias reluziam nos braços, colos e orelhas das damas, tudo muito requintado e luxuoso. Constância e Carmela não sabiam com o que se maravilhavam mais! Francesca e sua mãe, mesmo que mais acostumadas com aquele ambiente, não puderam deixar de encantar-se da mesma forma.

Giuseppe, apesar de celibatário por escolha, não pôde deixar de admirar as belas damas que pululavam ao redor. Vicenzo tentava disfarçar a ansiedade e o nervosismo, mas estava mais extasiado do que Giuseppe, com tanta beleza feminina.

Adentraram o grande salão ornamentado luxuosamente para o baile. Lustres do mais puro cristal reluziam no teto, tapetes vermelhos davam as boas-vindas aos convidados e castiçais enfeitavam cada canto do salão. Taças retiniam nas mãos de quem já saboreava o mais doce vinho da região. Um grupo de homens tocava instrumentos da época, e uma suave melodia invadia o ambiente.

Os anfitriões encontravam-se à porta recebendo cada convidado, com muita educação.

Giuseppe era o último da fila que a família Olivetto Antonelli havia formado para entrar.

Quando chegou a sua vez de ser recebido, Giuseppe empalideceu de emoção e teve que se segurar para não cair, tamanho choque que levou.

Em contrapartida, o Senhor e a Senhora Cabrera Cabrinni não estavam menos chocados e pálidos.

– Pepino! *Dio mio! Bambino mio! Dio* seja louvado! – exclamavam sem parar a Senhora Genoveva e o Senhor Deodoro (eram esses os nome dos pais de Giuseppe), abraçando e beijando Giuseppe como se estivessem diante de uma assombração e não de um filho tão amado, que há muitos anos não viam.

– *Mamma! Papà! Dio* abençoe vocês! – exclamou Giuseppe, com lágrimas nos olhos, abraçando a mãe e o pai ao mesmo tempo e controlando-se com muita dificuldade.

— Mas que passa? – perguntou Giacomo que, apesar de já ter se afastado, percebeu uma movimentação inusitada à porta e voltou para verificar do que se tratava.

Giuseppe soltou-se dos braços dos pais com dificuldade e virou-se para Giacomo, pondo-se a explicar.

— Estes são meus pais... Há mais de vinte anos, não os vejo e não sabia que o baile estaria sendo oferecido por eles, porque não perguntei quem eram os anfitriões quando o *Signore* gentilmente insistiu em minha vinda.

— *Madonna mia!* Você pertence à família Cabrera Cabrinni e vive uma vida miserável e solitária. Por quê? – espantou-se Giacomo, sem entender nada.

— Meu lugar não era com eles, e, sim, seguindo caminhos diferentes e ajudando as pessoas – explicou Giuseppe, não se surpreendendo com a confusão mental de Giacomo, pois pouquíssimas pessoas entendiam a escolha que fizera, já que era riquíssimo e não precisaria ter passado por dificuldade nenhuma, nem morar de favor nas terras dos outros.

— *Dio mio!* Mas sorte nossa que conhecemos Giuseppe e tivemos a honra de conviver com ele durante todos estes anos! – reconheceu Giacomo, em tom de brincadeira, dirigindo-se ao senhor Deodoro.

— Cadê Lorenzo, *mamma?* Quer dizer que ganhei uma irmãzinha e nem sabia disso? – quis saber Giuseppe.

Como se tivesse ouvido seu nome, Lorenzo apareceu repentinamente, perguntando à mãe o que estava acontecendo, pois os convidados comentavam coisas sem sentido, e ele não havia entendido nada.

— Pepino! É você mesmo, irmão? Não é verdade! *Madon-*

na mia! – disse Lorenzo, estarrecido, quando deu de cara com Giuseppe.

– Sou eu mesmo, Lorenzo. Como passa? Que *Dio* o abençoe.

Os dois irmãos começaram a conversar animadamente e foram se afastando para o centro do salão, enquanto seus pais continuaram recebendo os convidados, ansiando para que todos chegassem logo e eles pudessem, finalmente, ir para perto do filho e colocar toda a conversa e saudade em dia.

– E nossa irmã? Nem sabia que tínhamos uma. Como se chama? – perguntou Giuseppe, ansioso para conhecê-la.

– Ela nasceu muito tempo depois que você foi embora, Pepino. Nenhum de nós esperava ter mais crianças em nossa casa, mas *Dio* tinha uma opinião diferente e mandou-nos Giovanna, uma bela e doce *ragazza* – contou Lorenzo, orgulhoso.

– Onde está? Quero conhecê-la... – pediu Giuseppe.

– Ainda não desceu dos seus aposentos. Fará uma entrada triunfal depois que todos os convidados chegarem. Hoje a noite é dela e deve brilhar como diamante.

– Entendo e aprovo! Deve ser uma princesa nossa irmã! Será que vai gostar de mim? – temeu Giuseppe.

– Não contraiu matrimônio, Pepino? O que passa nessa sua vida desde que foi embora de nossa casa? Senti muita saudade de você, irmão – confidenciou Lorenzo, emocionado.

– Eu também, caríssimo *mio*. Mas *Dio* mostrou-me outro caminho a seguir e não pude me furtar à Sua vontade soberana e sábia. E não, não contraí matrimônio e nem sei se o farei um dia – admitiu Giuseppe.

– Mas não sente falta de uma bela *ragazza*, Pepino? Que passa? Cadê aquele Pepino que conheci, que não dava permissão para nenhuma *ragazza* passar, sem conhecê-lo antes? – pilheriou Lorenzo.

– Estou mais sossegado... Se tiver que contrair matrimônio um dia, *Dio* me mostrará com qual *ragazza* será, quando chegar a hora... – desconversou Giuseppe.

– *Va bene*, mas a família Olivetto Antonelli o recebeu de braços abertos quando lá chegou?

– Sim, embora o *Signore* Francesco tenha morrido sem prezar-me muito, o restante da família é muito boa gente. Estou feliz na fazenda e somente sairei de lá quando *Dio* quiser e achar que não sou mais necessário ali – respondeu Giuseppe. – Vamos que vou apresentar-lhe as *Signorina*s Carmela e Constância e o *bambino* Vicenzo – continuou Giuseppe, pegando seu irmão pelo braço e levando-o em direção aos amigos.

Constância foi a primeira a notar a aproximação de Giuseppe com... aquele magnífico *ragazzo*.

Ficou estupefata, pois tivera a certeza de que conhecia aquele homem há muito tempo. Seu coração disparou, sua boca secou, e ela estremeceu violentamente.

Os olhos de Lorenzo encontraram os de Constância, e ele teve a mesma reação que ela... Surpresa, alegria, choque, emoção, uma mistura de sentimentos totalmente incompreensíveis naquele momento.

– *Signorina*s Constância e Carmela, Vicenzo... Este é meu irmão Lorenzo Cabrera Cabrinni – apresentou Giuseppe, percebendo o clima estranho entre Lorenzo e Constância, mas fingindo que nada havia percebido.

– Irmão? Mas que passa, *Signore* Giuseppe? Pensei que não tivesse família... e pertence à família Cabrera Cabrinni? – questionou Carmela, surpresa.

Já Constância achou aquela coincidência maravilhosa e,

mais do que depressa, estendeu sua mão para que Lorenzo a beijasse, de acordo com os costumes vigentes na época.

Lorenzo estava como que hipnotizado por Constância e não conseguira ainda formular nenhuma palavra coerente. Giuseppe deu-lhe um cutucão de leve, o que bastou para que o irmão voltasse à realidade e, firmando a voz, conseguisse dizer:

– Encantado, *Signorina*! Como é bela, perdão, mas não posso deixar de lhe dizer isso – murmurou Lorenzo, sem largar a mão da *ragazza* que, por sua vez, estava adorando aquele contato másculo de encontro com a sua pele macia.

– Obrigada, *Signore*! – agradeceu Constância, ruborizando e abaixando o olhar.

Lorenzo voltou definitivamente à realidade e cumprimentou Carmela e Vicenzo, efusivamente.

Os jovens começaram a conversar sobre diversos assuntos referentes ao baile e, quando Giacomo se aproximou com Francesca e a *Signora* Maria Antonieta, Lorenzo aproveitou a oportunidade para apresentar-se e pedir a permissão de Giacomo para dançar com Constância, no que foi aquiescido, com muito gosto, pelo pai da moça. Lorenzo era um ótimo pretendente à mão de sua filha e, se aquele interesse se confirmasse, muita alegria traria à família Olivetto Antonelli.

Carmela, em contrapartida, estava impaciente, porque, até aquele momento, nenhum *ragazzo* havia se aproximado dela com interesse.

Mal pensou nisso, surpreendeu-se com a presença de um homem ao seu lado, de mais ou menos trinta e cinco anos de idade, ricamente trajado, moreno, um belo *ragazzo*, sem dúvida...

Não falaria nada até que ele se dirigisse a ela, mas qual não foi sua surpresa quando o belo estranho perguntou diretamente ao seu pai se poderia dançar com Carmela, no que também foi aquiescido.

Giacomo não conhecia aquele homem e, sem perda de tempo, dirigiu-se ao Senhor Deodoro, pedindo mais informações a respeito daquele que dançava com sua filha mais velha.

– Seu nome é Caetano Spoletto. É um rico fazendeiro, mas não possui títulos de nobreza. Ninguém sabe ao certo de onde vem sua fortuna, mas também nunca cometeu atos duvidosos. Sua família veio para a Península Itálica há dois séculos, e a fortuna somente aumentou desde então – esclareceu Deodoro, entendendo a preocupação de Giacomo.

Giacomo agradeceu a informação e resolveu observar melhor Caetano.

Nisso, Giovanna, a *bambina* que seria apresentada à sociedade, surgiu no topo da escadaria de mármore e desceu os degraus vagarosamente como se quisesse que todos prestassem atenção aos mínimos detalhes de sua figura primaveril e formosa.

O efeito causado nos mancebos presentes no baile foi devastador!

Vicenzo, então, estava boquiaberto, pois nunca vira *ragazza* tão bela!

O pai, orgulhoso, foi recebê-la ao pé da escadaria. Deodoro deu-lhe o braço e seguiu com a filha para o meio do salão. Pediu que tocassem uma musica da época, de ritmo lento, e saiu bailando com Giovanna por entre os convivas.

Vicenzo pediu a Lorenzo que apresentasse Giovanna a ele, no que foi atendido, e Giuseppe acompanhou os dois, porque também queria finalmente conhecer a irmã.

Giovanna ficou contentíssima em conhecer Giuseppe e,

mesmo tentando esconder, também gostou muito de conhecer Vicenzo.

A companhia de Giovanna estava sendo disputada e, diante disso, Vicenzo conseguiu apenas duas contradanças.

– Pepino, as emoções foram tão grandes nesta noite, que me esqueci de dizer-lhe que nossa prima, Florença, também está aqui no baile. Não a conheceu, pois morava em outra cidade com nossos tios, mas eles morreram há alguns poucos anos, e *papà* trouxe-a para morar conosco, já que não tinha mais parentes com quem pudesse deixar a *bambina,* e ela era sua única sobrinha, filha do seu único irmão – informou Lorenzo, puxando Giuseppe pela mão e levando-o até uma bela mulher que estava a poucos metros dali.

– *Signorina* Florença... Este é Giuseppe, meu irmão, que foi embora de nossa casa há mais de vinte anos – apresentou Lorenzo, observando a reação do irmão, atentamente.

Giuseppe estava com os olhos brilhando de tanta emoção!

Como num filme, numa fração de segundos, Giuseppe reviu as vidas em que fora casado com ela e verificou que haviam sido muito felizes juntos, verdadeiras almas afins.

– Muito prazer, *Signorina* Florença. Como passa? – disse Giuseppe, beijando suavemente sua mão, num ato de muito carinho e ternura.

– Muito bem, *Signore*. Então, somos primos, não é verdade? Fico feliz por isso. Seus tios morreram há alguns anos, e tio Deodoro e tia Genoveva, caridosos e gentis como são, recolheram-me ao lar. Sinto muita alegria por ter ganhado esta nova família. Giovanna é como se fosse minha irmã muito amada, e Lorenzo, o irmão que eu sempre quis ter.

– Entendo, mas *Signorina* Florença, infelizmente não poderei ser um irmão para você, porque o que meu coração está dizendo é que seremos muito mais do que isso... – afirmou Giuseppe, em voz baixa, sem permitir que seu irmão ouvisse.

– *Va bene...* Também sinto isso em meu coração, mas deixemos o tempo encarregar-se de esclarecer-nos o que se passa – pediu Florença, emocionada e feliz.

Giuseppe concordou com um sorriso e pediu a Lorenzo que a deixasse dançar com ele.

Apesar de estar um pouco enferrujado, devido a não mais ter dançado desde que saíra da casa dos pais, Giuseppe não fez feio e até que dançou muito bem, encantando Florença e divertindo sua família, que não cabia em si de tanta felicidade por ter reencontrado o filho primogênito.

Findo o baile, Giuseppe resolveu permanecer algum tempo com a família, mas deixou muito claro que voltaria a morar na fazenda de Giacomo, pois lá era o seu lugar.

Carmela, na carruagem, retornando a casa com a família, estava perdida em pensamentos. Caetano lhe despertara asco e fascínio ao mesmo tempo, e ela estava muito confusa. Constância, por sua vez, parecia estar andando sobre nuvens, sonhando acordada com Lorenzo. Ela tinha certeza de que acabara de encontrar o grande amor de sua vida. Vicenzo vira muitas moças bonitas no baile, mas não conseguia tirar Giovanna do pensamento.

Giacomo, Francesca e Maria Antonieta ainda não haviam se recuperado da surpresa de terem descoberto que Giuseppe se originava de família tão tradicional e influente. Se já o admiravam, sem saber disso, imagine agora, pois para abandonar uma boa vida e todo o conforto material que teria junto aos pais, ele tinha que ser uma pessoa especial mesmo, um verdadeiro enviado de Deus. Sorte deles que tinha sido em sua fazenda que ele resolvera fincar raízes.

Voltando à casa da família Cabrera Cabrinni, vamos encontrar todos reunidos em volta de Giuseppe. Queriam saber de absolutamente tudo o que havia acontecido a ele no decorrer de tantos anos.

Ele contou tudo o que se lembrava e reafirmou sua decisão de voltar para a fazenda dos Olivetto Antonelli.

Lorenzo não parava de pensar em Constância, e Giovanna, apesar de ter sido requisitada por tantos moços em seu baile, pensava mais intensamente em Vicenzo.

Quando todos se recolheram, Giuseppe pôde finalmente dar livre curso aos pensamentos.

Se havia reencontrado a família de maneira tão inusitada, deveria ser porque teria alguma missão a cumprir junto aos seus, portanto não poderia sumir no mundo de novo. Teria que dar assistência aos Olivetto Antonelli e também aos seus familiares. Esperava que seu pai decidisse permanecer naquela casa da cidade, pois se resolvesse voltar para a fazenda, tudo ficaria muito difícil, já que o lugar era muito distante dali.

DESTINOS ENTRELAÇADOS

Uma semana após o baile, Giuseppe retornou à fazenda, acompanhado de Lorenzo, que praticamente implorara ao irmão para levá-lo, porque queria rever Constância e pedir permissão aos seus pais para cortejá-la. Já havia conversado com o Senhor Deodoro, e o pai havia consentido o enlace, demonstrando bastante satisfação, inclusive.

Chegando lá, mostrou-se deveras impressionado com a simplicidade com que Giuseppe vivia e cada vez entendia menos a opção de vida do irmão, mas amava-o e se ele estava feliz, quem era ele para criar confusão?

Giuseppe mandou avisar Giacomo da presença e das intenções de Lorenzo e aguardou o consentimento dele para que pudessem apresentar-se à família Olivetto Antonelli.

Giacomo estava no parreiral quando recebeu a notícia e ficou eufórico. A família Cabrera Cabrinni era dona de enorme fortuna e muito gosto dava-lhe aquele consórcio.

Mas pela ordem, Carmela, sendo a filha mais velha, teria que casar-se antes de Constância. Precisava pensar numa maneira de resolver isso, sem perder, naturalmente, a oportunidade de unir sua família à de Lorenzo.

Cavalgou rapidamente de volta a casa e comunicou à sogra e à esposa, que também ficaram felizes e passaram a organizar o jantar em que receberiam Giuseppe e Lorenzo na noite seguinte.

Constância não sabia se ria ou se chorava quando foi comunicada pelo pai, do desejo de Lorenzo cortejá-la. Deu pulos de alegria e surpreendeu Giacomo, agradavelmente, já que ela sempre havia sido um tanto arredia e distante.

Correu para contar a novidade para a irmã, que ficou muito contente por ela.

O relacionamento entre as duas havia melhorado, e Constância, após o afastamento daquele irmão infeliz que a obsidiava contra Carmela, passou a não sentir tanta repulsa e começou a colaborar no sentido de conviverem em harmonia e respeito mútuos.

Vicenzo pouco ligava se a irmã casaria ou não, mas sendo com Lorenzo, tudo seria mais fácil para que ele pudesse rever Giovanna. Sabia que ainda era muito jovem para contrair núpcias, mas, com certeza, seu pai arrumaria um jeito de deixar Vicenzo o mais perto possível da sua escolhida, já que seriam parentes.

Giacomo enviou um servo à casa de Giuseppe, convidando-o, juntamente com o irmão, para que viessem jantar em sua casa na noite seguinte e pudessem conversar melhor sobre o assunto.

Lorenzo regozijou-se.

Giuseppe ficou feliz com a felicidade do irmão, porque sabia que Lorenzo e Constância eram Espíritos afins e que estavam se reencontrando para seguirem a jornada evolutiva juntos.

Giuseppe, por sua vez, não parava de pensar em Florença. Estava em dúvida se seu pai permitiria que a cortejasse, pois era sua prima, mas deixaria para resolver isso depois.

No dia seguinte, Constância estava em polvorosa. Ansiosa ao extremo, implicava com tudo e com todos, porque tudo tinha que sair perfeito naquela noite.

Francesca chamou-lhe a atenção, dizendo que uma moça de família não se comportava daquela maneira por causa de um moço, mas Constância somente se acalmou quando Maria Antonieta conversou com ela, com muito carinho e firmeza.

A noite chegou, e a família Olivetto Antonelli estava toda reunida na sala, à espera dos convidados. Constância torcia as mãos, nervosamente, Carmela continuava perdida em seus pensamentos, e Vicenzo demonstrava enfado e incompreensão com a atitude de Constância.

Giacomo permanecia tranquilo e satisfeito, e Francesca e sua mãe matutavam que Constância havia crescido e já era uma mulher. Logo, viriam netos e bisnetos para alegrarem aquela casa.

Os convidados de honra chegaram, cumprimentaram as damas com cortesia e simpatia, e Lorenzo segurou a mão de Constância mais do que a boa educação e o cavalheirismo permitiriam em outra situação, mas Giacomo fingiu não ver e mandou que todos se sentassem, saboreassem um bom vinho e entabulassem uma boa conversa antes do jantar. Após o mesmo, iriam ele, Lorenzo e Giuseppe para o escritório e, aí sim, conversariam sobre Constância.

A conversa seguiu amena, e os enamorados não conseguiam despregar os olhos um do outro. O amor pairava no ar, e Giuseppe, através de seus dons mediúnicos, pôde ver os amigos espirituais abençoando aquela união com muitas luzes coloridas, e uma chuva de pétalas de rosa caiu sobre todos os presentes, transmitindo muita paz e harmonia.

O jantar foi servido, e a conversa continuou tranquila.

Constância estava em cólicas de tanta ansiedade e mal tocou na comida, o mesmo se dando com Lorenzo, que suava muito.

Finalmente, o jantar chegou ao fim, e Giacomo convidou os cavalheiros a seguirem-no até o escritório. Vicenzo, que pensou em se furtar de tanto fastio, foi obrigado a acompanhar o pai, mesmo a contragosto.

— Fui informado de que o *Signore* Lorenzo deseja falar comigo sobre Constância... – começou Giacomo, esperando que o pretendente de sua filha tomasse a palavra.

Lorenzo limpou a garganta, que estava seca, enxugou o suor, que teimava em pingar-lhe pela testa, e Giuseppe, percebendo o desconforto do irmão, resolveu tomar a palavra, já que era o primogênito do Sr. Deodoro e, portanto, podia representá-lo em tais ocasiões.

— *Va bene*, caro amigo... Meu irmão encantou-se com a beleza da *Signorina* Constância e deseja pedir sua permissão para cortejá-la.

— É isso mesmo, *Signore* Lorenzo? Gostaria de ouvi-lo, apesar de saber que Giuseppe pode perfeitamente falar em seu nome – disse Giacomo.

— Sim... *Signore* Giacomo. Encantei-me pela *Signorina* Constância e gostaria muito que desse sua permissão para que possa cortejá-la – conseguiu dizer Lorenzo, a muito custo.

— E quais são suas intenções com *mia bambina*? Sabe que se trata de uma *ragazza* de família e que não admitirei falta de respeito! – testou Giacomo, divertindo-se disfarçadamente com a falta de jeito de Lorenzo.

– Entendo perfeitamente, *Signore*. Minhas intenções são as melhores possíveis. Desejo consorciar-me com a *Signorina* Constância... – afirmou Lorenzo, mais dono da situação.

– *Va bene*... Então, dou minha permissão para cortejá-la e desejo que se consorciem dentro de seis meses, de acordo? – impôs Giacomo.

– De acordo, *Signore*. Farei tudo para que sua *bambina* seja feliz – prometeu Lorenzo, contentíssimo com a autorização de Giacomo.

– Assim espero, *Signore*. Então, vamos comemorar a ocasião, depois, falaremos com Constância e sobre o dote que levará ao consorciar-se com ela – disse Giacomo, já com as taças de vinho na mão.

Assim fizeram, e Constância enrubesceu de alegria quando recebeu a notícia.

Giuseppe e Lorenzo despediram-se, e Constância combinou de se encontrar com Lorenzo na manhã seguinte para que pudessem conversar.

CAETANO SPOLETTO

Caetano era um homem muito belo e bem-apessoado, verdadeiramente garboso.

Aventureiro como ele só, já havia tido muitas mulheres em sua vida.

Quando se cansava delas, dava-lhes uma boa quantia em joias ou moedas de ouro e as dispensava como se fossem mercadorias.

Não aceitava ser contrariado e sabia ser vingativo e sanguinário quando achava que era necessário.

Nunca se apaixonara verdadeiramente, mas sabia que já estava na hora de consorciar-se, pois contava trinta e nove anos de idade. O problema era que não conseguia escolher nenhuma das mulheres que conhecia. Achava-as vazias, inúteis e interesseiras. Nenhuma delas servia para ser a esposa do importante fazendeiro Caetano Spoletto.

Pelo menos, não até aquele baile oferecido pela família Cabrera Cabrinni, pois Carmela Olivetto Antonelli chamaralhe a atenção de alguma forma. Era bela, educada, tinha uma origem tradicional, e Caetano sabia que o Senhor Giacomo, seu pai, era dono de uma das maiores fortunas daquelas paragens, só perdendo, por muito pouco, para a sua própria.

Sua conversa era interessante, uma mulher inteligente, diferente de todas as outras que conhecia.

Ela lhe contara que nunca levara jeito para prendas domésticas. Gostava mesmo era de estudar, caçar com o pai, passear pelas matas que circundavam a fazenda, atirava muito bem e tinha conhecimento sobre diversos assuntos e não apenas sobre aqueles de que as mulheres tanto gostavam.

Acrescentara que sua *nona* vivia dizendo que seria difícil encontrar-lhe um consorte, já que os homens preferiam as mulheres submissas, prendadas e vazias.

Ele achara aquela colocação muito engraçada e agora pensava que Carmela seria a consorte ideal para ele.

Como não tinha mais pai e sua mãe vivia na cama, doente havia mais de cinco anos, não tinha irmãos mais velhos, que poderiam representar o pai ou a ele mesmo numa situação dessas, e sua única irmã se consorciara havia poucos meses, resolveu enviar um empregado de confiança à fazenda de Giacomo e tomar a iniciativa da aproximação.

Escreveu uma missiva a Giacomo e pediu autorização para visitá-lo, pois gostaria de tratar de assunto do interesse de ambos.

O empregado saiu a galope e, Caetano, satisfeito, voltou ao trabalho rotineiro.

Dois dias depois, Giacomo percebeu a aproximação de um cavaleiro totalmente estranho pela estrada que levava à casa sede. Apeou seu cavalo e aguardou que o homem chegasse mais perto e se identificasse, já colocando a mão na arma que sempre carregava, pois nunca se sabia quando encontraria malfeitores pela frente.

O homem identificou-se como empregado de Caetano Spoletto e entregou-lhe a missiva que trazia, aguardando a reposta de Giacomo.

Giacomo concordou em receber Caetano dali a oito dias e, percebendo o cansaço do cavaleiro, convidou-o a refrescar-se.

O moço agradeceu muito, pois realmente estava morto de sede, fome, e todo empoeirado, devido à cavalgada ininterrupta, já que somente parara em uma hospedaria na estrada, para trocar a montaria.

Depois de descansar um pouco e alimentar-se, aceitou água para levar na viagem de volta e algumas frutas.

Giacomo não sabia ainda o que pensar a respeito de Caetano, mas considerava-o um homem peculiar e, de certa forma, interessante. Quem sabe, viria propor algum negócio? Afinal, Giacomo sabia que a fortuna de Caetano era pouco maior que a sua, mas mesmo assim, maior. Dessa forma, resolveu aguardar a visita e voltou aos seus afazeres.

NA *OUTRA* DIMENSÃO...

— Madalena, pode me explicar sobre a aparição de Lorenzo na vida de sua pupila? – pediu Alesio, numa curiosidade sadia.

— Claro. Lorenzo e Constância são Espíritos afins e, há muitas vidas, seguem juntos. Já foram irmãos, marido e mulher, e mãe e filho. O amor que os une é também fraterno, mas ainda não se despojaram das paixões. Um apoia o outro, mas Lorenzo sempre foi o alicerce de Constância, muito mais do que ela, dele. Ele a ajudara muito em relação a Carmela, pois agora que o Conde de S reencarnou como Caetano, e ele e Carmela se consorciarão num futuro próximo, sua pupila precisará muito do apoio da irmã. Será, neste momento, que verificaremos se o perdão e o esforço de Constância foram verdadeiros e sinceros, compreende? – explicou Madalena.

— Acho que estou ficando velho para tantas emoções... – brincou Anacleto

— Sei que Carmela, apesar de consorciar-se, não terá filhos com Caetano, não é isso? – indagou Alesio.

– Sim, Alesio. Ela não terá filhos e é justamente por causa disso que Carmela precisará da ajuda de Constância, pois Caetano é ainda um tanto irascível e vingativo. Enquanto Carmela estudou, preparou-se para uma nova reencarnação e arrependeu-se de seus erros, Caetano perambulou pelo umbral o tempo todo, até o dia em que foi cingido a uma reencarnação compulsória. Por mais que tivéssemos tentado trazê-lo à razão e ao arrependimento, Caetano mostrou-se irredutível, então, não nos sobrou outra opção, afinal, Carmela já havia se preparado para uma nova romagem terrena e, querendo ou não, Caetano teria que fazer parte dela – explicou Clemente, tomando a palavra.

– Puxa, que situação... Ainda bem que meu tutelado só se casará daqui a alguns anos terrenos... – disse Anacleto, referindo-se a Vicenzo.

– Sim, mas, antes disso, não nos esqueçamos do resgate que se dará entre Giacomo e Vicenzo. Somente depois disso, é que a vida de Vicenzo seguirá seu curso, e ele passará a colocar em prática as tarefas escolhidas para ele cumprir, antes de sua reencarnação – alertou Cassio.

– Mas que coisa, hein? Esse negócio de resgate já não havia sido resolvido? Eles não estão se dando bem agora? – inquiriu Alesio.

– Estão, amigo, mas a Lei tem que ser cumprida. O máximo que Giacomo conseguiu, arrependendo-se dos seus erros e mudando para melhor, foi ganhar mais tempo no corpo material e também que o resgate fosse mais brando, mas acontecerá de qualquer maneira – explicou Cassio, compungido.

– Mas não existe outro jeito? E se Giacomo melhorar mais? – insistiu Alesio.

– Isso, somente Deus poderá lhe responder, Alesio. Até onde sei, acontecerá exatamente o que acabei de expor a você – acrescentou Cassio.

– Será inclusive a partir desse resgate que verificaremos se Francesca abandonou definitivamente suas ideias suicidas, pois quando as coisas vão bem, ninguém pensa em abandonar o barco antes do tempo, muito pelo contrário – completou Geraldo.

– Infelizmente, esta é uma verdade... Quando as pessoas conseguem concretizar seus objetivos de vida, sem serem obrigadas a lutar por isso, nunca se lembram de Deus ou de sair fora da situação. Quando as coisas ficam incômodas, desagradáveis, obstáculos aparecem, objetivos não são atingidos, aí sim, todo mundo começa a orar, a revoltar-se, a pensar em tirar a própria vida. A ignorância dessas pessoas faz com que acreditem que, "morrendo", tudo estará resolvido e que não terão mais problemas de nenhuma ordem. Mal sabem elas que o Vale dos Suicidas está ali à espreita, só esperando uma fraqueza da parte de pessoas desavisadas, sem contar com nossos irmãos inferiores que instigam e intuem péssimos pensamentos e ideias a estas mesmas pessoas. Elas entregam-se à revolta, ao pessimismo, à mágoa, ao desânimo, à depressão, mal sabendo que num primeiro mero pensamento desse quilate, já atraíram, para perto de si, inúmeros irmãos que estão na mesma sintonia, sofrendo, chorando, ou mesmo revoltados e querendo que todos fiquem tão mal quanto eles, já que se não conseguiram conquistar a paz e a felicidade, também tentam impedir que outros consigam. Quando sentirem que esses maus pensamentos estão querendo tomar conta da mente, devem imediatamente elevar o pensamento a Deus, nosso Pai, e pedir calma, proteção, coragem e resignação para enfrentar as dificuldades. Devem entender definitivamente que ninguém está só, que Deus não desampara ninguém, que TODO problema tem solução e que o suicídio não alivia nem resolve coisa alguma, muito pelo contrário. As dificuldades têm por objetivo fortalecer-nos, fazer-nos descobrir a grande força interior que todos nós temos e que só vem à tona quando as coisas vão mal, fazer-nos dar uma parada em nossa caminhada para analisarmos tudo o que fizemos de bom e de ruim até aquele momento, o que queremos de verdade para nós, se através dos nossos atos, fomos nós mesmos quem atraímos aquela situação problemática, enfim, refletirmos sobre nossa vida e construirmos novas diretrizes para que possamos, afinal, atingir os objetivos a que nos propusemos. Não podemos esquecer de que o que vem muito fácil vai embora mais fácil ainda, pois ninguém valoriza. O dia a dia no planeta Terra comprova essa verdade irrefutável. Não há vitória sem luta e suor. E por que não dizer, não há vitória sem dor e sofrimento, no estágio evolutivo em que nos encontramos – sentenciou Clemente, sabiamente.

– Verdadeiras e belíssimas as suas palavras, irmão! – admirou-se Cássio, emocionado.

– Realmente, os grandes acontecimentos só ocorrem quando as pessoas lutam juntas para mudar as coisas. Não adianta ficarem esperando um milagre dos céus ou que a solução dos nossos problemas caia de "paraquedas" ou bata à nossa porta, sem que tenhamos que nos esforçar para isso. Devemos buscar as soluções de forma racional, objetiva e com muito discernimento e maturidade. Muitas decisões podem mudar radicalmente nossas vidas e as vidas de outras pessoas, para melhor ou para pior, portanto, nossa inteligência deve ser explorada ao máximo, devemos saber pesar prós e contras sob todos os ângulos e, só então, tomarmos a decisão definitiva que trará a solução para determinado problema. BUSCA E ACHARÁS! E claro que é muito mais fácil e cômodo que os outros resolvam nossos problemas para nós, mas quem permite que outros ajam e decidam por ele não está crescendo e evoluindo absolutamente nada. Cadê o mérito próprio? O merecimento de ter dias melhores e não passar mais por situações difíceis?– completou Geraldo, enfaticamente.

– Mudando um pouco de assunto... Acabei de me lembrar do episódio em que o Cássio foi conversar com Giacomo e acabou dizendo mais do que devia... Começou a falar de sexo dos bebês e de genética. Não deixou de ser muito engraçado quando Giacomo disse que não havia entendido nem a metade do que Cássio dissera – comentou Anacleto, para provocar o amigo.

– Então, por que não me impediram de dizer aquilo, já que eu estava errado? – espicaçou Cassio.

– Ora, você também tem seu livre-arbítrio, caro amigo... e se não interferi foi porque eu sabia de antemão que Giacomo não entenderia nada, afinal, você comentou com ele assuntos que só serão descobertos pela Ciência no futuro. Já pensou se ele acreditasse no que você disse ou tivesse prestado a devida atenção e saísse por aí espalhando para todo mundo que um "anjo de Deus" havia afirmado aquelas coisas? Seria, no mínimo, considerado um louco, visionário ou um doente fugido do hospício. Não divida, com pessoas que ainda não estão preparadas para entender, determinados conhecimentos, pois tudo tem sua hora. A natureza não dá saltos. Etapas devem ser cumpridas antes de chegarmos ao objetivo final. Mas como eu ia dizendo, apesar de Cássio ter sido imprudente, não prejudicou Giacomo, pois este estava mais preocupado com o fato de não ter tido o filho varão que ele tanto queria e o melhor de tudo foi que ele captou exatamente a essência daquela conversa, ou seja, captou exatamente o que deveria captar – explicou Clemente.

– Muito obrigado, Clemente. E peço desculpa pela imprudência. Às vezes, esqueço-me de que não podemos falar com nossos pupilos de igual para igual e acabo achando que entenderão tudo o que dissermos – desculpou-se Cássio, meio sem graça.

– Está desculpado, Cássio, e não se prenda a esse detalhe. Não há necessidade de sentir-se tão desconfortável, afinal, sua intenção foi das melhores, mas o lugar, a época e a hora estavam errados – contemporizou Clemente.

– Alesio, por que Carmela está com sensações desencontradas em relação a Caetano? – perguntou Anacleto.

– Eles nunca se amaram quando eram o Conde e a Condessa de S, apenas eram Espíritos igualmente atraídos para o mal. Eram Espíritos afins, mas para o lado errado, entende? Mas Carmela, apesar de ter sofrido muito no umbral, foi socorrida, frequentou escolas aqui no Plano Maior aprendendo muita coisa, acompanhou trabalhos socorristas, arrependeu-se de seus erros e mudou para melhor. Caetano, por sua vez, reencarnou compulsoriamente, portanto não teve as oportunidades que Carmela teve, de rever seus atos insanos. Ele não pôde frequentar escolas, socorrer outros irmãos como Carmela fez, portanto, trouxe, em sua bagagem espiritual, todos os defeitos e vícios que tinha como Conde de S. Como Carmela, de certa forma, evoluiu, e Caetano não, Carmela não se sente mais à vontade com ele, pois aquela afinidade para o mal, que os atraía um para o outro, simplesmente acabou para ela. Acontece que eles devem se casar, porque Carmela pediu, como uma de suas provas, para ajudar Caetano a reformar-se interiormente, e também não podemos nos esquecer de que eles cometeram muitos erros juntos, portanto devem expiá-los juntos – explanou Alesio.

– Mas o fato de não terem filhos não dificultará as coisas, afinal, uma criança foi sequestrada, violentada e maltratada por eles, então, acho que deveriam ter filhos para que aprendessem, de uma forma ou de outra, a respeitar a vida alheia – opinou Anacleto.

– Querido amigo, eles não terão filhos consanguíneos, mas terão sobrinhos. Além do mais, Carmela chegará a engravidar por três vezes, mas os bebês nascerão mortos em duas ocasiões e, na terceira vez, a criança viverá apenas por doze anos terrenos, como forma de expiação para ela e para Caetano – esclareceu Alesio.

– Mas Carmela sabe disso tudo em seu inconsciente? – perguntou Madalena.

– Saber não sabe, apenas pressente que seu casamento com Caetano lhe trará muitas agruras e sofrimento. É claro que, antes de reencarnar, foi mostrado a ela que passaria por essas experiências maternas, mas ela aceitou-as porque sabe que deve expiar suas faltas e vencer determinadas provas em relação a Caetano – explicou Alesio.

– Bem, vamos aguardar os acontecimentos – finalizou Clemente.

Todos concordaram e retornaram para perto de seus respectivos pupilos.

CAETANO E GIACOMO

No dia marcado por Giacomo, lá estava Caetano chegando à fazenda.

Giacomo convidou-o a acompanhá-lo até o escritório e, depois dos cumprimentos de praxe, pediu a Caetano que fosse direto ao assunto que o trouxera ali.

– *Va bene*, *Signore* Giacomo... Estou interessado em consorciar-me com a *Signorina* Carmela e vim pedir sua permissão.

Giacomo surpreendeu-se vivamente, pois esperava que o assunto tratasse de negócios e sentiu certo desconforto, porque Carmela era a menina dos seus olhos e, apesar de saber que deveria casá-la antes de Constância, não gostaria que fosse tão rápido e, talvez, nem com Caetano. Outra coisa que o deixava em dúvida, era o caráter do moço, já que não conseguira obter nenhuma informação mais profunda e detalhada sobre a sua pessoa.

– *Signore* Caetano, realmente devo consorciar Carmela porque minha outra *bambina* também foi pedida em matrimônio. Como minha Carmela é a mais velha deverá consorciar-se primeiro, mas eu estou surpreso com seu pedido, já que não o conheço direito e nem sei o que Carmela pensa sobre esta possibilidade. Carmela é o amor de minha vida, minha princesa, e o que mais quero no mundo é que seja muito feliz, por isso deverei falar com ela antes de dar-lhe uma resposta – afirmou Giacomo, categoricamente.

Caetano não gostou muito da ideia de Giacomo querer pedir a opinião de Carmela sobre o enlace, já que as filhas mulheres deveriam obedecer aos desejos do pai e não tinham o direito de fazer escolhas, muito menos em relação a consortes e consórcios. Mas como não tinha outra saída, aceitou esperar que Giacomo conversasse com Carmela, mas deixou claro que não sairia da fazenda enquanto não obtivesse uma resposta ao seu pedido.

Diante disso, Giacomo foi obrigado a hospedar Caetano, até que as coisas se resolvessem.

Quando Carmela ficou sabendo da presença de Caetano, e da situação geral, sentiu-se quase doente, porque, no fundo, sabia que teria que casar-se com ele, mas não queria, e esta luta de sentimentos contraditórios estava enlouquecendo-a. Giacomo ainda não a havia chamado para conversarem, mas logo o faria, então, Carmela pôs-se de joelhos e, numa prece singela e sincera, pediu a Deus resignação, coragem e discernimento, para que pudesse fazer o que fosse melhor para ela e para todos.

Após a prece, sentiu-se muito mais aliviada e tranquila e acreditou que tudo daria certo.

Francesca bateu à porta do aposento de Carmela, no que foi convidada a entrar, e deu o recado de seu pai. Giacomo estava se dirigindo até ali para conversar com ela a respeito de Caetano.

Carmela sentiu um frio na espinha, mas concordou e ficou aguardando a presença do pai, que, poucos minutos depois, ali adentrou, pedindo licença.

Carmela correu para os seus braços, e Giacomo rodopiou-a no ar como costumava fazer quando ela era uma menininha, alegrando Carmela, que não conseguia parar de rir.

Sua menina crescera, já era uma belíssima mulher e estava na hora de casar-se e construir sua própria família. Giacomo sabia de tudo isso, mas decididamente não estava querendo facilitar muito a vida de Caetano, entregando seu precioso tesouro, assim tão fácil.

— Minha pérola adorada! *Amore di papà!* Sente-se aqui em meu colo para conversarmos um pouco... – pediu Giacomo, com muito carinho e ternura.

— Amo o colo de *papà* e amo mais ainda a meu *papà*! – exclamou Carmela, enlaçando o pescoço do pai e cobrindo seu rosto de pequeninos beijos.

— Também a amo! Sua felicidade é a minha felicidade e por isso eu vim falar com você. O *Signore* Caetano deseja desposá-la... Gosta dele, *amore*? – perguntou Giacomo, extremamente preocupado com a expressão de desagrado que Carmela demonstrara quando ele havia falado sobre o pedido de casamento.

— Querer não quero, mas sei que tenho de me consorciar antes de Constância. O *Signore* Caetano, em algumas situações, dá-me calafrios, *papà*... Não tenho amor por ele e nem sei se conseguirei ter um dia... – respondeu Carmela, francamente.

— Então, falarei a ele que você não aceitou o pedido e fica o dito pelo não dito, *va bene?* – resolveu Giacomo.

— Não, *papà*. Eu falei que não queria consorciar-me com ele, mas aceitarei o pedido, porque preciso consorciar-me com ele...

— Não entendi, minha princesa. Que se passa em sua cabeça? Por que consorciar-se com quem não deseja? Não importa que contraia matrimônio depois de Constância, apesar de não ser de acordo com nossos costumes, mas sua felicidade vem em primeiro lugar, e não se consorciará, portanto – definiu Giacomo.

– *Papà*, já falei que aceito o consórcio com o *Signore* Caetano. Sei que é isso que devo fazer e farei. Não vamos mais discutir o assunto, *va bene?* Pode falar a ele que o pedido foi aceito, com uma condição: que moremos aqui em nossa fazenda depois do enlace. Não quero ficar longe do meu *papà*, nem da minha família – informou Carmela, decidida.

– Mas, *bela mia...* Não sei se ele aceitará, porque tem a fazenda dele para cuidar e, pelo que sei, não tem mais *papà*, sua *mamma* é doente, e sua única irmã consorciou-se há poucos meses. Quem cuidará dos negócios dele se vier morar aqui? – obtemperou Giacomo.

– Se ele quiser ser meu consorte, terá que ser assim. E outra coisa, desejo consorciar-me no mesmo dia de Constância, assim faremos uma única festa – enfatizou Carmela.

– Ótima ideia, *bambina*. Mas ainda acho pouco provável que Caetano aceite morar aqui. De qualquer forma, falarei para ele sobre sua decisão e verei o que posso fazer para que tudo favoreça a felicidade de minha pedra preciosa – prometeu Giacomo, beijando a filha na testa e saindo do aposento para ir conversar com Caetano.

Carmela voltou a ajoelhar-se, pedindo a Deus que seus desejos fossem concretizados, pois tinha medo de Caetano e não conseguiria morar com ele sozinha, tão longe de seu pai, que ela idolatrava, e de sua família, que também amava.

Enquanto isso, uma discussão calorosa dava-se no escritório, entre Giacomo e Caetano, que não conseguiam chegar a um acordo em relação ao pedido de Carmela.

Caetano, como Giacomo previra, alegava que tinha seus negócios e sua fazenda para cuidar e não possuía ninguém da família que pudesse assumi-los. Giacomo sugeriu que ele contratasse um administrador de confiança e contou que ele próprio havia sido administrador daquela fazenda antes de casar-se com Francesca. Caetano não gostou da ideia, mas, agora, mais do que nunca, queria Carmela para si, então, deu a última cartada: sugeriu que ele e Carmela morassem ali provisoriamente após o casamento e que, depois de alguns meses, partiriam para a fazenda de Caetano, onde fixariam residência definitiva. Prometeu permitir que Carmela visitasse a família, uma vez a cada dois meses, e que Giacomo e família, também poderiam visitá-los quando quisessem. Prometeu cuidar muito bem de Carmela e fazê-la feliz.

Giacomo considerou a proposta por algum tempo e achou que fazia sentido. Mas será que Carmela também acharia?

Disse a Caetano que falaria com Carmela e voltaria dentro de alguns minutos.

Giacomo dirigiu-se novamente aos aposentos da filha e colocou-a a par da proposta de Caetano.

Ela não gostou muito de ter que continuar morando ali apenas provisoriamente, mas era melhor do que nada. Quem sabe, com o tempo, conseguiria convencer o marido a permanecer ali para sempre, vender sua fazenda, vir trabalhar com pai dela, sei lá, qualquer coisa do gênero?

Carmela aceitou a proposta e ficou acertado que tanto ela quanto Constância se casariam no mesmo dia e horário.

Então, dali a sete meses, os dois consórcios realizar-se-iam na fazenda de Giacomo.

Estando tudo acertado e decidido, Caetano recolheu-se, avisando que retornaria à sua fazenda na manhã seguinte, pois deveria deixar todos os seus negócios e a papelada do dia a dia em ordem, já que se ausentaria da fazenda por alguns meses após o casamento. Tinha que providenciar a remoção da mãe para a fazenda de Giacomo, já que ela não saía da cama e tinha duas servas cuidando do seu bem-estar dia e noite. Tinha que falar com o cunhado para ver se ele aceitaria substituí-lo no comando da fazenda enquanto durasse sua ausência e, caso ele não quisesse, teria que contratar um administrador provisório. Mas mesmo depois de casado, teria que ir à fazenda algumas vezes para saber como andavam as coisas por lá. Seu pai sempre dissera que ninguém cuida melhor dos nossos bens do que nós mesmos, e este também era o lema de Caetano.

Carmela sentiu-se aliviada por ter conseguido seu intento.

Francesca estava a todo vapor, cuidando dos preparativos e enxovais das filhas, para os dois consórcios.

A *Signora* Maria Antonieta, muito triste, não parava de pensar que teria que se separar de Constância, pois esta se casaria em breve e fixaria residência na casa de Lorenzo, naturalmente.

Constância percebeu o estado de espírito de sua *nona* querida e perguntou o que se passava.

– São coisas de velha, *bambina mia*. Os anos passam, os filhos e netos crescem, casam-se e constroem suas próprias famílias... esta é a ordem natural das coisas, então, devo me conformar e desejar que você seja muito, mas muito feliz, *amore mio!* – respondeu a *nona*, com lágrimas nos olhos, abraçando fortemente Constância.

– Mas quem foi que falou que nos separaremos, *nona* amada? A *Signora* virá morar comigo e com Lorenzo. Faço questão disto e não darei permissão para que recuse, *nona!* – disse Constância, com muita ênfase.

Maria Antonieta, aparvalhada com o convite, ou melhor, com a intimação da neta querida, não sabia se continuava chorando ou se ria, decididamente, não sabia o que dizer, tamanha sua emoção.

– Mas que casal, belo e jovem, vai querer levar uma velha para morar junto depois do consórcio? – perguntou a *nona,* não querendo acreditar em tamanha felicidade.

– Eu já falei com o *Signore* Lorenzo, e ele concordou,

nona. Minha felicidade jamais seria completa sem a presença da minha *nona* preciosa e adorada. Está decidido: a *nona* virá morar comigo e com Lorenzo depois do consórcio e não se fala mais nisto – finalizou Constância, sem dar à avó, o direito de discutir o assunto, dando o fato como consumado.

Maria Antonieta ficou contentíssima e foi rapidamente contar a novidade a Francesca, pois não sabia qual seria a reação da filha quando soubesse que ela iria embora dali, junto com Constância e Lorenzo.

Francesca não gostou da novidade e teve certeza de que sentiria muito a falta da mãe, afinal, o pai morrera havia alguns anos. Mas por outro lado, ela sabia do amor e da afinidade que sua *mamma* tinha por Constância e vice-versa e, com certeza, a tristeza da *mamma,* longe da neta, seria muito maior do que a sua longe da *mamma*. Resignou-se, portanto, e decidiu colaborar para que tudo saísse a contento.

Sabia que Carmela moraria ali com Caetano provisoriamente, então, não se sentiria tão sozinha, mas quando a filha fosse embora, aí sim, só lhe teria sobrado Vicenzo, mesmo que também por pouco tempo, porque não demoraria muito para que ele se consorciasse, com a diferença de que, quando um filho varão se casava, continuava morando com a esposa na casa onde já morava com seus pais.

E depois viriam os netos. Francesca, uma *nona?* Quem diria que esse dia também chegaria para ela?

Mas fazia parte da vida, e ela não deveria ficar se lastimando pelos cantos. Tinha mais era que orar para que seus filhos fossem muito felizes, assim como ela tinha sido até então, com o pai deles.

O que sentia por Giacomo transformara-se num amor mais maduro, calmo, num companheirismo, numa sensação muito mais bela do que houvera sido.

Os meses se passaram, e chegou o dia dos dois esponsais: Constância com Lorenzo e Carmela com Caetano.

A fazenda estava em polvorosa, e todos se ocupavam com os últimos preparativos, principalmente os que se referiam ao que seria servido aos convidados.

As noivas estavam nervosas por motivos diferentes: Carmela pressentia que aquele enlace não lhe traria felicidade nenhuma, e Constância por estar praticamente casada com o homem que amava.

Giacomo também não tinha bons pressentimentos em relação ao consórcio de Carmela, mas achou melhor acalmar-se, pois deveria ser apenas zelo paterno exagerado.

Enfim, os casamentos foram realizados, e a festa começou.

Carmela moraria ali mesmo com o marido por alguns meses, e Constância, a *Signora* Maria Antonieta e Lorenzo ficariam na fazenda de Giacomo por mais uma semana. Depois, mudar-se-iam para a casa que a família de Lorenzo tinha na cidade, assim, Constância não ficaria tão distante dos pais e dos irmãos.

Os recém-casados recolheram-se aos seus aposentos nupciais, altas horas da madrugada.

A festa continuou por mais duas horas e, depois, os convidados também se recolheram aos quartos de hóspedes, pois retornariam às suas casas no dia seguinte.

A noite de núpcias de Constância foi um verdadeiro sonho de amor, já a de Carmela, um tremendo pesadelo. Afinal, não havia sido o amor a uni-la a Caetano, como o fora no caso de sua irmã com Lorenzo.

Caetano fora frio, egoísta, e nem um pouco carinhoso. Não manteve diálogo algum com a esposa e dormiu logo em seguida.

Constância e Lorenzo estavam nas nuvens, conversaram

muito, fizeram planos para o futuro e também adormeceram extremamente cansados, depois de tantas emoções...

Carmela, devido à sua inexperiência, achava que o comportamento do marido era normal e, decididamente, ele jamais a faria feliz, mas como o casamento era considerado indissolúvel, ela pediu força e resignação a Deus para suportar tudo, sem reclamar. Ela estava disposta a conviver pacificamente com Caetano e respeitá-lo como homem e marido.

Devido ao fato de Caetano ter de cuidar da sua própria fazenda, apesar de tê-la deixado aos cuidados de seu cunhado, ele pouco ficava na fazenda de Giacomo, o que Carmela agradecia imensamente.

Via-se em seus olhos o alívio que a ausência de Caetano lhe trazia, ao contrário dos olhos de Constância e Lorenzo, que brilhavam de felicidade e amor, um pelo outro.

Após uma semana do casamento, tinham-se mudado para a casa de Lorenzo.

Giacomo reparou no comportamento de sua idolatrada Carmela e resolveu chamá-la para uma conversa.

– *Bambina mia!* Que passa? Não está nem um pouco feliz, não é verdade? – perguntou Giacomo, preocupado.

– Não, *papà*, mas todo consórcio deve ser assim mesmo, não? – respondeu Carmela, com muita tristeza no olhar.

– Mas *amore mio!* Não é assim, não! O que vejo é seu alívio quando Caetano ausenta-se e muito desconforto e resignação quando ele está aqui em nossa casa. Ele tem lhe faltado com o respeito? – quis saber o pai.

– Não, *papà*. Mas existem certas coisas que sou obrigada a fazer, por ele ser meu consorte, que me desagradam verdadeiramente – confessou Carmela, chorando.

– Mas pérola minha! A mulher tem certas obrigações com o marido. Se não, como me dará netos, *bambina*? – explicou Giacomo, sem saber o que dizer, pois era um assunto que, decididamente, ele não sabia discutir com uma filha, nem seria de bom-tom. E se pedisse a Francesca que conversasse com a filha? Era exatamente isso que faria.

— Mas *papà*... – soluçou Carmela, desesperançada.

— *Madonna mia!* Por que não fala com sua *mamma*? – sugeriu Giacomo, profundamente preocupado com o estado emocional da filha amada.

— É isso que farei, *papà*! Desculpe-me por ter falado estas coisas para o *Signore*, mas amo-o tanto *papà*! – disse Carmela, um tanto envergonhada.

— *Amore mio*... Sempre estarei ao seu lado – garantiu Giacomo, abraçando a filha, com muito carinho.

— Grata, *papà*. Falarei com *mamma* agora mesmo – garantiu Carmela, dando um beijo no velho pai e saindo a procura da mãe.

Carmela encontrou Francesca na cozinha, dando ordens às servas e chamou-a para conversarem.

A mãe estranhou, porque Carmela nunca havia feito questão de conversar com ela, já que se dava muito melhor com Giacomo.

— *Mamma*, o *papà* sugeriu que eu falasse com a *Signora* sobre um assunto que está me desgostando muito – começou Carmela, com medo.

— Pois fale, *bambina* – encorajou Francesca.

— *Mamma*... Não gosto de estar casada. Desejo saber se é assim mesmo... – perguntou Carmela, esperando a resposta ansiosamente.

Francesca ficou extremamente sem graça, mas diante da aflição da filha, não teve outra opção a não ser falar sobre o assunto com ela.

– *Bene...* Nunca falei sobre estas coisas com sua *nona,* nem com ninguém, mas vejo que está nervosa, pobrezinha, mas depois melhora. Mesmo porque, seu *papà* sempre foi muito atencioso e, com o passar do tempo, fiquei mais à vontade. Mas não se preocupe. É assim mesmo, depois melhora – despejou Francesca, antes que mudasse de ideia.

– Mas e este nojo que sinto, *mamma?* Tenho nojo e medo de Caetano – tentou Carmela, novamente.

– *Madre de Dio! Caspita!* Carmela, não sei lhe responder isso, porque sempre amei seu *papà.* Por isso, nunca tive nojo ou medo dele. Mas eu acho que isso passa com o tempo. Tenha paciência, *bambina* – afirmou Francesca.

– *Va bene, mamma.* Mas eu devia ter ido para um convento ao invés de consorciar-me – gritou Carmela, levantando-se abruptamente e correndo para os seus aposentos.

Francesca ficou horrorizada com o comportamento da filha, e o pior de tudo é que não tinha com quem conversar a respeito. Ah, se a sua *mamma* estivesse ali... Assim que fosse visitar Constância na cidade, daria um jeito de conversar com a *Signora* Maria Antonieta. Com certeza, ela saberia como ajudá-la a ajudar a filha.

Carmela chorava desesperadamente, jogada em sua cama.

Como era infeliz!

Por que Deus não colocara em seu caminho um homem que ela amasse para se consorciar?

Por que não havia nascido varão?

O que seria da sua vida?

Alesio condoía-se do sofrimento de sua pupila e estava pensando numa maneira de ajudá-la.

– Amigo, por que, antes de tudo, não a recompõe energeticamente enquanto discutimos a melhor maneira de ajudá-la? – sugeriu Clemente.

Alesio anuiu.

Ela foi se acalmando e acabou por adormecer tranquilamente.

– O que poderei dizer a ela? Seu subconsciente reconheceu Caetano. Carmela já percebeu que ele é uma pessoa que não tem afinidade alguma com ela. O que sente é repulsa, amigos... – constatou Alesio, seriamente pensativo.

– Ah, os arcanos do destino.... Inexoráveis, indevassáveis, complexos... – filosofou Anacleto.

– Sim, a situação está complicada. Caetano já percebeu nitidamente as sensações que desperta em Carmela e isso o irrita profundamente, pois sempre teve as mulheres que quis, é belo, rico... Decididamente, ele não compreende a reação negativa de Carmela à sua aproximação. Está começando a sentir-se desafiado e desautorizado e não demorará muito para que perca as estribeiras e passe a agredir Carmela, com palavras ou atos. O que o está segurando é estarem residindo na fazenda de Giacomo. Mas isso não durará eternamente, pois ele pretende levar a esposa para a sua própria fazenda, muito em breve. Ele já decidiu que lá a dominará à sua maneira, sem a interferência do sogro. Mesmo porque, Carmela não poderá pedir socorro a ninguém, já que a mãe de Caetano encontra-se entrevada numa cama e nada poderá fazer, mesmo que queira, e seus empregados são fidelíssimos a Caetano, portanto... – explanou Alesio, muito preocupado.

– Pobre Carmela... – lamentou Cassio.

– Eu não diria isso, amigo. Esquece-se de que ela está resgatando suas faltas, e que ninguém é inocente? É claro que não devemos nos regozijar com a desgraça alheia, mas também temos que ter consciência de que a Lei deve ser cumprida e o máximo que podemos fazer é ajudá-la, intuindo-lhe paciência, resignação e que perdoe Caetano – replicou Clemente.

– Tenho outra ideia! Se Deus permitir que eu a coloque

em prática, é claro! Quem é o mentor de Giuseppe, Clemente? – perguntou Alesio, esperançoso.

– Crecildo... Já sei no que está pensando, mas se fosse você, não me empolgaria muito, sabe? Porém, não custa tentar... Vou chamar por ele. Vamos elevar nosso pensamento a Jesus e pedir sua misericórdia para Carmela. Se Jesus atender ao nosso pedido, Crecildo adentrará este recinto dentro de alguns minutos – orientou Clemente, fechando os olhos e proferindo uma sentida prece, no que foi imitado por todos.

De repente, uma luz maravilhosa, transcendental e ofuscante, começou a tomar conta de onde nossos amigos se encontravam.

Uma figura esbelta, alta, olhos translúcidos e paternais começou a tomar forma diante de todos.

– Que a paz de Jesus esteja com todos! – cumprimentou Crecildo, amorosamente, abraçando um por um dos nossos amigos.

– Graças a Deus! Deus seja louvado! – proclamaram em uníssono, ajoelhando-se aos pés de Crecildo, num ato de submissão.

– O que é isso, meus amigos? Assim me ofendem. Sou um servo de Jesus tanto quanto vocês e não me agradam ovações desnecessárias e imerecidas – reagiu Crecildo, enfaticamente.

– Perdoe-nos, mas tive uma ideia e gostaria de saber se posso contar com seu auxílio e com o de seu protegido – explicou Alesio, cheio de esperança.

– Já sei do que se trata. Estive estudando o caso de Carmela antes de vir aqui atender ao chamado de vocês. Não podemos interferir no livre-arbítrio de nossos tutelados, mas podemos e devemos fazer todo o possível para que vençam as provas e expiações pelas quais devem passar. Diante disso, já estive conversando com Giuseppe, e ele se dispôs a auxiliar Carmela.

Mas teremos que resolver um problema: como fazer com que Caetano aceite a companhia e a presença de Giuseppe quando eles retornarem à fazenda dele? – quis saber Crecildo, dirigindo-se a todos.

– Quando Carmela engravidará do primeiro filho? – inquiriu Geraldo.

– Dentro de um ou dois meses terrenos, amigo – respondeu Alesio.

– E se fizéssemos com que ficassem com Giacomo até a gravidez se confirmar? A partir daí, Carmela poderia ter algum mal-estar que a obrigaria a ficar em repouso absoluto, mesmo porque, este primeiro filho não vingará, não é mesmo? – sugeriu Anacleto.

– Não, não vingará, mas se ela tiver que ficar em repouso não poderá enfrentar a viagem até a fazenda de Caetano e estará apenas adiando os fatos que lá se darão. Mas, pensando bem, realmente é a maneira mais fácil de Giuseppe ajudá-la no presente momento. Não podemos também esquecer o quanto Caetano ficará irado por Carmela ter lhe dado um varão morto. Mas a presença de Giacomo inibirá qualquer tentativa de violência por parte do genro. Por outro lado, o ideal seria que Giuseppe pudesse também acompanhar Carmela até a fazenda de Caetano e lá permanecer junto a ela por algum tempo – analisou Alesio, em dúvida.

– Na fazenda de Caetano não haverá nenhum servo ou serva para ajudar Carmela? – perguntou Madalena.

– Não... Os empregados de Caetano ou o temem ou o odeiam. A maioria está na mesma faixa vibratória que ele, ou seja, não cultivam a prática do Bem e da caridade com muita frequência, muito pelo contrário. Somente uma pessoa moralmente superior conseguiria contê-lo em seus arroubos – sentenciou Clemente.

– Então, só nos resta Giuseppe mesmo. O que acha, Crecildo? – perguntou Alesio.

– Bem... existe uma possibilidade. Fiquei sabendo que está prevista uma epidemia na fazenda de Caetano e em mais algumas da vizinhança. Lá não há curandeiro, muito menos médicos, pois dão preferência a viver nas cidades e não em fazendas. Então, Giuseppe poderia ir. Ao mesmo tempo em que estaria auxiliando Carmela, estaria também conquistando o respeito e a admiração dos empregados daquela fazenda e até, por que não dizer, do próprio Caetano? – continuou Alesio, empolgando-se.

– Meus amigos, Giuseppe realmente tem uma missão junto à família Olivetto Antonelli e tenho uma novidade para vocês: tudo isso que está sugerindo já estava designado pelo Mais Alto. Na fazenda de Giacomo, a presença de Giuseppe não é mais necessária por enquanto, porque Giacomo aprendeu tudo o que lhe foi ensinado e coloca em prática; Francesca somente terá uma prova importante a vencer daqui a alguns poucos anos terrenos; Vicenzo conseguiu perdoar o pai e convive com ele pacificamente; Constância só será solicitada por Carmela após a morte de seu último filho, que desencarnará aos doze anos de idade, portanto há um período de tempo livre em que Giuseppe poderá auxiliar somente a Carmela. Ouvi atentamente todas as suas sugestões, mas devo dizer que essa epidemia prevista para a fazenda de Caetano será o que nos ajudará e será também lá que Carmela engravidará do primeiro filho e dos demais. Portanto, amigos, eu já esperava o chamado de vocês e aqui estou para auxiliar no andamento e na concretização dos desígnios de Deus – finalizou Crecildo, placidamente, com um sorriso luminoso nos lábios.

– Então, mãos à obra, meus irmãos! – recomendou Clemente, mais uma vez maravilhado com a bondade e misericórdia de Deus.

A EPIDEMIA

Caetano estava deveras preocupado, pois acabara de receber um mensageiro, vindo de sua fazenda em caráter emergencial, e fora colocado a par de que uma epidemia, uma doença desconhecida, estava assolando os seus empregados. A produtividade estava parada porque muito poucos conseguiam ainda levantar-se do leito para dar prosseguimento aos seus afazeres.

Caetano ordenou que preparassem tudo para a sua mudança à fazenda, juntamente com a esposa e a mãe dele, que se encontrava também hospedada na fazenda de Giacomo desde o dia dos esponsais. Giuseppe, ao saber que a nobre senhora ficaria hospedada ali com o casal e já ciente de que teria que seguir com Carmela para a fazenda de Caetano, assim que ele ordenasse, resolvera conquistar a confiança daquela senhora, mesmo porque tinha seus conhecimentos das ervas e pretendia ajudá-la a curar-se e, se não fosse possível, que voltasse pelo menos a ter uma vida mais saudável.

Diante disso, a mãe de Caetano já tinha verdadeira adoração por Giuseppe, tinha melhorado muito de sua doença, já conseguia mexer braços e pernas e conversava muito com seu novo amigo que, não perdendo a oportunidade, falava-lhe do reino de Deus, da vida espiritual, enfim, ensinava à nobre senhora as coisas que sabia sobre a vida após a morte e mesmo sobre a vida material.

Quando a nobre senhora ficou sabendo que retornariam à fazenda, exigiu que Giuseppe acompanhasse a família Spoletto e sugeriu que além de continuar cuidando dela, que ele cuidasse também dos empregados que estavam doentes. Caetano idolatrava a mãe e não hesitou em atender-lhe ao pedido, pois reconhecia suas melhoras, que vinham ocorrendo desde que Giuseppe passara a cuidar dela e a fazer-lhe companhia. Até ofereceu uma grande fortuna em pagamento pela melhora da mãe, mas Giuseppe não aceitou, deixando o mérito para Deus e afirmando que ele fora apenas o instrumento escolhido para ajudar a senhora em questão.

Carmela chorou muito ao saber que teria que ir embora do seu lar e que ficaria longe do pai, mas o fato de Giuseppe ir junto deixou-a mais conformada e tranquila. Giacomo sentia o coração sangrar de saudade antecipada da filha querida, mas a mulher tinha a obrigação de seguir o marido para onde quer que este fosse, portanto só lhe restava conformar-se e afirmar com todas as letras para Carmela que, se um dia não estivesse mais aguentando a vida ao lado de Caetano, que as portas daquela casa e do seu coração paterno estariam sempre abertas para recebê-la, mesmo que os costumes da época não admitissem que uma esposa se separasse do marido. Ele deixou bem claro que moveria céus e terras, que enfrentaria a tudo e a todos, e a aceitaria de volta ao lar. Reafirmou seu amor paterno e garantiu que rezaria muito pela felicidade dela. Recomendou a Giuseppe que cuidasse de sua filha como se fosse dele e que a protegesse de qualquer maldade ou arroubo por parte de Caetano.

Giuseppe tranquilizou-o e garantiu que Carmela estaria muito bem protegida.

A viagem foi longa, exasperante e cansativa. Tiveram que parar várias vezes no decorrer do caminho para que Carmela e a sogra pudessem descansar.

Finalmente, chegaram ao destino, e Carmela não pôde deixar de reconhecer que a propriedade do marido era belíssima, florida, totalmente arborizada e que lagos e riachos cristalinos faziam parte daquele cenário deslumbrante. Árvores frutíferas ladeavam toda a casa sede, e vários caminhos de pedras levavam a lugares diferentes daquele paraíso na Terra.

A *Signora* Catarina Spoletto (era esse o nome da mãe de Caetano) deixava as lágrimas de emoção escorrerem livremente pela face, pois amava aquela fazenda e fora lá que vivera os anos mais felizes da sua vida. Plantara cada flor, cada árvore, cada arbusto, que enfeitavam e davam vida àquela casa. Lembrava, como se fosse hoje, dos seus dois filhos correndo por aqueles caminhos de pedras, pegando flores e trazendo para ela, colhendo frutas e lambuzando-se com seus líquidos suculentos e adocicados, dos pés à cabeça, seu marido levando-a para passear por aqueles mesmos caminhos, em noites de lua cheia, de verão, de outono, primavera, da lareira acesa no interior da casa nos dias de inverno rigoroso, da família toda reunida ao redor do fogo, contando histórias, rindo, brincando... Sabia que Caetano muito mudara desde aqueles tempos.

Às vezes, ele denotava uma crueldade que chegava a apavorá-la. Quando isso acontecia, pedia a Deus pelo filho amado, que lhe desse mais paciência, mais calma, mais sentimentos bons... Para que ele voltasse a ser aquela criança doce que ela havia acalentado em seus braços maternos.

Carmela era uma boa moça, mas já percebera que ela não

era feliz com seu filho. Na verdade, já chegara a presenciar o temor, a repulsa nos olhos da nora quando fitava Caetano.

Agora que estariam mais próximas, e que Giuseppe viera acompanhá-las, tudo seria mais fácil, e ela poderia fazer nascer, entre elas, uma amizade sincera e verdadeira. Giuseppe também ajudaria e tudo acabaria bem.

Giuseppe... Que belo moço! Tanto por fora e muito mais por dentro. Que pessoa sábia, iluminada, generosa, caridosa... Era como se Catarina houvesse reencontrado um grande amigo. Sabia que podia confiar cegamente nele e isso a fazia sentir-se extremamente mais segura e contente.

Os empregados que viviam na casa sede eram os únicos que não haviam adoecido, portanto, vieram ajudar a descarregar as bagagens dos patrões e conhecer a nova patroa. Gostaram dela assim que a viram. Parecia tão boa quanto a *Signora* Catarina, e isso os deixava mais tranquilos e à vontade.

Carmela cumprimentou a todos com educação e elegância, sem demonstrar superioridade em nenhum momento, pois não se considerava superior a ninguém e prezava o respeito mútuo em qualquer circunstância da vida. Fora assim que seus pais lhe ensinaram, mais ainda seu querido e amado paizinho. Que saudade!

Para Giuseppe foi oferecida uma cabana grande e aconchegante, localizada bem próxima da casa sede e de um lago cristalino, onde aves aquáticas mostravam seu bailado, beleza exuberante e elegância. Ele teria uma serva e um servo à sua disposição e todo o conforto que precisasse.

Giuseppe abominava tudo o que lembrasse luxo e coisas supérfluas, pois amava a simplicidade, a natureza, os animais, mas os servos lhe seriam de grande utilidade para ajudá-lo a cuidar dos empregados doentes e na preparação das ervas e chás, por isso agradeceu a gentileza de Caetano. Pretendia ensiná-los um pouco do que sabia e conforme o tempo fosse passando, se percebesse que os corações e as mentes deles estavam preparados, ensinaria tudo o que havia aprendido, pois assim saberiam o que fazer em casos de emergência, quando ele não mais estivesse ali.

Dirigiu-se à sua nova casa e, dali a alguns minutos, os servos designados a servirem-no bateram à porta, no intuito de se apresentarem e se colocarem à suas ordens.

Giuseppe observou-os atentamente e gostou do que viu.

A mulher tinha por volta de quarenta anos, e o homem, seu irmão, uns quarenta e cinco. Eram saudáveis, emanavam bondade e boa vontade. Exatamente o que Giuseppe precisava. Agradeceu a Deus em pensamento e ouviu seu mentor dizendo: "Giuseppe, começa agora uma nova etapa em sua vida missionária. Ensine a eles o que sabe, tanto sobre a vida quanto sobre a morte, sobre as plantas, os chás, a cura magnética... Está diante de dois valorosos colaboradores, amigo. Que Deus o abençoe hoje e sempre."

Giuseppe ficou imensamente emocionado e pediu forças ao Mundo Maior para que não falhasse em sua nova missão.

Ele perguntou os nomes de seus novos amigos, no que responderam: Cipriano e Cirina.

Deu-lhes as boas-vindas e esclareceu exatamente o que esperava e precisava deles.

Eles colocaram-se à disposição e mostraram-se muito contentes em ajudá-lo.

Giuseppe mandou que fossem à mata em busca de determinadas ervas, no que anuíram prontamente, pois conheciam cada palmo daquelas terras e suas ervas, só não sabiam a serventia de cada uma delas. Giuseppe afirmou que ensinaria a eles, e lá se foram cumprir as ordens dadas.

Assim que retornaram, Giuseppe passou a ensiná-los como preparar cada erva e para que tipo de cura servia. Eles ouviam atentamente, perguntavam quando havia alguma dúvida e, para surpresa de Giuseppe, em pouco tempo, já estavam preparando as misturas como se tivessem feito isso a vida inteira.

Quando terminaram de preparar as infusões, dirigiram-se a cada um dos casebres onde viviam os empregados. Cipriano apresentou Giuseppe e, como os empregados confiavam cegamente em Cipriano e Cirina, não houve dificuldades em permitirem que o tratamento fosse aplicado. Além das infusões e chás, Giuseppe ministrou energias refazedoras em cada um, explicou que aquele era um tipo de remédio também e logo percebeu que tinha agradado, pois de cada casebre que saíam, deixavam seus moradores mais calmos e aliviados.

Já anoitecia quando retornaram à casa de Giuseppe.

Cirina ofereceu-se para preparar uma refeição simples e, depois de se alimentarem, Giuseppe resolveu começar a falar para eles sobre a vida espiritual, sobre a aplicação de energias através das mãos, a maneira correta de aplicá-las, sua serventia.

É claro que o aprendizado não se daria num único dia, mas o que importava era a disposição e benevolência que aqueles dois possuíam em seus corações humildes e puros.

Ao saber que seus novos amigos não sabiam ler nem escrever, informou-os de que pediria autorização a Caetano para que o deixasse ensiná-los. Ficaram emocionados e confessaram que aquele era um sonho que acalentavam desde crianças, já que eram irmãos e nunca tinham tido a oportunidade de serem alfabetizados.

Cirina casara-se muito jovem e enviuvara pouco tempo depois. Não tivera filhos.

Cipriano perdera a mulher amada antes de se casarem, pois ela, num singelo passeio pela mata, fora picada por uma cobra extremamente venenosa e sobrevivera apenas por uma semana após o acontecido. Cipriano pensara inúmeras vezes em acabar com a própria vida, mas a *Signora* Catarina o fizera tirar a ideia da cabeça, falando-lhe dos desígnios de Deus, do valor da vida, da irmã que enviuvara logo depois e precisava dele, enfim, abrira-lhe os olhos para as verdades da vida.

Giuseppe reafirmou tudo o que Catarina havia dito a Cipriano e falou muito mais.

Os amigos ouviam atentamente e encantados.

Finalmente, o cansaço venceu, e resolveram recolher-se. Eles morariam ali com Giuseppe e ocupariam outro cômodo da casa para o descanso físico. Combinaram de visitar os empregados novamente, logo que amanhecesse, levando-lhes mais infusões e ervas.

Um mês se passou, e Carmela começou a apresentar os primeiros sintomas da gravidez.

Ela não sabia por que se sentia tão mal todas as manhãs e, principalmente, quando sentia cheiro de qualquer alimento. Quem a esclareceu foi a *Signora* Catarina.

Carmela não sabia se ria ou se chorava ao saber que teria um filho de Caetano.

Mas o que sabia é que já amava aquela criança e que tudo faria para que ela fosse muito feliz.

Pediu a Caetano que enviasse um mensageiro à fazenda de Giacomo, levando a notícia da gravidez aos seus. Ele aquiesceu e mostrou-se satisfeito. Seria pai de um belo varão, com certeza.

Cavalgariam juntos por aqueles descampados, caçariam, falariam de mulheres...

No dia seguinte, Carmela saiu à procura de Giuseppe para contar-lhe sobre a vinda de seu filho.

Giuseppe sabia de antemão que aquela criança não vingaria, mas disfarçou a preocupação e tentou demonstrar felicidade e animar Carmela, que estava assustada com os sintomas e sentindo-se muito mal.

Ele a aconselhou para que repousasse bastante, que se alimentasse levemente, de pouco em pouco, e que evitasse cultivar pensamentos sombrios. Recomendou que fizesse orações todos os dias e pedisse proteção para ela e para o filho que nasceria.

Mas, a cada dia, Carmela sentia-se mais e mais enfraquecida. Conseguia, com muita dificuldade, alimentar-se de caldos e frutas. Se tentasse levantar-se da cama, sentia náuseas e tonturas. Queria tanto que seu pai estivesse ali! E se ela pedisse a Caetano que o mandasse chamar? Ou pelo menos a mãe?

E assim fez.

Caetano estava preocupado com o estado de Carmela e aceitou chamar a *Signora* Francesca, já que a *Signora* Catarina, apesar de ter melhorado muito com os cuidados de Giuseppe, não podia permanecer em pé ou numa posição incômoda por muito tempo. Seria o mesmo que pedir que uma doente cuidasse de outra. Ele queria que seu filho nascesse forte e sadio. Não se preocupava com Carmela. Para ele, ela não passava de uma chocadeira, não lhe tinha amor. O desejo que sentia no início do casamento aumentava mais a cada dia, pois Carmela o repudiava. Isso o estimulava mais ainda, porque seu prazer era torturar, mesmo que apenas física e mentalmente aquela mulher, tão linda, tão inteligente, mas tão fria como um *iceberg*.

Carmela já estava no quinto mês de gravidez quando finalmente sua mãe chegou à fazenda. Giacomo a acompanhava, naturalmente, e não arredaria pé dali até seu neto ou neta ter nascido e sua preciosa *bambina* estar bem de saúde novamente.

Carmela não cabia em si de tanta felicidade por rever o pai, e ficavam conversando por horas a fio. Francesca fazia companhia à *Signora* Catarina quando não estava com Carmela, e o tempo passava.

Giuseppe visitava Carmela duas vezes ao dia, aplicava-lhe energias calmantes e dava-lhe chás naturais para que ela repusesse suas forças físicas. Dirigia-lhe palavras de conforto, resignação e fé. Oravam junto com ela, Cipriano, Cirina, Francesca e Giacomo. Catarina participava também. Mas Caetano considerava tudo aquilo uma grande bobagem, pois não acreditava em Deus e, muito menos, em almas de outro mundo. Para ele, tudo acabava com a morte, e o poder estava nas mãos de quem possuía fortuna e terras. A única pessoa que ele amava verdadeiramente era sua mãe, Catarina. E mesmo amando-a tanto, não lhe dava ouvidos quando ela falava sobre Deus, caridade, bondade, mas também não brigava, simplesmente ficava indiferente às suas palavras.

Caetano autorizara que Giuseppe alfabetizasse Cipriano e Cirina. Não que achasse necessário, porque empregado, em sua opinião, não passava, na verdade, de animal de carga. Só servia para obedecer. Mas, como sua mãe gostava muito de Giuseppe, anuiu ao seu pedido.

Ao adentrar o nono mês de gravidez, apesar de bela e de apresentar uma fisionomia serena, Carmela estava pálida e muito fraca. Giacomo temia pela hora do parto porque, apesar de nunca ter assistido a um parto de uma mulher, já vira muitos nas cocheiras de sua fazenda e sabia que a égua, por exemplo, tinha que fazer certo esforço físico, bem grande aliás, para dar à luz a um potrinho. Então, com as mulheres deveria ser igual. E se Carmela estava debilitada daquela maneira, como seria?

O dia do nascimento chegou. Carmela suava frio, contorcia-se em cólicas, gritava, chorava...

Francesca não sabia o que fazer para acalmar a filha. Cirina e a outra parteira estavam a postos desde a madrugada quando as dores começaram, e nada de aquela criança nascer.

Giacomo ouvia os gritos da filha e estava quase enlouquecendo de tanta preocupação. Mandou chamar Giuseppe para fazer algo e, assim que ele chegou, atirou-se em seus braços, chorando como uma criança, implorando ao amigo que salvasse seu neto e sua filha.

Caetano suava de nervosismo e resolveu sair para cavalgar.

Giuseppe, compungido, tentava consolar Giacomo e sugeriu que elevassem o pensamento a Deus, com toda a força de seus corações. Após a prece, Giacomo sentiu-se mais sereno.

No plano espiritual, nossos amigos estavam em prece, ministrando as energias necessárias, que a situação exigia, em Carmela para que a criança nascesse com mais facilidade.

O bebê nasceu quase ao anoitecer. Carmela estava desfalecida e respirava com muita dificuldade. Mal se percebia sua respiração de tão baixa e fraca. Os cabelos empapados de suor, a tez pálida como neve...

Francesca limpava a filha com todo o carinho, com lágrimas nos olhos. Nunca havia presenciado um parto tão difícil. O mesmo pensavam a parteira e Cirina e as duas ocupavam-se da criança, lavando-a delicadamente. Seu vagido era fraco, tipo franzino, mas era um belo menino. Um varão!

Se sobrevivesse... Seria um belo *bambino*!

Quando pararam de ouvir os gritos de Carmela, Giacomo e Giuseppe suspiraram aliviados.

Finalmente, acabara.

Mas por que a criança não chorava?

Cirina foi até onde eles estavam, demonstrando cansaço e um ricto de preocupação no canto da boca.

– *Signores*... Carmela está muito fraca, mal se ouve sua respiração... o bebê é franzino, um belo *bambino*, mas seu vagido também é muito fraco. Acho que devemos pedir a Deus pela saúde e recuperação dos dois.

– Giuseppe, pelo amor de *Dio!* Faça alguma coisa! Salve minha *bambina*! Por favor, eu lhe imploro! – soluçou Giacomo, abraçando o amigo pelas pernas.

– Caro amigo... Eu farei o que estiver ao meu alcance, mas devo preveni-lo de que seu neto... não sobreviverá... – respondeu comovidamente, Giuseppe, levantando Giacomo do chão.

– Não interessa! Quero minha *bambina* viva! Depois, ela terá outros *bambinos* – respondeu Giacomo.

– *Va bene...* Vou ver a *Signorina* Carmela. Fique calmo, amigo. Continue em prece, por favor – pediu Giuseppe, dirigindo-se aos aposentos de Carmela, já orando fervorosamente pelo caminho.

Giuseppe condoeu-se da aparência de Carmela, mas sabia que ela sobreviveria.

Aplicou-lhe com as mãos as energias que seus amigos espirituais recomendaram, utilizou unguentos e fê-la tomar uma infusão meio amarga. Poucos minutos depois, Carmela adormecia serenamente.

Giuseppe olhou para a criança e orou para que aquele Espírito retornasse para o Mundo Maior, repleto de luz e paz.

Até parecia que o lindo menino só estava esperando a benção de Giuseppe para partir.

Esboçou um ensaio de sorriso, com os olhinhos bem abertos, suspirou novamente, fechou os olhos e partiu.

Cirina preparou a criança para ser enterrada.

Só estavam esperando o retorno de Caetano para dar prosseguimento ao féretro infantil.

Caetano sentiu uma dor aguda e atroz no coração ao saber da morte do filho varão, que ele tanto desejava e esperava.

Um ódio mortal consumiu suas entranhas. Só podia ser culpa daquela maldita mulher que havia gerado a criança. Nem para procriar, ela servia. Ser abjeto, inútil, asqueroso, rastejante... Ele a mataria com as próprias mãos...

Correu para os aposentos de Carmela e, com uma fúria animalesca, deu um chute na porta que estava fechada e, aos gritos, foi entrando:

– *Maledetta! Caspita!* Vil mulher inútil! Matarei você agora mesmo! Imprestável! *Maledetta,* mil vezes *maledetta...* – e partiu para cima dela.

Giuseppe segurou-o com toda a força física de que era capaz, rezando ao mesmo tempo, pedindo calma e empurrando-o em direção à porta.

Caetano sentiu que as forças lhe faltavam, suas pernas formigavam e adormeciam rapidamente, suava frio, sentia náuseas e desfaleceu aos pés de Giuseppe.

Giuseppe pediu ajuda a Cipriano e carregou Caetano para seus aposentos. Chegando lá, afrouxou as roupas dele, fez compressas frias em sua testa, friccionou suas mãos com um preparado de ervas e fê-lo tomar um líquido amargo. A respiração de Caetano foi desacelerando, seu coração diminuiu o ritmo de batimentos, e ele adormeceu pesadamente.

Giuseppe fez uma prece em agradecimento e voltou aos aposentos de Carmela. Giacomo, ao saber da atitude tresloucada do genro, armou-se até os dentes e montou guarda no quarto da filha. Jurara a si mesmo que, se o genro tentasse fazer qualquer mal à sua filha, morreria na mesma hora, sem dó nem piedade.

Giuseppe, ao deparar-se com aquela cena, chamou firmemente a atenção de Giacomo, perguntando se ele tinha se esquecido de todos os ensinamentos que ele, Giuseppe, tinha lhe ministrado.

Onde o perdão? Onde a tolerância? Onde a paz e a serenidade?

Giacomo tentou justificar-se, citando a tentativa do genro de agredir sua filha, no que Giuseppe respondeu que Deus não permite que aconteça conosco nada do que não mereçamos. Afirmou que tinha o controle da situação, com a ajuda de Deus e de seus mentores, e que não seria necessário derramamento de sangue para que as coisas se resolvessem.

Giacomo aceitou desarmar-se, mas disse que não arredaria mais o pé do quarto da filha, dia e noite, lá ele ficaria, velando por seu tesouro mais precioso. E disse ainda que, assim que Carmela se recuperasse, a levaria de volta para casa, desmanchando aquele enlace que somente trouxera morte e tristeza para sua filha.

Giuseppe, vendo que o amigo estava nervoso, sugeriu que se voltassem a Deus pelo pronto restabelecimento de Carmela e que ele procurasse repousar um pouco, mesmo que ali, nos aposentos da filha.

Giuseppe retirou-se, prometendo voltar mais tarde.

Giacomo sentiu-se sonolento e adormeceu sentado numa das cadeiras do aposento de Carmela.

Francesca entrou em seguida.

Sem acordá-lo, acariciou seu rosto e foi arrumar as cobertas da filha. Recolheu-se ao quarto de hóspedes, pois o dia havia sido um dos mais difíceis de sua vida.

Giuseppe cuidou de Carmela por dias seguidos e verificou que ela estava se recuperando rapidamente. As cores já haviam voltado à sua face, já se alimentava melhor e estava mais calma, pois, ao saber da morte do filho, ficou desesperada e extremamente deprimida, sentindo-se culpada.

Caetano não havia se dignado a visitar os aposentos da esposa desde o dia do passamento de seu primogênito. Não tocava em seu nome com ninguém, nem mesmo com a própria mãe.

Giacomo, por sua vez, não arredava pé dos aposentos de Carmela. Fazia todas as refeições junto com ela, dormia ali e só saía para cuidar de sua higiene pessoal e de suas necessidades fisiológicas.

Já havia conversado com a filha sobre levá-la de volta para casa, e Carmela ficara de pensar e decidir.

Caetano também fora informado da vontade de Giacomo e posicionara-se totalmente contra, pois Carmela era sua consorte e não poderia abandoná-lo. Havia pedido desculpa pelo descontrole emocional e prometera controlar-se melhor dali para a frente, mas não procurava se inteirar nem do estado de saúde de Carmela.

Carmela estava dividida entre suas obrigações de esposa e a louca vontade de voltar para o aconchego do lar paterno. Mas achava-se na obrigação de dar pelo menos um filho a Caetano, então, decidiu permanecer ao lado do marido.

Giacomo aceitou a decisão da filha, muito a contragosto, e decidiu permanecer residindo ali com Francesca por mais alguns meses, pois não confiava nem um pouco no caráter de Caetano e temia que ele fizesse mal à sua filha.

O resguardo passou, Carmela convalesceu plenamente, e Caetano voltou a visitá-la em seus aposentos, no intuito de providenciar o herdeiro tão esperado.

Dois meses depois, Carmela engravidou e fez repouso absoluto, desde o principio. O mal-estar que sentia era igual ou pior do que o que sentira no decorrer da primeira gravidez, mas ela aguentava firme e seguia todas as recomendações de Giuseppe em relação à sua saúde.

Francesca estava apreensiva e já desconfiando de que Carmela havia herdado o mesmo problema da *Signora* Maria Antonieta, em relação a ter filhos. Ela temia a reação de Caetano, caso a filha viesse a perder aquela criança, tal como acontecera com a primeira.

Dividiu suas apreensões com Giacomo, que garantiu que acontecesse o que acontecesse, Caetano não encostaria num único fio de cabelo de Carmela, pois não hesitaria em matá-lo se ele o fizesse. Mesmo assim, resolveu conversar com Giuseppe.

– Caro amigo, temo por Carmela – começou Giacomo, coçando a cabeça, demonstrando preocupação.

– Amigo, Carmela tem contas a acertar com Caetano, e não podemos interferir nos desígnios de *Dio*. O máximo que podemos fazer é orar para que tudo ocorra da melhor forma possível e que não haja derramamento de sangue – respondeu Giuseppe, tentando consolá-lo.

– Mas por que *Dio* dá permissão para que, uma linda e doce *bambina* como Carmela sofra tanto? – inquiriu Giacomo, inconformado.

– Ela não deve ser uma linda e doce *bambina*, amigo... Se fosse, não precisaria sofrer nada. Se está sofrendo, com certeza há motivos. Não esqueça de que *Dio* é justo e misericordioso e jamais daria permissão para que um *bambino* seu sofresse sem necessidade – afirmou Giuseppe.

– *Dio,* ajude-me a proteger minha *bambina* das maldades de Caetano! – implorou Giacomo, estendendo as mãos em direção ao céu, em muda súplica.

– Amigo, não se esqueça de que não poderá tirar a vida de ninguém, independentemente do que aconteça. Você já foi avisado e muito aprendeu no que se refere a erros e acertos, não é verdade? Procure permanecer calmo e cultivar a paciência e a tolerância em relação a Caetano, pois é um irmão infeliz que ainda não encontrou o caminho que leva a *Dio*. Se pensar bem, perceberá que ele é exatamente igual ao que você era, amigo... não concorda? – perguntou Giuseppe.

– *Caspita!* É mesmo, amigo! Mas eu percebi que estava errado e mudei, então, ele tem que fazer o mesmo! – justificou Giacomo.

– Mas acontece, caro Giacomo, que nem todo mundo tem a compreensão das coisas como você teve. Caetano não acha que está errado e, enquanto não perceber esse fato, não mudará nada. Por que não pedimos ajuda ao mentor espiritual dele? – sugeriu Giuseppe, já que estava vendo o mentor de Caetano ali ao seu lado.

– *Va bene* – concordou Giacomo.

Enquanto Giuseppe fazia a prece, recebeu telepaticamente da parte do mentor de Caetano, a seguinte mensagem: "Que Deus o abençoe, irmão. Meu pupilo é rebelde e não se considera errado. Já tentei de todas as formas despertá-lo para as verdades espirituais, mas meu empenho foi em vão. Ele está sintonizado numa baixa faixa vibratória, sempre acompanhado de irmãos vingativos, ignorantes e infelizes e, raramente, consigo dialogar com ele. Quando consigo, ele mostra-se incrédulo, indiferente e até revolta-se com meus conselhos. Infelizmente, não posso interferir em seu livre-arbítrio e só me resta continuar tentando".

Giuseppe, condoído, respondeu numa transmissão de pensamentos sintonizados:

"Tenha a certeza de que tudo farei para ajudar, meu irmão. Estamos lidando com um acerto de contas do passado e, realmente, não podemos interferir mais do que o permitido. Cabe-nos fazer a nossa parte e entregar, o que não está em nossas mãos, nas mãos sábias, benevolentes e justas de Deus. Que o Pai o abençoe."

O RESGATE DE CARMELA PROSSEGUE...

Chegou o dia do nascimento do segundo filho de Carmela.

Mais uma vez, o parto foi difícil e sofrido.

Caetano andava de um lado para o outro, extremamente ansioso, e em nenhum momento lembrou-se de pedir ajuda a Deus, já que não acreditava em Sua existência.

Mais um menino veio ao mundo, chorando muito fracamente.

A criança sobreviveu apenas por uma semana.

Devido à falta de recursos da época, não foi possível solucionar os problemas respiratórios apresentados pelo menino desde o nascimento.

Caetano nem se dignou a dirigir-se a Carmela, simplesmente saiu de casa, sem rumo certo, e retornou apenas dois meses depois.

Giacomo não se afastou da filha nem por um instante, montando guarda dia e noite em seus aposentos, após o retorno de Caetano.

Mas ele não tentou agredi-la e mal dirigia a palavra aos sogros. A única pessoa com quem conversava era a *Signora* Catarina.

Após o término do resguardo, voltou a estar com Carmela, mas agia mais rudemente ainda do que antes e não lhe dirigia a palavra. Depois do ato consumado, simplesmente, vestia-se e saía dos aposentos da esposa.

Carmela chorava de angústia e mágoa.

Três meses depois, Carmela engravidou novamente e resolveu entregar tudo nas mãos de Deus, pois mais do que ela havia feito para se preservar nas outras duas gestações, impossível.

O mal-estar, desta vez, não foi tão intenso, e esse fato deu-lhe novas esperanças.

Quem sabe, daquela vez, conseguiria finalmente ser mãe?

A gravidez foi mais tranquila, e o parto, muito mais fácil do que os outros. Nasceu um lindo menino, forte e saudável, com a graça de Deus.

Todos se regozijaram e agradeceram ao Pai, tamanha alegria e satisfação.

Caetano não havia ficado em casa durante todo o processo, receando ter uma péssima notícia de novo. Voltou somente ao anoitecer, já esperando o pior, e ficou contente ao saber que havia corrido tudo bem e que agora, finalmente, ele tinha um filho varão. Até que enfim, Carmela tinha prestado para alguma coisa, em sua opinião.

O nome da criança seria Paolo Spoletto.

Carmela estava aliviada por ter conseguido tornar-se mãe e pediu a Deus proteção ao seu filho e muita saúde.

Giacomo e Francesca não se cansavam de agradecer aquela graça e permaneceram na fazenda por mais alguns meses, que acabaram se tornando quase três anos.

Apesar de Vicenzo estar cuidando bem dos negócios de Giacomo e de receber notícias todos os meses, através de mensageiros, ele achava que já estava na hora de retornar ao lar. Agora que seu neto crescia forte e saudável, não haveria motivos para Caetano fazer mal à sua filha. Todos já haviam percebido o grande amor paterno que ele sentia por Paolo e estava até mais educado e gentil com Carmela.

Carmela surpreendeu-se agradavelmente com o grande carinho e preocupação que Caetano demonstrava pelo filho, pois imaginava que ele não fosse capaz de sentimentos tão nobres.

Ele visitava a esposa em seus aposentos, somente de vez em quando e, quando o fazia, procurava ser mais atencioso e cortês do que jamais havia sido.

Nesse ínterim, Constância já tinha um filho e aguardava a chegada do segundo. Giacomo e Francesca resolveram conhecer o neto quando voltassem para a fazenda, já que a filha morava com Lorenzo naquela mesma casa, onde eles haviam se conhecido, na cidade, que se localizava exatamente no meio do caminho entre a fazenda de Giacomo e a fazenda de Caetano.

As despedidas na fazenda de Caetano foram tristes e sofridas, principalmente para Carmela e Giacomo, mas a vida devia seguir seu curso, e Vicenzo também tinha direito a viver a vida dele, sem a responsabilidade da fazenda inteira em suas costas, já que Giacomo havia ficado ausente por quase três anos.

Chegaram à casa de Lorenzo e foram recebidos com festa. Giuseppe resolvera passar mais alguns meses junto a Carmela e depois seguiria para lá.

Francesca colocara Constância a par de tudo o que havia

ocorrido com Carmela, o que fez com que ela se compadecesse da irmã. Aquele rancor tinha quase caído no esquecimento e Constância passara a preocupar-se com Carmela.

Ao contrário de Carmela, Constância só tinha coisas maravilhosas a contar sobre seu casamento com Lorenzo. Eles se amavam de verdade, e ela tinha uma liberdade que poucas mulheres da época poderiam dizer que também possuíam em relação aos seus maridos. A *Signora* Maria Antonieta condoeu-se da situação de sua outra neta e prometeu que, na próxima vez em que Francesca fosse visitar Carmela, ela iria junto para dar-lhe apoio moral.

O filho de Lorenzo, Carlo Cabrera Cabrinni, era uma criança sapeca, muito inteligente e perspicaz para a pouca idade. Divertia os mais velhos com suas gracinhas e palavras infantis.

Constância daria à luz o segundo filho dali a um mês, e Francesca pediu a Giacomo que a deixasse ficar na companhia da filha. Giacomo aquiesceu, mas disse que ele teria que voltar a fazenda, pois estava preocupado com a quantidade de trabalho que Vicenzo estava tendo.

Giacomo passou uma semana ali, em companhia da esposa, e retornou à fazenda.

Chegando lá, foi colocado a par de tudo o que acontecera em sua ausência.

Ainda bem que tinha dado tudo certo. Vicenzo não o decepcionara nem um pouco.

Os lucros haviam aumentado, os empregados continuavam satisfeitos, e isso era o que importava.

Mas Giacomo não conseguia parar de pensar em Carmela.

Será que ela estava bem?

Tomara que Giuseppe voltasse logo, assim teria notícias mais recentes de sua querida filha e de seu neto.

Mesmo assim, mandou um mensageiro à fazenda de Caetano para inteirar-se do que estava acontecendo e para avisar Carmela que Francesca estava em companhia de Constância, e que ele havia retornado à fazenda. Qualquer coisa que ela precisasse, deveria entrar em contato com a mãe ou com ele mesmo, sem hesitação alguma.

Dias depois, Carmela recebeu o mensageiro e escreveu uma longa carta a ser entregue ao pai.

Giuseppe também enviou uma missiva a Lorenzo e a Giacomo, afirmando que estava tudo sob controle e que qualquer eventualidade seria imediatamente comunicada.

Quando recebeu as respectivas notícias, Giacomo sentiu-se deveras aliviado e tocou a vida para a frente.

O tempo passava, e o relacionamento entre Carmela e seu filho Paolo estreitava-se cada vez mais. Brincavam juntos, saíam correndo atrás das borboletas coloridas que esvoaçavam pela fazenda, colhiam frutos fresquinhos nos próprios pés, brincavam de um pegar o outro, de um esconder-se do outro atrás das árvores e arbustos que existiam em profusão ao redor, enfim, quando Paolo não estava na companhia do pai, que também idolatrava, estava com a mãe.

Paolo já tinha seis anos de idade, e Carmela estava sempre ensinando-lhe as letras, a ler, a escrever, mostrando-lhe livros, contando-lhe histórias. Com o pai, ele saía para visitar os parreirais, caçava, conversava sobre histórias verídicas acontecidas ali na fazenda, cavalgava em sua companhia com perfeição. Com a *nona,* as histórias contadas eram nostálgicas. A *Signora* Catarina falava sobre o avô que ele não conhecera, sobre a tia que havia conhecido no verão passado, sobre a vinda da família Spoletto para aquelas paragens, sobre o quanto ela fora feliz ali naquela fazenda, sobre as artes e pirraças de Caetano quando este era *bambino...*

Uma família como qualquer outra...

Paolo, na falta de irmãos, brincava com os filhos dos empregados. Caetano não aprovava muito essa convivência, mas a felicidade de seu filho era tudo para ele, portanto resolveu não proibir os folguedos e as brincadeiras.

Constância tivera uma filha na segunda gestação, a quem deram o nome de Berta, e o casal de filhos fazia a alegria da família.

Francesca, após seis meses do nascimento da neta, voltara para junto do marido.

Na espiritualidade, nossos amigos também viviam um período de bonança.

— Finalmente, podemos respirar um pouco mais aliviados. Depois da tempestade, veio a bonança... – comentou Alesio.

— Mas, em breve, teremos tempestade de novo... – lembrou Clemente.

— Você não tinha uma notícia boa para nos dar, caro amigo? – pilheriou Anacleto.

— Não, infelizmente. Os desígnios de Deus deverão ser cumpridos, e temos que estar preparados – declarou Clemente.

— Tudo indica que minha Constância perdoou Carmela – disse Madalena.

— Isso só saberá quando Carmela precisar da irmã, como jamais havia precisado antes – retrucou Alesio.

De repente, outro Espírito de luz adentrou o recinto, cumprimentou os que lá estavam e disse, desalentado:

— Meu tutelado, infelizmente, em nada mudou. Somente está agindo com cortesia, educação e gentileza, em relação à família. Os únicos sentimentos verdadeiros que sente são o amor por Paolo e por Dona Catarina. Quanto aos empregados, por exemplo, continua sendo rude, egoísta e maldoso. Não hesita, um minuto sequer, em castigar qualquer um deles quando "acha" que não foi obedecido cegamente ou quando cometem erros banais. Naturalmente, não os repreende nem castiga na frente de Paolo, pois teme perder o respeito que o filho tem por ele. Caetano proibiu, ameaçando até a vida, se alguém sequer comentar com Paolo o que se passa com os empregados. No fundo, sabe que age muito mal e sabe também que Paolo jamais perdoaria as atrocidades que ele pratica sem qualquer necessidade. Que Deus abençoe Giuseppe, Cipriano e Cirina, que são os únicos que conseguem acalmar os ânimos dos empregados, revoltados e com ímpetos de vingança, quando Caetano perde as estribeiras e comete injustiças nefandas – comentou, laconicamente, Abadias, que era o mentor espiritual de Caetano.

– Irmão, estamos solidários e colocamo-nos à disposição caso precise de nossa humilde ajuda, mas pelo que nos consta, você faz todo o possível para orientar Caetano, e ele não lhe dá ouvidos – disse Clemente, com um sorriso compreensivo, benevolente e amigo.

– Sim, ele fica sintonizado com nossos irmãos atrasados e ignorantes a maior parte do tempo. Mesmo quando se desprende do corpo físico, na hora do descanso, vibra na mesma faixa que eles e fica quase impossível minha aproximação. Ele regozija-se com as maldades e atrocidades contadas, sugeridas e praticadas por seus irmãos de infortúnio. Já teve várias oportunidades de redimir-se diante dos males praticados, tanto nesta vida quanto na pregressa, mas sempre cai no mesmo erro. Carmela é submissa, fala muito em Deus, dá bons exemplos, fala de respeito, perdão, tolerância e bondade, a Paolo, e Dona Catarina age da mesma forma. Mas Caetano prefere manter-se indiferente ao que as duas mulheres dizem. Ainda bem que, ao menos, não as proíbe de dar bons ensinamentos ao filho. Mesmo quando Caetano tratava Carmela com crueldade e violência nos momentos íntimos, ela jamais se rebelou, brigou ou o ofendeu. Aguentou tudo calada, pedindo para que Deus lhe desse força, paciência e resignação para carregar essa cruz que é o seu casamento. E ele não faz absolutamente nada para corresponder às boas energias que Paolo, Carmela, Giuseppe, Cipriano, Cirina e Dona Catarina enviam-lhe em forma de exemplos de convivência no dia a dia e vibrações de amor e benevolência. Infelizmente, Caetano ainda se compraz no mal e somente muito sofrimento fará com que ele comece a mudar e melhorar. Quanto a mim, realmente faço a minha parte, com muito amor, dedicação e compaixão, mas o pior cego é aquele que não quer ver, e o pior surdo é aquele que não quer ouvir... – lamentou-se Abadias, com lágrimas de comiseração nos olhos.

– Acalme-se amigo. Não desanime. Sei como as coisas são difíceis. Você sabe quanto trabalho Giacomo me deu, antes de voltar ao caminho certo. Deus jamais nos desamparará, pois trabalhamos com amor e humildade no coração – recomendou Cássio, também emocionado.

– É essa fé e a confiança no Mais Alto que me seguram, amigos. Tenho esperança de que um dia, cedo ou tarde, meu pupilo cairá em si e retomará o caminho que levará a Jesus e a Deus. Estarei ao seu lado, sem esmorecer – garantiu Abadias, reconfortado com as palavras de Cássio.

Todos se abraçaram e fizeram uma prece, pedindo a Deus muita coragem, fé e resignação para eles e para seus tutelados encarnados.

VICENZO E GIOVANNA

Há quatro anos, Vicenzo não via Giovanna, mas não conseguira esquecê-la. Se não fosse a longa ausência do pai, já teria ido procurá-la e, quem sabe, já teria começado a cortejá-la.

Mas agora que o pai voltara, não poderia perder a oportunidade.

Pediu permissão a Giacomo para visitar Constância e conhecer os sobrinhos. Estando lá, com certeza conseguiria informações mais recentes de Giovanna e, quem sabe, Lorenzo não o ajudaria a reaproximar-se dela?

Giacomo deu autorização para a viagem de Vicenzo, e Francesca quis acompanhá-lo, pois fazia um ano que não via a mãe, a filha e os netos.

Ele, por sua vez, estava com muita vontade de visitar Carmela, mas com a partida de Vicenzo, teria que esperar o seu retorno para concretizar seus planos paternos.

Constância recebeu os familiares com muita saudade e alegria.

Vicenzo não perdeu tempo e pediu uma audiência com Lorenzo, assim que chegaram.

– Lorenzo, *caro mio*. Que passa com a *Signorina* Giovanna? – perguntou Vicenzo, indo direto ao assunto.

– Por que, Vicenzo? – quis saber Lorenzo, com um sorriso divertido brincando nos lábios.

– Porque desde aquele baile, não consigo tirá-la dos meus pensamentos. Se meu *papà* não tivesse se ausentado por tanto tempo da nossa fazenda, eu teria vindo imediatamente até você para pedir sua permissão para cortejar a *Signorina* Giovanna. Agora, não sei se ela contraiu matrimônio ou se continua disponível e por isso pergunto – explicou Vicenzo, um tanto ansioso.

– *Va bene*, caro cunhado... Giovanna continua disponível, mas terei que falar com o *Signore* Deodoro a respeito de suas intenções – advertiu Lorenzo.

– Por favor, faça isso o mais rápido possível, pois já perdi muito tempo e gostaria de recuperá-lo – pediu Vicenzo, entre aliviado e temeroso.

– Enviarei um mensageiro, agora mesmo, até a fazenda do *Signore* Deodoro, pedindo sua presença aqui em nossa casa – prometeu Lorenzo, chamando um dos empregados e ordenando o que havia prometido a Vicenzo.

– Muito obrigado, Lorenzo. Não se arrependerá se me ajudar a convencer seu *papà* sobre a *Signorina* Giovanna. Amo-a e desejo fazê-la muito feliz – animou-se Vicenzo.

– Assim espero, Vicenzo. Giovanna é a única *bambina* de *papà* e *mamma,* e ele é muito exigente com os pretendentes dela, pois muitos já tentaram cortejá-la, e ele não deu permissão – advertiu novamente Lorenzo.

– Mas tentarei mesmo assim. Meu amor por ela é tão sincero e verdadeiro, que conseguirei convencer o *Signore* Deodoro – garantiu Vicenzo.

– Que *Dio* lhe dê boa sorte, amigo. O *Signore* Deodoro é um homem difícil de lidar, mas *va bene*... veremos no que isso vai dar... – disse Lorenzo.

Vicenzo escreveu uma missiva a Giacomo, contando que pretendia firmar compromisso com Giovanna e avisando que Lorenzo já havia mandado pedir a presença do Sr. Deodoro. Vicenzo gostaria que ele também estivesse presente para ajudá-lo a convencer o futuro sogro de suas boas intenções.

Enviou o mensageiro imediatamente e ficou na torcida para que tudo saísse a contento.

Dias depois, Giacomo e Deodoro recebiam suas respectivas missivas e ambos se dirigiram à casa de Lorenzo.

Giacomo chegou ao destino, com dois dias de antecedência de Deodoro, e pôde conversar com o filho sobre a melhor maneira de abordar o pai de Giovanna.

O *Signore* Deodoro chegou de cenho carregado, pois não sabia do que se tratava a urgência com que seu filho o chamara ali.

Ele e Lorenzo trancaram-se na biblioteca e conversaram por horas a fio.

Vicenzo não cabia em si de ansiedade.

Giacomo permanecia tranquilo.

Vicenzo era um ótimo pretendente, pois tinha riqueza, educação, beleza física, inteligência, caráter e sabia administrar uma fazenda tão bem quanto o próprio Giacomo.

Na hora do jantar, a conversa transcorreu de forma banal, civilizada e formal.

A fisionomia de Deodoro era imperscrutável, nada denunciava, nem de bom nem de ruim.

Logo após a refeição, Deodoro pediu a presença de Lorenzo, Giacomo e Vicenzo na biblioteca.

— *Va bene, Signore* Giacomo... Tem algo a dizer-me? – perguntou Deodoro, indo direto ao ponto.

— Sim, *Signore* Deodoro. Meu Vicenzo deseja pedir sua permissão para cortejar a *Signorina* Giovanna, pois desde que a conheceu naquele belíssimo baile, oferecido pelo *Signore*, não consegue esquecê-la. Vicenzo ama verdadeiramente a *Signorina* Giovanna.

— Entendo... Mas não estou bem certo se desejo contratar um consórcio para minha *bambina* neste momento. Ela é ainda uma criança e tem muito tempo para isso – descartou Deodoro, demonstrando enfado.

— Mas, *Signore* Deodoro, eles não precisam consorciar-se agora. Podem esperar alguns anos e, enquanto isso, irão se conhecendo melhor e, quem sabe, surgirá um sentimento de amor entre eles? – tentou de novo Giacomo.

— Não sei... Preciso pensar sobre isso com muita calma. Estão com pressa, *Signore* Giacomo? Porque, se estiverem, a minha resposta, desde já, é não – desafiou Deodoro.

— Não, imagine... Mas eu somente posso ficar aqui hospedado por mais uma semana, e Vicenzo deverá acompanhar-me de volta à fazenda, pois preciso dele lá. O *Signore* acha que consegue tomar uma decisão em uma semana? – apaziguou Giacomo.

— Sim... Então, daqui a uma semana, um dia antes de partirem, darei minha resposta. Mas até lá não desejo falar mais sobre este assunto, entenderam? – finalizou Deodoro, dando a conversa por encerrada e levantando-se para sair.

— *Va bene*, nós esperaremos, *Signore* – concordou Giacomo.

Aquela semana passou como se tivesse decorrido um ano.

"Como era duro esperar a decisão dos outros quando sua

felicidade estava em jogo..." pensava Vicenzo, irritado e temeroso de que não conseguisse a permissão de Deodoro.

No dia aprazado, Deodoro mandou chamar Lorenzo, Giacomo e Vicenzo e deu o veredicto:

— Pensei muito na proposta de seu *bambino* e decidi dar minha permissão para que ele corteje minha princesa. Mas o que quero saber é como Vicenzo fará para visitar a *Signorina* Giovanna e cortejá-la, se sua fazenda é tão longe da minha? – quis saber Deodoro, tranquilamente.

Giacomo trocou um olhar cúmplice com Vicenzo e respondeu:

— *Signore*, posso sugerir que a *bambina* Giovanna venha passar uns dias aqui na casa de Lorenzo e também, se quiser, que vá passar uma temporada em minha fazenda, pois Francesca a receberá com prazer e zelará pela sua honra – propôs Giacomo.

— Somente dou permissão para que ela venha passar uma temporada aqui na casa de Lorenzo, pois, enquanto Vicenzo não se consorciar com Giovanna, não permitirei que fiquem longe dos olhos do irmão ou dos meus – decidiu Deodoro.

— *Va bene*, *Signore*. E quando Vicenzo poderá vir visitar sua Giovanna? – quis saber Giacomo, dando a batalha como ganha.

— Daqui a dois meses, Giovanna virá e poderá ficar somente três meses. Depois, voltará para nossa fazenda e retornará para a casa de Lorenzo somente três meses depois, e assim por diante, entenderam? – definiu Deodoro, com autoridade.

— Entendemos... Obrigado, *Signore*. Em momento oportuno, quando o *Signore* desejar, voltaremos a nos encontrar para marcar a data do enlace, *va bene?* – perguntou Giacomo.

— Não tenho pressa em consorciar Giovanna, já disse. Ela será cortejada primeiro, antes de falarmos sobre datas – encerrou Deodoro, saindo da biblioteca em seguida.

Vicenzo não cabia em si de felicidade e correu aos aposentos de Francesca para contar a novidade, aproveitando a presença da *nona,* que já se encontrava ali.

Giacomo apertou a mão do genro em sinal de amizade e cumplicidade, e resolveram comemorar.

Francesca e Vicenzo retornaram para a fazenda. Giacomo resolver visitar Carmela, mas prometeu que voltaria dentro de um mês e meio.

Após alguns dias de cansativa viagem, Giacomo avistou a porteira da fazenda de Caetano, e seu coração cantou de alegria. Iria rever a filha amada e o neto.

Foi muito bem recebido por Giuseppe, Dona Catarina, Paolo e, mais ainda, por Carmela.

Caetano havia viajado para a cidade que ficava ao extremo norte da fazenda e só retornaria dali a seis meses. A paz imperava no ambiente, e Paolo já estava um mocinho... tinha quase dez anos de idade e era muito parecido com Carmela.

Giacomo contou sobre Vicenzo e Giovanna, sobre o casal de netos, filhos de Constância, e quis saber as novidades.

Carmela, um tanto entristecida, contou que nunca mais engravidara, mas que Paolo era o tesouro precioso que Deus havia lhe enviado e que ela encontrava-se muito agradecida pela existência e saúde do filho amado.

Não desgrudava de Paolo e agora também não desgrudava de Giacomo.

Passearam muito pela fazenda.

Paolo, animadíssimo com a presença do avô, pois era o único que tinha, não se cansava de mostrar todos os recantos do lugar, dos belos aos mais secretos e encantadores. Cumprimentava a todos, acenando docemente para os empregados que encontravam pelo caminho.

Giuseppe, numa bela noite de verão, chamou o amigo Giacomo para uma conversa em sua casa.

— Acomode-se, amigo... como passa? – iniciou Giuseppe, servindo um chá refrescante ao amigo.

— *Bene,* Giuseppe. E aqui, como vão as coisas? Caetano tentou fazer mal à minha Carmela de novo? – quis saber Giacomo, sem perder tempo.

— Não, amigo. Depois do nascimento de Paolo, a paz e o respeito voltaram a reinar naquele lar. Mas, infelizmente, fora de lá, ou seja, com os empregados, Caetano é maldoso, egoísta e cruel. Somente eu, Cipriano, Cirina e *Dio* conseguimos, com muito custo, evitar uma tragédia nesta fazenda até este momento. Os empregados revoltam-se com as injustiças e maldades de Caetano, mas gostam muito de Paolo, Carmela e da *Signora* Catarina. Por respeito a eles é que não aconteceu uma desgraça ainda – contou Giuseppe, suspirando cansado.

— Mas como? *Mamma mia!* Por que não mandou me chamar? – assustou-se Giacomo, pensando na segurança de Carmela e de Paolo.

— Não era necessário, *caro mio.* Conseguimos controlar a situação e, agora, que Caetano viajou, todos respiram mais serenamente e a harmonia retornou a este lugar – garantiu Giuseppe.

— Mas o que faço, *Dio mio?* Devo levar Carmela e Paolo comigo? – perguntou Giacomo.

— Não, amigo... Espere um pouco e preste atenção no que direi agora... Carmela precisará muito de você, amigo, mas, em breve, e não agora. Por enquanto, ela deve continuar aqui – asseverou Giuseppe.

— Mas como? O que o amigo sabe que não sei? Acontecerá alguma desgraça com minha Carmela? Com Paolo? Estão sendo ameaçados pelos empregados de Caetano? Mas fala logo, por amor de *Dio,* Giuseppe! – descontrolou-se Giacomo, dando um chacoalhão em Giuseppe.

– Não, amigo... Acalme-se, por favor! Preciso de toda a sua tranquilidade e confiança neste momento. Já decepcionei o amigo alguma vez? Confia em mim, Giacomo? – perguntou Giuseppe.

– Mas claro que confio! Entregaria minha alma em suas mãos e a vida de todos os meus *bambinos* e netos também. Mas por quê? – insistiu Giacomo.

– Então... Carmela estará bem e Paolo também, pelo menos por mais uns dois ou três anos. Mas depois precisará muito de você, amigo – avisou Giuseppe.

– Ah... São os seus amigos espirituais que estão avisando algo, Giuseppe? – indagou Giacomo, começando a entender a colocação de Giuseppe.

– Sim... Só preciso que confie em *Dio,* reze muito e viva sua vida normalmente, até que eu o chame aqui de novo ou até que receba uma mensagem, pedindo socorro – advertiu Giuseppe.

– Mas que *porca miseria*! Será que não está enganado, amigo? – perguntou, esperançoso de que tudo não passasse de exagero por parte de Giuseppe e aquelas coisas de Espíritos. Sabia serem verdadeiras, mas Deus não permitiria que nenhuma desgraça se abatesse sobre sua família, afinal, ele tinha mudado radicalmente para melhor, procurava ajudar a todos... Então, não haveria motivos para que sua família sofresse algum agravo.

– Infelizmente não, amigo. A hora do resgate aproxima-se, e preciso que você esteja sereno e não cometa nenhum deslize, caso contrário, poderá colocar tudo a perder, inclusive tudo de bom que fez até hoje, não somente por si mesmo, como pelos outros. Antes que me pergunte qual a serventia, então, de ter se esforçado para mudar e cumprir a promessa que fez aos nossos amigos espirituais, já lhe digo que cada um de nós tem de passar por determinadas experiências na vida, e que nada nem ninguém podem impedir ou mudar isso. Assim como você deve resgatar uma falta pretérita em relação a Vicenzo, Carmela e Paolo também devem, devido às outras vidas deles. Caetano, infelizmente, está perdido nas trevas da ignorância e da maldade e somente o sofrimento e a dor das quais for vítima, tanto aqui na Terra como no mundo espiritual, ensinar-lhe-ão e farão com que se arrependa de tantos desatinos – explanou Giuseppe, condoído de Giacomo, abraçando-o e tentando transmitir-lhe força e coragem.

– *Dio mio! Dio mio,* proteja minha *bambina* e meu Paolo! Não nos abandone, *Signore* dos Céus! – rogou Giacomo, chorando como uma criança indefesa nos braços de Giuseppe.

Giuseppe serviu mais chá calmante a Giacomo e aplicou-lhe um passe de refazimento.

Viu Cássio ao seu lado e iniciou um diálogo com o amigo espiritual, através da transmissão de pensamento.

"– Que Deus o abençoe, irmão Giuseppe. Muito obrigado pelo auxílio que tem prestado incansavelmente à família de meu tutelado. Que Deus lhe dê em dobro todo o bem que tem praticado em prol dos mais necessitados e ignorantes das verdades eternas. A hora do resgate aproxima-se como bem sabe, mas devemos ter fé em Deus e transmitir serenidade, confiança e seriedade, para nossos amigos encarnados. Carmela, apesar de não saber ao certo os fatos que se sucederão, sente em seu íntimo que uma tempestade está se armando sobre sua cabeça. Seu coração fica opresso, sem motivo aparente, e ela teme por Paolo. Mas nós sabemos que Paolo simplesmente retornará ao nosso plano, pois sua tarefa na Terra, nesta vida, está terminando. Ele só reencarnou para tentar unir Carmela e Caetano, mas não conseguiu e, embora tenha conquistado o amor dos dois para si mesmo, não conseguiu fazer com que seus pais se perdoassem, se amassem e se respeitassem de verdade, devido a total falta de cooperação e compreensão de Caetano. Caetano não aceitará os desígnios de Deus e passará a agir descontroladamente. Culpará Carmela pela morte de Paolo e tentará fazer da vida dela um verdadeiro inferno. Você terá que ajudá-la mais uma vez e de maneira definitiva. Correrão um grande risco na empreitada, mas estaremos ao lado de vocês, protegendo-os e fazendo com que tudo saia exatamente como deve sair. Portanto, não tema, amigo... em nenhum momento tema que algo dê errado, pois isso não será permitido. Entreguem suas vidas nas mãos de Deus e sigam em frente. Deus os abençoe!"

Uma suave aragem foi sentida em todo o ambiente, e a paz voltou a reinar naqueles dois corações amigos, unidos pelas teias do destino, para que a Lei pudesse ser cumprida e para que as verdades eternas pudessem ser desvendadas por Giacomo e redescobertas, vivenciadas e observadas, divina e maravilhosamente, por Giuseppe.

Mais um ano se passou, e o *Signore* Deodoro permitiu, finalmente, que a data do enlace entre Giovanna e Vicenzo fosse marcada. Ele percebeu que as intenções de Vicenzo eram sérias e verdadeiras e não viu mais motivos para se precaver contra o rapaz.

O enlace foi marcado para dali a um ano, e Giacomo tinha ainda muito que ensinar ao filho sobre a fazenda e a vida. Sabia que ele moraria ali com Giovanna e estava feliz por ter, enfim, conquistado a confiança, o respeito e o amor de Vicenzo e, principalmente, por ter conseguido seu perdão, embora Vicenzo não tivesse consciência da verdade dos fatos pretéritos.

Todos os seus filhos estavam encaminhados e agora poderia desfrutar de sua velhice ao lado de Francesca e curtir os netos que já existiam e que ainda viriam.

Mas... Giacomo não conseguia esquecer a conversa que tivera com Giuseppe, um ano antes, na fazenda de Caetano.

Por enquanto, não havia recebido nenhum sinal ou aviso de que as coisas iam mal.

Acabou achando que, talvez, Giuseppe houvesse exagerado em suas preocupações fraternas e procurou não pensar mais naquele assunto desagradável.

Até onde sabia, Carmela e Paolo estavam muito bem.

O tempo foi passando, os netos crescendo, e o consórcio de Vicenzo aproximava-se rapidamente.

Constância chegou à fazenda do pai para o consórcio do irmão, acompanhada da *nona,* de Lorenzo, Carlo, Berta, Giovanna, que estava radiante e muito mais bela do que aos quinze anos de idade, Deodoro e Genoveva.

Dois dias depois, chegaram Giuseppe, Cipriano, Cirina, Carmela, Dona Catarina e Paolo. Caetano estava ausente da fazenda mais uma vez, tratando de seus negócios e não pôde comparecer ao enlace do cunhado.

A alegria imperava na casa de Giacomo. A família estava reunida, e todos pareciam extremamente felizes.

Giuseppe colocou a conversa em dia com Lorenzo, Giacomo com Carmela, e Paolo, Carlo e Berta entenderam-se muito bem como se tivessem convivido durante a vida inteira e não como se estivessem se conhecendo apenas naquele momento, o que exatamente era o que ocorria.

O casamento foi belíssimo e emocionou a todos os presentes.

Passada a comemoração exuberante e farta, a família de Lorenzo ainda permaneceu hospedada na fazenda de Giacomo por ainda um mês, e Carmela, Paolo, Giuseppe, Dona Catarina, Cipriano e Cirina, por três meses.

Findo esse período, retornaram ao lar, deixando muita saudade em Giacomo e Francesca.

Lá chegando, foram surpreendidos com a notícia de que a cunhada de Carmela, irmã de Caetano, não estava bem de saúde e pedia a presença de Dona Catarina ao seu lado.

Esta, mais do que depressa, encaminhou-se, de charrete, para a propriedade do genro, escoltada por dez homens de confiança de Caetano, que já havia retornado da viagem de negócios que o obrigara a ausentar-se da cerimônia de casamento de Vicenzo.

Carmela, ao observar a sogra desaparecendo através da poeira da estrada, sentiu o peito oprimido e pensou que fosse desfalecer. Paolo percebeu seu mal-estar e correu a segurá-la para que não caísse. Ajudou a acomodá-la numa cadeira e passou a friccionar suas mãos, que estavam geladas e duras como mármore. Pediu que chamassem Giuseppe e aguardaram a chegada do amigo de todas as horas.

Carmela não dava acordo de si e parecia que, à sua frente, uma tela abria-se, mostrando uma cena grotesca a desenrolar-se diante dos seus olhos, esbugalhados de terror e incredulidade.

Giuseppe, fazendo uso de sua vidência, acompanhava tudo, junto com Carmela, e sentiu seus olhos enchendo-se de lágrimas de comoção e pena.

Na cena, via-se Carmela a correr com Paolo, brincando de um pegar o outro. Justamente naquelas proximidades, havia um precipício perigosíssimo, sem uma profundidade visível a olho nu, que Carmela vivia a repetir para que Paolo não se aproximasse em hipótese alguma.

Carmela segurava um lenço preso aos cabelos e corria, querendo despistar Paolo. De repente, um vento mais forte soprou, e o lenço voou, prendendo-se a um galho, que se localizava justamente à beira daquele precipício.

240

Carmela não aguentou ver o restante da cena e desmaiou.

Giuseppe, com lágrimas escorrendo pela face, continuou assistindo a cena dantesca.

Após ver a cena até o fim, enxugou as lágrimas, suspirou profundamente e tentou despertar Carmela, utilizando uma infusão de cheiro muito forte e desagradável.

Ela voltou a si, olhou ao redor como se procurasse por alguém e, ao deparar-se com Paolo, ajoelhado ao seu lado, demonstrando extremada preocupação, abraçou-o desesperadamente, soluçando sem parar.

Paolo nada entendeu e pediu ajuda silenciosa a Giuseppe.

Giuseppe tentou acalmar Carmela e, quando percebeu que ela estava ficando sonolenta, pediu a Paolo que o ajudasse a levá-la aos seus aposentos, pois tinha que descansar.

Giuseppe estava extremamente condoído com os acontecimentos que viriam para Carmela num futuro bem próximo. Nada comentou do que tinha visto e recolheu-se em meditação, pedindo aos seus guias espirituais que o fortalecessem para que pudesse cumprir sua missão até o fim e da melhor maneira possível.

Após meditar, orar e agradecer pelo auxílio espiritual recebido, seus pensamentos voltaram-se para Florença. Lorenzo lhe dissera que ela contraíra núpcias com um rico comerciante havia dois anos. Giuseppe, apesar de amá-la, sentia-se feliz e desejava-lhe toda a realização pessoal do mundo. Não estava zangado nem magoado por Florença não ter esperado por ele, afinal, sua vida não lhe pertencia. Ele estava ali a serviço de Deus e tinha uma missão a cumprir. O amor que sentia por Florença ultrapassava as barreiras da carne, era totalmente espiritual. Não era um sentimento movido por paixões e vícios inferiores, mas, sim, uma coisa transcendental, eterna e pura. Não faltariam oportunidades para que pudessem usufruir desse sentimento, juntos, mesmo que não fosse naquela vida atual.

Nesse ínterim, Giacomo acabava de acordar de um pesadelo horrível. Havia acordado aos gritos, suando frio e tremendo muito. Francesca, apesar de não ter o costume de visitar os aposentos do marido, assustou-se e correu em seu socorro. Ficou estarrecida quando se deparou com Giacomo naquele estado deprimente, pálido, transfigurado pelo terror que via em seus olhos, repetindo o nome de Deus o tempo todo.

Pegou água e pano para fazer-lhe umas compressas e para ele beber e esperou que se acalmasse e contasse o que havia acontecido, afinal.

Após ingerir a água refrescante, pois sua garganta estava em fogo, respirou fundo repetidas vezes e, gaguejando um pouco, contou a Francesca que havia sonhado com Carmela. Sonhara que ela caía num buraco escuro e sem fundo, pedindo socorro e gritando seu nome. E ele, por mais que tentasse segurá-la, não conseguira e assistira à queda da filha, impotente, completamente atônito e aterrorizado. Acordara exatamente naquele momento, o da queda da filha, ouvindo seus gritos desesperados de socorro, sem poder fazer nada.

Francesca tranquilizou-o, afirmando repetidamente que havia sido apenas um pesadelo, que Carmela estava bem, que notícias ruins chegavam logo...

Mas Giacomo acalmou-se apenas quando Francesca sugeriu que ele enviasse, no dia seguinte, um mensageiro até a fazenda de Carmela para verificar se estava tudo em ordem.

Ele aquiesceu, aliviado pela lembrança da esposa, e pediu a Francesca que dormisse ali com ele, pois não desejava ficar sozinho. Receava ter outro pesadelo, e seu coração não aguentaria tanto horror de novo. Ela concordou, deitou-se ao seu lado, cobriu-o carinhosamente, colocou sua cabeça em seu peito e passou a noite acariciando seus cabelos como se o marido fosse um menino em tenra idade.

O cumprimento DA LEI...

Carmela, inconscientemente, apagara da memória aquela visão tenebrosa que a fizera desmaiar.

Aliás, nem foi por vontade dela que isso aconteceu. Foi Alesio quem fez com que um véu de esquecimento cobrisse momentaneamente a premonição que Carmela tivera.

Ela acordou no dia seguinte, sentindo-se apenas um pouco cansada, mas agindo como se nada houvesse acontecido.

Paolo, vendo que a mãe parecia bem, decidiu não tocar no assunto do mal-estar e também agiu de maneira natural.

Carmela cuidou dos seus afazeres normalmente, brincou com Paolo, deu ordens aos serviçais, tirou a sesta costumeira e, assim, passaram-se mais dois meses.

Giacomo só conseguiu respirar aliviado quando seu mensageiro retornou, com duas missivas, uma de Carmela e outra de Giuseppe, garantindo a próprio punho de ambos, que tudo estava em ordem e que ele não se preocupasse.

Mais dois meses se passaram, e a cunhada de Carmela

ainda não se restabelecera, obrigando Dona Catarina a ficar em companhia da filha por mais tempo do que imaginara.

Caetano ausentara-se novamente da fazenda, e tudo corria na santa paz de Deus.

Numa bela tarde de verão, Paolo sugeriu a Carmela que brincassem de um pegar o outro, para os lados do riacho. Cavalgaram até lá, rindo alegremente e aproveitando a morna aragem que soprava.

Carmela usava sua roupa de montaria feminina e um lenço amarrado aos cabelos.

Parecia uma menina, tamanha a felicidade que exalava por todos os poros.

Paolo, com sua roupa de montaria, parecia um homenzinho. Seu filho já tinha doze anos de idade e, dali a alguns meses, completaria treze outonos. Carmela orgulhava-se de seu varão e agradecia diariamente a Deus por aquele presente divino, por aquela dádiva maravilhosa.

Apearam e desmontaram próximos a algumas laranjeiras em flor, prontas para serem degustadas.

Foi o que fizeram. Mãe e filho pareciam duas crianças, lambuzaram-se totalmente, jogaram jabuticabas um no outro, correram, pularam, deitaram-se à sombra para apreciar o céu azul e sem nuvens.

Tudo estava tão perfeito que Paolo comentou que não desejaria que aquela tarde acabasse nunca mais. Estava sendo o dia mais feliz de suas vidas, o que era extraordinário, pois todos os dias e noites que passaram na companhia um do outro haviam sido tão bons quanto aquele.

Mas parecia que havia algo diferente no ar... parecia que aquele dia, em especial, jamais seria apagado da memória deles...

Carmela deixou as bobagens sem sentido de lado e convidou Paolo a montar de novo e dirigirem-se até o riacho para refrescarem-se naquelas águas geladas, cristalinas e puras.

Paolo aceitou prontamente, e lá foram eles, trotando, rindo e brincando no decorrer de todo o caminho.

Chegando ao riacho, apearam, desmontaram e se jogaram de roupa e tudo dentro da água, pois parecia que o riacho estava de braços abertos para recebê-los e não se contiveram.

Um jogava água no outro, nadavam, mergulhavam, boiavam, enfim, acabaram-se ali, de tanto brincar e se divertir, despreocupadamente, como se o mundo inteiro tivesse parado para observar as peripécias e folguedos daquelas duas criaturas, unidas pelo sentimento mais sagrado que existe na face da Terra: o amor filial e o amor materno.

De repente, cansaram da brincadeira no riacho e decidiram brincar de um pegar o outro.

Carmela saiu correndo, com Paolo em seu encalço.

Os cavalos haviam sido amarrados em duas árvores e pastavam tranquilamente, indiferentes às brincadeiras dos humanos.

Sem perceberem, afastavam-se cada vez mais do riacho e aproximavam-se de um precipício, localizado para aqueles lados.

Continuavam rindo, brincando e correndo. Quando Paolo conseguia pegar Carmela, esta se desvencilhava facilmente e saía em disparada novamente, obrigando Paolo a acompanhá-la, incansavelmente.

Repentinamente, pararam para descansar um pouco e, quando olharam para o céu, perceberam nuvens negras e carregadas cobrindo-o.

Era o prenúncio de uma tempestade. O vento aumentava de intensidade, e os galhos das árvores gemiam ao serem atingidos pelas rajadas.

Carmela preocupou-se e ordenou a Paolo que retornassem ao riacho, pegassem os cavalos e cavalgassem rapidamente de volta ao lar, pois não era recomendável que ficassem em descampados ou próximos de árvores quando tempestades desabavam.

Paolo virou-se para obedecer à mãe, quando estacou ao ouvir um gritinho de Carmela.

Olhou para ela, que comunicou que seu lenço vermelho havia se soltado de seus cabelos e voado, devido a uma rajada de vento mais forte.

Paolo olhou mais para a frente com o intuito de tentar enxergar onde o lenço havia ido parar, quando o viu preso a um galho, distante dali.

Prontificou-se a ir buscá-lo e disse a Carmela que fosse voltando para perto dos cavalos, pois ele pegaria o lenço, faria o mesmo e estaria bem atrás dela.

Carmela concordou e já retornava quando, repentinamente, estacou e virou-se abruptamente.

Conseguia enxergar Paolo, apesar da forte ventania, e resolveu ir atrás dele, pois achava mais seguro ficar perto do filho e socorrê-lo diante de qualquer eventualidade.

Paolo andava com dificuldade, lutando contra as rajadas de vento que lhe açoitavam a face. Grossos pingos de chuva começaram a cair e ensoparam as roupas dos dois.

Paolo estava bem perto de onde o lenço havia ficado preso.

Seria muito fácil recuperá-lo.

Chegando naquele toco de árvore morta, repleto de galhos secos e retorcidos, estendeu o braço para apanhar o lenço, mas percebeu que precisava dar mais alguns passos à frente para se aproximar devidamente.

Foi o que fez.

Mesmo fazendo isso, viu que precisava subir naquele toco, aí sim, conseguiria seu intento.

A chuva e o vento fustigavam seu rosto, e ele mal enxergava onde estava pisando. Escorregou uma vez, mas recuperou o equilíbrio e tentou de novo.

Mais um pouco, só mais um pouquinho...

De repente, olhou para baixo e viu-se à beira daquele mesmo precipício que tantas vezes sua mãe recomendara para que ele não chegasse nem perto.

Como estava escuro lá embaixo... Credo! Deveria pegar logo o lenço e sair dali para nunca mais voltar.

Concentrou-se novamente no lenço e estendeu o dedo indicador em sua direção, tocando-o de leve.

Deu mais meio passo para a frente e, finalmente, conseguiu agarrá-lo. Puxou-o com força, mas o tecido resistia.

Tinha enroscado nos espinhos do galho seco e retorcido, e Paolo precisaria colocar mais força na hora de puxar.

Não queria que o lenço rasgasse, mas era um risco que corria.

Tentou novamente, bem devagar.

Nisso, Carmela percebeu que Paolo havia se pendurado de maneira perigosa e arriscada.

Gritou o nome do filho, ordenando que saísse de lá imediatamente, mas o barulho do vento e da chuva levaram sua voz para bem longe de Paolo, que nada ouviu.

Paolo agarrou o lenço e puxou de novo.

Apesar da chuva e do vento, suava muito, pois a garganta sem fundo e escancarada daquele precipício não era nada convidativa.

Começou a cogitar a hipótese de desistir do lenço e descer

dali, mas como viu que com mais um puxão, tudo estaria resolvido, decidiu tentar de novo.

Carmela corria desesperadamente, lutando bravamente contras as rajadas de vento e a chuva que açoitavam seu rosto. Não parava de gritar o nome de Paolo, mas ele não ouvia.

Carmela começou a implorar desesperadamente, pedia a Deus que nada de ruim acontecesse ao seu filho. Disse em pensamento, que se fosse para tirar a vida de alguém, que fosse a dela, e não a de Paolo, que ainda era um menino e tinha a vida toda pela frente.

Repetia a Deus que a levasse no lugar do filho. Implorava, suplicava, gritava o nome de Paolo.

Suas pernas pesavam como chumbo. Seu corpo enregelava-se rapidamente.

Paolo continuava pendurado naquele toco maldito.

O vento uivava ferozmente.

Paolo havia conseguido recuperar o lenço e agora, vagarosamente, tentava firmar os pés nos galhos mais seguros, para poder dar meia volta e descer dali.

O chão estava escorregadio devido à lama e à chuva, e ele, cuidadosamente, começou a girar o corpo sobre si mesmo e posicionar o pé, um de cada vez...

Foi aí que olhou na direção de onde a mãe vinha, correndo alucinada, gesticulando descontroladamente e dizendo alguma coisa, mas ele não conseguia entender o que era.

Paolo levantou o lenço e balançou-o ao vento, como quem queria dizer que havia conseguido recuperá-lo.

A mãe se aproximava o mais rápido que podia.

Paolo posicionou um dos pés num galho abaixo de onde estava e deu o impulso para descer.

A lama fez com que seu pé escorregasse, e Paolo perdesse o equilíbrio.

Segurou-se hesitante num dos galhos acima da sua cabeça, mas as mãos, já um tanto feridas por causa dos espinhos, doíam terrivelmente.

Ele teria que soltar o lenço para ver se conseguia segurar-se com a outra mão.

Mas não quis soltá-lo, porque tinha dado um trabalhão para recuperá-lo e, então, tentou mudá-lo de mão, agarrando rapidamente o galho acima de sua cabeça, com a mão que havia soltado o lenço.

Conseguiu segurar-se precariamente e percebeu a mãe, abaixo de si, tentando subir no toco onde ele se encontrava.

Ela subia um passo e escorregava dois.

Não conseguia sair do lugar, devido à lama escorregadia, e gritava para Paolo não soltar do galho de maneira nenhuma, pois ela o tiraria de lá, custasse o que custasse.

Num impulso, Carmela conseguiu alcançar o tornozelo de Paolo e firmar-se com os dois pés logo abaixo dele.

Suas roupas estavam rasgadas e molhadas, o que dificultava demais seus movimentos.

Carmela foi subindo, devagar, sem olhar para baixo, dizendo palavras de coragem e confiança a Paolo.

Paolo, por sua vez, sentia os dedos enregelados, escorregando do galho. Ele não sentia mais os dedos e transpirava sofrivelmente.

O ar lhe faltava, e manchas negras apareciam diante de sua visão embaralhada.

Ouvia a voz de Carmela vindo de muito longe....

Via seres imateriais esvoaçando ao seu redor, via seus sorrisos, suas mãos estendidas em sua direção, até que ouviu algo inusitado.

— Alesio, pela misericórdia de Deus, foi dada a Paolo a oportunidade de continuar encarnado por mais alguns anos, mas ele terá sequelas irreversíveis nas pernas, depois deste acidente, à beira do precipício. Carmela sentir-se-á culpada e não poupará esforços para proporcionar todo o bem-estar do mundo ao filho amado. Já Caetano... Vingar-se-á de Carmela dia a dia, noite após noite, até que, num determinado momento, Giuseppe interferirá e libertará Carmela e Paolo do jugo implacável e doentio de Caetano.

De repente, Paolo não ouviu mais nada e mergulhou na mais profunda escuridão.

Carmela conseguiu, com muito custo, puxar Paolo pelas pernas, sem que ela escorregasse na lama.

Quando o viu são e salvo em seus braços, chorou de mais pura alegria e alívio.

Depois de algum tempo, percebeu que ele estava desacordado e que precisava de socorro o mais rápido possível.

A chuva havia cessado, juntamente com o vento. O céu clareava aos poucos, e as nuvens ameaçadoras de momentos antes afastavam-se dali lentamente.

Carmela fez um esforço hercúleo e carregou Paolo em seus braços, tropeçando, caindo, levantando, machucando-se mais ainda, mas sempre protegendo o corpo do filho, com o seu próprio.

Com a graça de Deus, conseguiu se aproximar dos cavalos.

Colocou Paolo carinhosamente e muito devagar no chão, assobiou e chamou pelo seu cavalo.

Este, ao ouvir a voz da dona, empinou, relinchou e tentou a todo custo soltar-se da corda que o prendia à árvore.

Carmela lembrou-se de que os cavalos estavam amarrados, olhou novamente para Paolo e dirigiu-se ao lugar onde se encontravam.

Ela não sabia onde estava encontrando forças físicas e emocionais para fazer tudo o que precisava ser feito, mas o amor de mãe falava mais alto, gritava em seu coração, e ela, sem hesitar, soltou os cavalos, montou num deles e foi buscar Paolo.

Pegou umas cordas, colocou o filho cuidadosamente deitado no dorso do animal, amarrou-o da melhor forma possível e montou em seu próprio cavalo, dizendo ao ouvido da montaria de Paolo, que ele deveria ser muito cuidadoso ao transportar aquele fardo precioso.

O animal relinchou como se tivesse entendido as palavras de Carmela e foi andando calmamente, percorrendo o caminho de volta à fazenda.

Parecia que o tempo tinha parado, e que eles nunca chegariam lá.

De repente, no meio da estrada, surgiu um homem num cavalo, que se aproximava de Carmela velozmente.

Carmela não o reconheceu de longe, mas quando se aproximou pôde ver que era Giuseppe, que vinha em sua direção em desabalada carreira.

Giuseppe, quando chegou mais perto, percebeu a gravidade da situação e acompanhou Carmela e Paolo desacordado, a todo galope, para a sua casa, onde cuidaria dos ferimentos do menino.

Cipriano e Cirina já aguardavam Giuseppe e, quando viram que havia alguém deitado num dos cavalos, tomaram as providências necessárias para socorrer quem quer que fosse que precisasse de ajuda.

Giuseppe desmontou, pegou Paolo cuidadosamente em seus braços e o carregou para dentro de sua casa. Pediu a Cirina que cuidasse de Carmela e a Cipriano que o ajudasse com Paolo.

Carmela, ao chegar à soleira da porta da casa de Giuseppe, desfaleceu nos braços de Cirina.

Ela estava toda arranhada, roupas rasgadas, pés e mãos machucados e o rosto coberto por espessa camada de lama e alguns ferimentos leves.

Cirina trocou suas roupas, limpou seus ferimentos, passou unguento sobre eles e forçou Carmela a engolir um líquido amargo e reconfortante.

Ela adormeceu e teve um sono sem sonhos.

Enquanto isso, Giuseppe enfrentava uma luta quase desigual contra a febre alta que tomava conta de Paolo.

Fazia compressas frias, cuidava de seus ferimentos, orava pedindo ajuda aos mentores, enfim, de tudo Giuseppe fez para salvar a vida daquele menino, que sabe-se lá por que havia milagrosamente escapado da morte certa.

Mas como milagres não existem, Giuseppe entendeu que havia sido dado mais tempo de vida a Paolo, por misericórdia divina e merecimento.

Noite após noite, Paolo lutou contra o estado febril. Ele delirava, dizia coisas desconexas, gemia, gritava, suava frio, debatia-se...

Giuseppe não arredou pé da cabeceira do seu leito e dividia-se entre os cuidados com Carmela e Paolo.

Carmela, em estado de choque, não parava de repetir o nome de Paolo.

Tinha pesadelos, gemia, chorava, soluçava, olhos abertos, mas totalmente alheia ao presente.

Uma semana depois, a febre do menino, cedeu, e ele conseguiu dormir mais tranquilamente.

Carmela melhorava gradativamente, mas mantinha uma expressão alienada e sem vida.

Paolo, finalmente, acordou sem febre e recordou-se de tudo o que havia acontecido.

Perguntou pela mãe, e só sossegou quando Giuseppe, Cirina e Cipriano garantiram que ela se encontrava no cômodo ao lado e que estava bem.

Paolo revelou a Giuseppe que não sentia mais suas pernas, mas acrescentou que deveria ser por causa do acidente e que logo estaria andando de novo.

Giuseppe permanecia calado, ouvindo compadecidamente.

Ele sabia que Paolo jamais andaria, mas ainda era cedo para dizer isso a ele.

Carmela recobrou a consciência de si mesma, lembrou-se do acidente e gritou pelo filho, arrancando os cabelos de desespero.

Cirina acalmou-a, segurando firmemente seus braços e comunicou que Paolo estava vivo e que se encontrava aos cuidados de Giuseppe, no cômodo ao lado.

Carmela quis levantar-se do leito para verificar com os próprios olhos a veracidade das informações de Cirina, mas desfaleceu novamente.

Giuseppe, informado de que Carmela acordara, foi ter com ela e explicou devidamente o estado de saúde de seu filho.

Carmela suspirou aliviada e chorou, agradecendo a Deus por aquele milagre.

Confiava em Giuseppe e poderia descansar um pouco antes de ir ver o garoto.

Adormeceu imediatamente e teve um sono tranquilo.

Paolo alimentou-se levemente, tomou água fresca, com a ajuda de Giuseppe e Cipriano, e perguntou pelo pai.

Foi informado de que Caetano encontrava-se ausente da fazenda, mas que estaria de volta dentro de no máximo dois meses.

Adormeceu novamente, e Giuseppe jogou-se ao chão de joelhos, agradecendo fervorosamente a Deus pelo seu restabelecimento.

Ouviu telepaticamente:

"Querido irmão, Deus o guie e abençoe. Sou Daniel, mentor de Paolo e, como sabe, foi dado a ele mais alguns anos de vida terrena por merecimento e misericórdia divina. Meu pupilo não mais andará nesta vida, e Carmela sentirá muito remorso pelo estado do filho. Caetano desforrará todo o seu ódio em cima da esposa e, em determinado momento, você terá que agir, tirando-a, juntamente com Paolo, das mãos assassinas de Caetano. Avise Giacomo sobre os acontecimentos atuais, mas faça-o somente após o retorno de Caetano, que se dará antes do previsto, pois, senão, precipitará os acontecimentos. Estarei sempre ao seu lado, juntamente com outros amigos espirituais. Deus o abençoe."

Os dias foram passando, e Carmela e Paolo recuperavam-se a olhos vistos.

Naturalmente, Paolo não mais andaria, pois o tombo que levara, antes que Carmela pudesse segurá-lo com firmeza e segurança, havia afetado sua coluna irreversivelmente, para os parcos conhecimentos da medicina da época.

Giuseppe fizera o possível e preocupava-se muito com o equilíbrio emocional dos dois.

Quando foi informado de que não mais andaria, Paolo revoltou-se, mas Giuseppe fê-lo ver que, ao invés de entregar-se a pensamentos de revolta, deveria agradecer a Deus e a Carmela, por estar vivo e continuar usufruindo da companhia e do amor de seus pais, familiares e amigos.

Paolo era, na verdade, um Espírito evoluído e aquele estado físico atual lhe serviria como uma prova que, com certeza, ele venceria. Além do mais, Carmela ainda precisava muito dele, e Paolo conscientizou-se da verdade contida nas palavras de Giuseppe.

Mudou de postura diante dos acontecimentos e pediu que o levassem até a mãe, que continuava nos aposentos ao lado.

Chegando lá, pediu-lhe um abraço e agradeceu-lhe do fundo de seu coração por ter lhe salvado a vida. Seria eternamente grato, e o amor filial que já nutria por ela, e era enorme, havia aumentado de intensidade a partir daquele momento.

Carmela surpreendeu-se com o comportamento do filho, pois esperava dele palavras ásperas e repletas de revolta. Emocionou-se vivamente e respondeu que não havia feito nada além do que uma mãe de verdade faria, afinal, era a vida preciosa de um filho muito amado que estava em jogo, e em suas mãos.

Momentos de muita emoção seguiram-se àquela declaração, e todos choraram, comovidos.

Apesar do carinho e da atenção de Paolo, Carmela sentia o remorso corroer-lhe as entranhas. Por que havia permitido que seu filho arriscasse a própria vida, por causa de um reles lenço sem nenhum valor? Por que não havia demovido Paolo daquela ideia infeliz? Onde estava com a cabeça?

Jamais se perdoaria e passaria o resto dos seus dias tentando compensá-lo, de alguma maneira, pelo erro que cometera e acabara em consequências funestas, destruindo a vida dele. Viveria apenas para Paolo.

Não temia a reação de Caetano, pois nada do que ele lhe fizesse de mal seria suficiente para redimi-la de seu erro perante o filho e perante Deus. Aceitaria o que viesse e não perderia tempo com lamúrias. Mereceria cada farpa que lhe enterrassem no coração. Aguentaria tudo calada, sempre pedindo perdão a Deus e a Paolo, em pensamento.

Pensando dessa forma, uma nova força nasceu dentro dela. E precisava recuperar-se logo para cuidar do filho.

Giuseppe comunicou-lhes de que precisaria ausentar-se por alguns dias. Precisavam de seus cuidados ao sul da fazenda, e ele deixaria Cipriano e Cirina à disposição de Carmela e Paolo.

Assim que retornasse, iria vê-los.

Despediram-se calorosamente, e a vida seguiu seu curso.

A volta de Caetano estava sendo esperada para dali a dois meses, mas qual não foi a surpresa e o terror de todos quando viram aquele ser hediondo despontar na porteira da fazenda, seguido de seus fiéis comparsas, que ele chamava de empregados e amigos.

Temeram pela vida de Carmela e correram para avisar Cipriano e Cirina da volta do "monstro".

Eles aconselharam a todos que aguardassem os acontecimentos, não se precipitassem e ficassem à espreita. Se percebessem que Carmela estava correndo perigo, que viessem avisá-los imediatamente, para que providenciassem a volta de Giuseppe, sem mais delongas, e mandariam buscar Giacomo.

Todos concordaram e passaram a vigiar cada passo de Caetano, tanto dentro da casa quanto em toda a extensão da fazenda.

E qual foi a reação de Caetano quando se deparou com a desgraça que se abatera sobre seu lar?

A pior possível!

Num primeiro momento, incredulidade...

No momento seguinte, revolta...

Num terceiro momento, um ódio mortal foi dominando suas fibras mais íntimas...

Mas como era mestre na arte da dissimulação, conseguiu forçar um sorriso, abraçou o filho e garantiu que estaria sempre ao seu lado, como pai e amigo.

Não se dignou a olhar para Carmela e retirou-se, indo verificar o andamento do trabalho na fazenda, como se nada tivesse acontecido.

Mas, por dentro, fervia...

Carmela era culpada por aquela desgraça e a faria pagar cada ceitil.

Sua vingança começaria naquela mesma noite.

Ela que o aguardasse.

Arrepender-se-ia do dia em nascera... a maldita!

Ao retornar a casa, ao anoitecer, jantou sozinho, pois a maldita estava fazendo sua refeição em companhia do filho que dizia amar...

Como podia amá-lo se o destruíra?

Será que o asco e a repulsa, que ela sentia por ele, era tão grande, que resolvera vingar-se de Caetano, acabando com a vida de Paolo, que era para ele a coisa mais preciosa da face da Terra, juntamente com sua idolatrada mãe, Dona Catarina?

Mas ela pagaria!

Se tivesse olhos de ver, Caetano vislumbraria vultos escuros e tenebrosos esvoaçando ao seu redor, intuindo-lhe ideias de ódio e vingança.

Seus comparsas do Além, companheiros de vinditas, atrocidades e injustiças de vidas pregressas, não mediam esforços para insuflar no coração dele todo o mal que não se imagina existir na Terra e no espaço.

Vibrando na mesma faixa que eles, Caetano achava que aquelas ideias nefastas eram de sua própria autoria e regozijava-se, antegozando o prazer de torturar e ferir Carmela.

Abadias, mentor de Caetano na espiritualidade, chorava de desapontamento e tristeza.

Clemente chegou naquele momento e abraçou-o, demonstrando solidariedade e amizade, sem dizer nada.

Abadias soluçava como criança.

Tudo em vão... Seu protegido não aprendera nada... continuava cometendo as mesmas atrocidades de outras eras, que já haviam levado seu Espírito ao mais profundo pântano do ódio, da dor e do ranger de dentes.

Por mais que seu pupilo amasse Paolo e Dona Catarina, o sentimento não era grande o suficiente para clarear o negror do seu coração e da sua alma.

– Amigo, não se lastime nem se culpe. Você fez sua parte e não pode interferir no livre-arbítrio de Caetano. Entregue nas mãos de Deus e não desista. Dia chegará em que Caetano enxergará a verdade, arrepender-se-á de seus atos nefandos e pedirá a misericórdia de Deus e perdão sincero às suas vítimas. E você lá estará para recebê-lo de braços e coração abertos – apaziguou Clemente, com muita benevolência e compreensão.

– Mas, amigo... Não consigo nem chegar perto de Caetano, que dirá fazer-me ouvir?! E isso me traz um sentimento de impotência muito difícil de lidar e esquecer – explicou Abadias, enxugando os olhos, de onde lágrimas copiosas continuavam escorrendo.

– Entendo, Abadias. Mas não há mais o que fazer. Caetano fez sua escolha e colherá o que plantou. Venha, de nada adianta ficarmos aqui, vendo essas barbaridades sem nada podermos fazer. Vamos juntar-nos aos outros amigos e tentar manter uma conversa sadia e edificante – sugeriu Clemente, sem esperar resposta.

Pegou Abadias com firmeza pelo braço e levou-o dali, deixando Caetano totalmente entregue aos seus comparsas, vítimas e algozes do passado.

Caetano sentia um prazer inenarrável ao retirar-se dos aposentos de Carmela, horas depois.

Gargalhava como se estivesse demente, totalmente fora de si. Rodopiava alegremente e dava pulinhos de alegria, dirigindo-se à biblioteca.

Pretendia tomar um bom vinho para comemorar o início da sua vingança insana e cruel.

Ele havia invadido os aposentos da esposa, ordenando que ela não fizesse um ruído sequer, acontecesse o que acontecesse ali, caso contrário, ele a mataria com as próprias mãos.

Carmela não pretendia lutar, defender-se, nem reclamar. Pediu apenas a Deus, em pensamento, que lhe desse forças para aguentar os castigos que viriam, com muita coragem e resignação.

Caetano violentou-a repetidas vezes, rasgando suas vestes e esbofeteando-a sem parar.

Ao amanhecer, saiu dali, deixando Carmela praticamente desfalecida, com o corpo cheio de hematomas e dores atrozes a perfurar-lhe as entranhas.

Carmela arrastou-se até onde havia uma tina com água, lavou o rosto e tentou limpar o sangue duro e seco que grudava por todo o seu corpo.

Agradeceu a Deus por ainda estar viva e providenciou o silêncio e a ajuda de sua fiel serva de quarto. Ela ajudou Carmela, da melhor forma que conseguiu, completamente horrorizada com o estado em que sua patroa se encontrava.

Saiu de lá chorando e correu para a cozinha.

A cozinheira assustou-se com aquela reação inesperada da colega e perguntou o que havia acontecido.

Chorando e tremendo, contou à amiga o estado em que Carmela se encontrava.

A cozinheira, estarrecida, chorou junto com ela, e não sabia o que fazer.

Carmela havia proibido qualquer atitude ou comentários da parte dos empregados que trabalhavam dentro da casa e, como respeitavam muito a patroa, resolveram obedecer, mesmo com o coração destroçado diante de tanta violência e monstruosidade.

Paolo não poderia nem sonhar com o que ocorria ali, debaixo do seu teto.

Mesmo porque, o único que poderia resolver aquele problema era Giuseppe, e ele ainda não havia retornado do sul da fazenda.

Naquele dia e nos seguintes, Carmela não visitou Paolo em seus aposentos.

Mandou dizer-lhe que estava ocupada, ajudando alguns empregados que se encontravam doentes, mas que, mais dia menos dia, voltaria a visitá-lo.

Paolo estranhou a atitude da mãe, mas deixou-se enganar por algum tempo.

Tempos depois, Carmela foi visitá-lo.

Olhando para ela, nada se percebia de diferente, e Paolo achou que estivesse exagerando sua preocupação filial. Distraiu-se com a conversa da mãe e esqueceu aquela cisma.

Uma semana transcorreu, e as visitas de Carmela a Paolo eram frequentes.

Mas quem disse que Caetano já satisfizera sua sanha de vingança?

Ele estava apenas aguardando que ela se recuperasse fisicamente para voltar a agredi-la.

Caetano sabia que não podia fazê-lo todas as noites, porque senão Paolo poderia desconfiar. Então, decidira ter paciência e quanto mais era obrigado a esperar para satisfazer seus desejos infelizes, mais sentia o ódio aumentar em seu íntimo.

Diante disso, a cada oportunidade que tinha de agredir, violentar e torturar Carmela, mais o fazia, com prazer redobrado.

Como as ausências da mãe tornaram-se mais frequentes, Paolo começou a ficar seriamente desconfiado.

Sentia um clima estranho entre os serviçais. Percebia que cochichavam pelos cantos, que o olhavam com uma comiseração mal disfarçada e sabia que não era devido às suas limitações físicas.

A cada vez que ele tentava perguntar o que se passava, mudavam de assunto e desconversavam.

Em determinada madrugada, Paolo acordou sobressaltado, com a certeza de que deveria procurar pela mãe exatamente naquele momento.

Despertou o serviçal designado para atendê-lo e ordenou enfaticamente que ele chamasse mais um servo e o carregassem até os aposentos de Carmela imediatamente.

O servo apavorou-se, porque sabia exatamente o que estava acontecendo com Carmela naquele instante, mas o tom de voz de Paolo não admitia réplicas nem contraordens, e ele fez o que lhe foi ordenado.

Chegando à porta dos aposentos da mãe, Paolo ouviu gemidos abafados, ruídos de objetos quebrando-se e ordenou em voz baixa que derrubassem a porta sem mais delongas.

Quando a porta veio abaixo, Paolo ficou no mínimo estarrecido com a cena que presenciou.

Quase caiu dos braços dos servos que o carregavam, pois deu um impulso nas pernas inertes, no intuito de socorrer

Carmela e, somente neste momento, lembrou-se de suas limitações físicas.

Paolo deu um grito abafado e berrou a plenos pulmões:

— Mas que passa, *maledetto*? Eu ordeno que pare imediatamente de agredir minha *mamma*! Monstro sem coração! Ser abjeto e vil! Tenho vergonha de ser seu filho, carcamano infeliz!

Caetano sentiu-se paralisar pelo choque que a presença de Paolo ali lhe causou.

Gaguejando, pálido como cera, olhos estatelados, respondeu:

— Pa...olo... o que faz aqui, *amore*? Volte para seus aposentos, *bambino mio*. *Papà* vai cuidar direitinho desta mulher *maledetta* que destruiu sua vida, *va bene*?

— Mas que passa, infeliz? Quem acabou de destruir o respeito e o amor filial, que eu ainda sentia, foi você mesmo, *papà*! Vai cuidar desta mulher *maledetta*? Como ousa? Se estou vivo é por causa desta mulher que você chama de *maledetta*. Ela arriscou a própria vida para salvar a minha e é assim que você retribui, *papà*? Está parvo? Demente? Eu ordeno que nunca mais encoste um dedo num único fio de cabelo de *mamma*, caso contrário, não hesitarei em mandar buscar o *nono* Giacomo para que o mate como a um cão. Aliás, nem preciso ir tão longe... seus próprios empregados o odeiam e não pensarão duas vezes para cumprir uma ordem minha e matá-lo! Quer dizer que aquelas histórias monstruosas que eu sempre ouvi a seu respeito eram reais? Sinto nojo de você, *Signore* Caetano Spoletto. Envergonho-me de ser seu *bambino*. Como consegue amar seu *bambino* e odiar a mulher que o trouxe à vida? – continuou despejando Paolo, sem a mínima consideração ou respeito por Caetano.

— Respeite seu *papà*, *bambino* infeliz! – ameaçou Caetano, pois não estava suportando a dor que o desprezo do filho estava causando em seu coração.

– Por quê? O que fará se eu não o respeitar? Espancará seu *bambino* inválido, assim como vem fazendo com a *mamma* dele, sem dó nem piedade, *maledetto?* Covarde! Avie-se enquanto pode, pois estou prestes a mandar chamar nossos empregados para lhe darem a lição que merece e que, infelizmente, não posso eu mesmo dar-lhe, *maledetto!* – esbravejou Paolo, sem intimidar-se com o tom de voz de Caetano.

Caetano evadiu-se cabisbaixo, pálido, encurvado como se o peso do mundo estivesse em suas costas e saiu a pleno galope, sem destino certo.

Paolo recobrou o sangue frio e ordenou que fossem à procura de Giuseppe, fosse onde fosse. Enquanto isso, deveriam trazer Cipriano e Cirina até ali, para que pudessem prestar os primeiros cuidados a Carmela, que jazia inerte no chão, esvaindo-se em sangue pelo canto da boca. Sua face estava roxa por causa dos hematomas causados pelos socos e pontapés de Caetano, e sua roupa de dormir, empapada de sangue e toda rasgada.

Paolo orava fervorosamente para que Deus salvasse a vida da sua *mamma* e que fizesse com que Giuseppe chegasse logo.

Giuseppe acabara de chegar, depois de uma cansativa viagem, repleta de percalços e acidentes inexplicáveis, que haviam atrasado, em quase uma semana e meia, sua volta a casa.

Giuseppe sabia que aquele atraso não tinha causas normais. Sentia que estavam fazendo com que ele se mantivesse afastado dali a qualquer custo, só não conseguia atinar com o motivo, mas a dúvida não durou muito tempo, pois alguns serviçais da casa de Carmela batiam à sua porta esbaforidamente e atropelavam as palavras, sem que ele conseguisse entender grande coisa do que estava acontecendo.

Quando finalmente entendeu o que diziam, dirigiu-se aos aposentos de Carmela, correndo como se mil demônios o estivessem perseguindo.

Chegando lá, quase desfaleceu ao deparar-se com a cena dantesca.

Respirou fundo e implorou forças a Deus para que pudesse socorrer Carmela da melhor forma possível.

Vislumbrou o mundo espiritual e viu seus amigos ali, sorrindo-lhe e incutindo-lhe coragem e confiança.

Bastou aquela visão maravilhosa para que Giuseppe se recompusesse e começasse a agir, com muita segurança e energia.

Dois dias e duas noites seguiram-se, sem que Carmela houvesse recuperado a consciência.

Só fazia gemer e balbuciar palavras desconexas.

Ardia em febre e calafrios, e Giuseppe desdobrava-se para salvar a vida da amiga, sem desistir ou esmorecer.

Mal saía do lado de Carmela para alimentar-se.

Repousar, nem pensar. Somente cogitaria essa hipótese quando ela recobrasse a consciência e a febre baixasse.

Uma semana se passou.

A febre ia e voltava, parecendo zombar e desafiar todo o esforço e desvelo de Giuseppe.

Mas ele não esmorecia.

Aplicava energias em Carmela duas vezes ao dia. Passava unguentos por todo o seu corpo, utilizava compressas frias em sua testa, fazia com que tomasse líquidos e infusões de ervas, fazia o que estava ao seu alcance, com muita fé e esperança.

Vislumbrava o plano espiritual e sabia que estava bem assessorado.

Ouvia, através do pensamento, palavras de encorajamento e esperança.

Paolo visitava a mãe diariamente e consumia-se de preocupação.

Havia decidido que iriam embora dali o quanto antes.

Desejava morar com Giacomo e sabia que Carmela concordaria.

Ainda não mandara avisá-lo do acontecido porque queria dar-lhe boas notícias.

Portanto, teria que aguardar com muita fé e paciência que a mãe sobrevivesse e voltasse a ser a mulher bela, maravilhosa e inteligente que sempre fora.

Caetano não retornara a casa, e ninguém sentia sua falta.

Os empregados estavam revoltados pelo que acontecera a Carmela e alguns decidiram formar grupos de justiceiros para dar a Caetano o que ele merecia.

Giuseppe sabia que os ânimos estavam exaltados, mas não poderia preocupar-se com isso naquele momento.

Sua prioridade era Carmela.

Finalmente, numa fria manhã de inverno, duas semanas depois dos fatos infelizes terem se verificado, Carmela despertou sem febre e plenamente dona de suas faculdades mentais.

Lembrou-se nitidamente na última surra que levara de Caetano, das dores que sentira, do sangue escorrendo pela sua boca, e a última coisa que vinha à sua mente era o aparecimento de Paolo na soleira da porta de seus aposentos.

Depois, tudo ficara escuro e frio.

Viu-se num quarto fechado, abafado, escuro, e ouviu vozes horripilantes, que não sabia de onde vinham, acusando-a de assassina maldita. Ainda ouvia promessas de vingança sem fim, gargalhadas hediondas, dedos em riste, sem mãos nem braços, caretas monstruosas.

De repente, quando pensou que enlouqueceria, a paisagem mudou drasticamente, e ela viu-se num lindo jardim, rodeado de flores, pássaros gorjeando, borboletas multicoloridas esvoaçando, um céu límpido e azul. Um aroma de jasmim invadia suas narinas, e pensou que tivesse morrido e ali fosse o paraíso.

Ao seu lado, surgiu um belo homem, de idade madura, sem ser idoso, sorrindo bondosamente e estendendo-lhe as mãos num gesto de boas-vindas.

— Olá, Carmela. Como está? – perguntou o homem, com um olhar gentil.

— Estou bem. Sei que o conheço, mas não estou conseguindo me recordar de onde. Como se chama?

— Sou Alesio, irmã. Realmente nos conhecemos de priscas eras. Mas desejo saber como se sente... – insistiu Geraldo.

— Na verdade, estou confusa. Poderia esclarecer-me, por favor? A última coisa de que me lembro foi de estar sendo espancada pelo meu marido. Não que eu não merecesse, mas minha preocupação é que vi meu filho assistindo a toda aquela cena violenta e grotesca, entende? – explicou Carmela.

— Entendo... E por que acha que merece as surras que leva do seu marido? – quis saber Alesio, de cenho franzido.

— Porque meu filho jamais poderá andar novamente, e a culpa foi minha – esclareceu Carmela, narrando o acidente.

— Sei... Acaso não sabe que não cai uma folha sequer de uma árvore sem que Deus o permita? – perguntou Alesio.

— O que quer dizer? Que Paolo mereceu ficar paralítico? Impossível! Sempre foi um ótimo filho, amoroso, fiel, gentil, generoso... Enfim, Deus jamais castigaria meu Paolo, não percebe? – teimou Carmela, fazendo beicinho e cruzando os braços, como se não passasse de uma menininha mimada.

Se o assunto não fosse tão sério, Alesio teria rido muito do comportamento de sua pupila, mas o momento exigia serenidade e firmeza, portanto, ele continuou:

266

– Acaso esqueceu-se das conversas de Giuseppe? Não sabe que vivemos várias vidas e que sempre estamos colhendo o que plantamos, tanto em nossa vida atual como em vidas pregressas? Mesmo que ATUALMENTE Paolo seja tudo isso que você disse, quem lhe garante que foi sempre essa pérola preciosa, que me descreveu com tanto orgulho e imponência? Nenhum de nós é, Carmela. Se fôssemos, não precisaríamos mais reencarnar, passar por provas e expiações. Não há falta que não exija um resgate, não há exceções na Lei da Causa e Efeito. Seu cumprimento vale para todos nós, que teimamos em permanecer trilhando caminhos errados, teimamos em ficar mergulhados nas trevas da ignorância e do egoísmo. Somos seres incapazes de amar por amar, sem exigir nada em troca. Não temos a capacidade de nos colocarmos no lugar do outro, não hesitamos em ferir, magoar, matar ou roubar quando esses atos vis nos convêm. Fazemos tudo e algo mais por ganância e orgulho. Não sabemos juntar tesouros nos Céus e nos preocupamos apenas em juntá-los na Terra. E quando desencarnamos, retornando à pátria espiritual, que é nosso verdadeiro lar, a decepção, a frustração e a desilusão perseguem-nos como inimigos implacáveis, pois não nos é possível trazer os tesouros materiais que juntamos, com tanta crueldade e frieza. Deparamo-nos com a realidade nua e crua da vida: só trazemos nossa bagagem espiritual, o que fizemos de bom ou de mal, tanto para nós mesmos quanto para o nosso semelhante. Aqui não podemos fingir, disfarçar, esconder, dissimular, mentir... Somos como um livro aberto diante de Deus, nossos amigos, inimigos, e pessoas que nos precederam ao além-túmulo. Agora lhe pergunto: onde estava seu amor-próprio, já que aceitava as atitudes de seu marido, sem nem sequer tentar se defender? Temos obrigação de zelar pelo corpo que Deus nos proporcionou, sabia? É claro que devemos aceitar os desígnios de Deus, mas desistir ou acomodarmo-nos numa determinada situação, porque modificá-la dá muito trabalho, não lhe parece demais, amiga? Não lhe parece o cúmulo da insensatez e da falta de valorização pela vida que Deus nos concedeu? O que queria provar com sua atitude? Que era uma mártir? Uma santa? Que merecia aplausos e ovações? Que era humilde? Por que tanta covardia, irmã? – inquiriu Alesio, com firmeza.

– Credo, não precisa me ofender! Por quem me toma, afinal? Sei que não sou santa. Muito pelo contrário, sinto-me uma ré no meio de um julgamento, porque considero-me culpada pela invalidez de Paolo. Será que é tão difícil me entender? – choramingou Carmela, ainda mais confusa.

– Mas é você quem não está entendendo! Não é culpada pelo que aconteceu a Paolo. Na verdade, ele pereceria naquele acidente, mas devido aos méritos que conquistou por seus próprios esforços e trabalho, no plano mais alto, foi-lhe dada oportunidade de permanecer mais alguns anos terrenos ao seu lado, Carmela. Portanto, agradeça à invalidez de Paolo, já que é por causa dela que ele continua encarnado e usufruindo de seu amor. Caso contrário, ele teria retornado ao mundo espiritual, e a dor de sua perda estaria cegando-lhe e corroendo-lhe o coração materno. Por que não enxerga a realidade e abstém-se de fazer-se de vítima do mundo? Por que não se ama mais, Carmela? Ninguém de nós é vítima! Somos todos algozes, entendeu? Nada ocorre por acaso. Devemos enxergar além das aparências e entender, de uma vez por todas, que se estamos passando por determinada situação ou problema desagradável, temos que resolvê-lo da melhor forma possível, sem prejudicar ninguém e aprender com nossos erros, porque se está passando por aquela situação, com certeza é por merecimento e deve aprender algo com ela. Mas não... Nosso primeiro impulso diante de fatos que não nos convêm é blasfemar contra Deus, fazermo-nos de vítimas, considerar que somos odiados e perseguidos por todos, que ninguém nos ama, que ninguém nos quer, que estamos abandonados, que nascemos para sofrer e nada mais, que nada dá certo em nossas vidas... – explicou Alesio, tentando fazer com que Carmela caísse na realidade e aprendesse algo de construtivo e útil com tudo aquilo.

– Puxa! Isso tudo é muito complicado, preciso pensar, entende? Sei que tem razão, mas é difícil desapegar-me de costumes e manias antigas, de uma hora para a outra – desculpou-se Carmela, sem graça e torcendo as mãos.

– A expressão "de uma hora para a outra" não condiz com a realidade de sua atual evolução espiritual. Sabe há quanto tempo teima em persistir nos mesmos erros, "manias" e "costumes"? – quis saber Alesio, na expectativa de ouvir a resposta de Carmela.

– Na verdade não, mas não deve fazer muito tempo, afinal, sou ainda jovem e tenho muito que aprender. Tenho muito tempo pela frente e não acho que deva ficar apressando-me. É só ter paciência comigo, explicar-me tudo direitinho, que aprenderei sem problemas e sem demora – justificou-se Carmela, sentindo-se intimidada com toda aquela autoridade moral.

– Mil e duzentos anos, Carmela! – constatou Alesio, prontamente.

– Oh... Puxa, que coisa, né? Devo ter me enganado com esse "negócio" de datas... Afinal, nunca fui boa com números... – tentou disfarçar Carmela, sem argumentos plausíveis para retrucar Alesio.

– Seu Espírito é milenar. Se se considera jovem ainda é porque, em sua atual encarnação, seu Espírito habita um invólucro carnal jovem de acordo com os padrões etários humanos, mas isso não quer dizer que seja um bebê chorão e ingênuo, concorda, Carmela? – provocou Alesio.

– Concordo, mas como disse, vou pensar um pouquinho sobre o que ouvi e já lhe respondo, está bem, amigo Alesio? – disse Carmela, tentando ganhar tempo.

Alesio anuiu e ficou analisando as expressões faciais de Carmela, acompanhando todos os seus pensamentos.

"Talvez, estivesse errada mesmo... mas não admitiria isso a Alesio, naturalmente." – pensava Carmela, matutando.

Alesio desviou o olhar para que Carmela não percebesse o brilho divertido ali presente, pois estava fazendo o máximo para conter o riso.

Mal sabia Carmela que Alesio tinha acesso ao mais recôndito pedaço de sua alma e, mais ainda, aos seus mais recônditos pensamentos.

Carmela parou de andar de um lado para o outro, olhou para Alesio e disse, categoricamente:

– Para dizer-lhe a verdade, já sabia de tudo o que me disse, amigo. Eu estava apenas testando até onde iria seu brilhantismo e seu dom de convencer-me com suas palavras. Sendo assim, estamos entendidos. Preciso voltar ao meu lar porque Paolo necessita de meus cuidados maternos e não posso ficar tanto tempo ausente. Muito obrigada por tudo e continuo contando com você, hein, Alesio? – disse Carmela à guisa de despedida, jogando-lhe um beijo e afastando-se vagarosamente, na direção onde ela achava que era o caminho de volta à sua casa.

Carmela, então, acabara de recobrar a consciência, e Giuseppe rendeu graças a Deus!

Ajudou-a sentar-se e a ingerir um caldo quente e apetitoso. Deu-lhe um chá e recostou-a novamente na cabeceira da cama.

Carmela perguntou por Paolo e quis saber se a sua impressão de que o filho havia assistido Caetano violentando-a e espancando-a tinha sido mesmo observada por ele, na soleira da porta de seus aposentos.

Giuseppe confirmou e contou sobre a reação definitiva e madura que Paolo havia tido em relação ao pai.

Quis ver Paolo e foram buscá-lo.

Paolo ficou extremamente aliviado com o restabelecimento da mãe e foi ao seu encontro.

Trocaram abraços emocionados e muitas palavras carinhosas.

Carmela sentiu-se cansada, Giuseppe percebeu e pediu a Paolo que se retirasse, pois a mãe precisava descansar.

O garoto concordou e pediu que Giuseppe o acompanhasse até seus aposentos, pois precisava conversar com o amigo.

Chegando lá, dispensou os serviçais e, estando a sós com Giuseppe, começou:

– Amigo, não tenho palavras para agradecer-lhe por toda ajuda que prestou a nós. Diante de tudo o que aconteceu, tomei uma decisão e preciso de sua ajuda para colocá-la em prática. Decidi ir embora daqui com minha *mamma*. Não desejo mais conviver com o *Signore* Caetano e temo pela vida de *mamma* se continuarmos morando nesta casa. Quero que nos leve para a fazenda do *nono* Giacomo, pois sei que ali estaremos seguros e seremos amados incondicionalmente. Além do mais, sei que não viverei por muitos anos e desejo deixar *mamma* bem amparada. Então, será que poderia ultimar os preparativos para irmos embora o quanto antes, Giuseppe? – perguntou Paolo.

Giuseppe entendera que havia chegado o momento.

Já havia sido avisado por seus amigos espirituais que chegaria o dia em que ele teria de tirar Carmela e Paolo dali.

Pois bem... Era exatamente o que faria e, sem mais demora, afinal, não sabia quando Caetano retornaria e temia pela vida da mulher.

Concordou com Paolo prontamente e foi até sua casa comunicar a decisão a Cipriano e Cirina.

Perguntou-lhes se queriam acompanhá-los na empreitada e eles aceitaram muito contentes, afinal, sem a presença de Carmela, Giuseppe e Paolo, nada mais os prendia àquele lugar.

Estando tudo acertado, a próxima providência de Giuseppe foi enviar um mensageiro até a fazenda de Giacomo, pedindo a presença dele com urgência na casa de Constância, pois iria encontrá-lo ali dentro de poucos dias.

Não adiantou nada sobre o assunto, pois achou melhor explicar tudo pessoalmente.

Paolo comunicou sua decisão a Carmela, e ela aceitou, sem discutir. Realmente, precisava muito de Giacomo e sentia que não tinha mais nada a fazer ali.

Os empregados sentiriam muito a partida daquelas pessoas adoráveis, mas entendiam que era totalmente impossível conviverem por mais tempo com aquele monstro chamado Caetano.

Giuseppe providenciou três carruagens, carregou-as com os pertences de todos e, dentro de três dias, partiriam dali sem nem olhar para trás.

Seguiam devagar, porque Paolo não havia enfrentado viagem tão longa após seu acidente, e o estado de Carmela ainda exigia cuidados, pois ainda sentia dores no corpo e o sacolejar da carruagem poderia piorar seus padecimentos.

No mesmo instante em que Giuseppe partia da fazenda de Caetano, Giacomo recebia o mensageiro enviado pelo amigo.

Assustou-se deveras com a missiva curta e incompreensível, já que não explicava os motivos do pedido de Giuseppe.

Sem hesitar, convocou a presença de Vicenzo e ordenou que ele o acompanhasse até à casa de Constância, levando com eles mais cinco homens de inteira confiança.

Partiram a todo galope e só paravam para se alimentarem e trocarem as montarias nas estalagens existentes na estrada.

Dois dias e meio depois, Giacomo chegou à casa de Constância, assustando-a com aquela visita inesperada.

Giacomo colocou-a a par do conteúdo da missiva enviada por Giuseppe, e Constância preocupou-se de verdade.

O que será que teria acontecido com a irmã e o sobrinho?

Mandou preparar aposentos suficientes para todos, e ficaram no aguardo da chegada de Giuseppe, extremamente ansiosos e nervosos.

Dois dias depois de Giacomo, chegou a pequena comitiva liderada por Giuseppe.

Estavam empoeirados, cansados. Carmela tinha o corpo todo dolorido devido aos solavancos da carruagem, e Paolo estava indócil, mas apesar de tudo, estavam contentes.

Agora, tudo daria certo.

Quando Giacomo se deparou com a figura da filha, abafou um grito, estrangulando-o em sua garganta.

Carmela estava com o rosto arroxeado, mancava, estava magérrima e visivelmente combalida.

Giacomo tomou-a nos braços como fazia quando ela era criança e chorou muito, encostando a cabeça dela em seu ombro, embalando-a carinhosamente.

Carmela não conteve a emoção e também chorou aos borbotões.

Constância não conseguia controlar o susto e a compaixão.

Se algum dia tivera diferenças e implicâncias com a irmã, a partir daquele momento, somente a trataria com carinho e respeito, pois apesar de não saber qual desgraça desabara sobre a cabeça de seus entes queridos, só poderia ter sido muito, muito grave.

Mas as surpresas ainda não haviam acabado...

Quando Giacomo viu Paolo entrando, carregado nos braços por Giuseppe e Cipriano, não se conteve.

Exigiu saber todos os detalhes de tudo o que havia acontecido, imediatamente.

Constância serviu refresco a todos e sugeriu que Carmela e Paolo fossem para os aposentos preparados para eles, para refazerem-se da viagem.

Anuíram em silêncio, pois realmente estavam exaustos.

Constância acompanhou-os e voltou à sala para saber o que havia acontecido.

E Giuseppe narrou tudo, detalhadamente.

A atenção sobre o que Giuseppe narrava só era desviada pelas blasfêmias de Giacomo e pelos soluços condoídos de Vicenzo e Constância.

Ao término da narração, Giacomo estava transtornado, para dizer o mínimo, e seu primeiro impulso foi o de mandar buscar mais homens na fazenda para saírem à caça de Caetano e fazê-lo pagar com sangue todo o mal que fizera a Carmela.

Giuseppe tentou acalmá-lo e, com muito custo, demoveu-o da ideia insana.

Vicenzo concordava com o pai, afinal, vingar o mal que Caetano fizera a Carmela era questão de honra para os Olivetto Antonelli...

Giuseppe teve mais trabalho para convencer Vicenzo, mas como fizera com Giacomo, finalmente conseguiu.

Constância não tinha nem palavras para expressar o choque pelo que acontecera a Carmela e a Paolo e, menos ainda, para descrever o asco e o rancor que estavam começando a nascer, em seu peito, contra o cunhado maldito, que conseguira destruir a felicidade de seus entes amados.

Giuseppe ainda considerou sabiamente que, assim que Caetano descobrisse que havia sido abandonado pela família, viria, com certeza, ao encalço deles, e somente Deus sabia que tragédia ainda poderia advir, como se não bastasse tudo o que Carmela e Paolo já haviam sofrido nas mãos daquele homem covarde e cruel.

Com a cabeça mais fria, decidiram que deveriam tirar Carmela e Paolo dali, o quanto antes.

O problema é que uma viagem longa e cansativa, seguida imediatamente de outra, seria muito penosa e, de certa forma, arriscada para a saúde e bem-estar de mãe e filho.

Então, resolveram permanecer ali por mais uma semana e, quanto à segurança de todos, Giacomo mandou buscar mais homens em sua fazenda e ordenou que ficassem espalhados pelas entradas da cidade e que, se percebessem a aproximação de Caetano, deveriam vir avisá-los imediatamente.

Mandou também que avisassem a Francesca e a Giovanna sobre os últimos acontecimentos infelizes que sobrevieram para Carmela e Paolo.

Deu ordens expressas aos homens, que permaneceriam na fazenda, para que protegessem e garantissem a segurança de sua casa, de sua nora e de sua esposa, até com as próprias vidas se necessário fosse.

Vicenzo preocupava-se deveras com Giovanna, pois estava esperando o primogênito deles e temia que os acontecimentos interferissem negativamente na gestação e na saúde da esposa e da criança.

Mas sua irmã e seu sobrinho precisavam do seu apoio e de sua presença, portanto entregaria Giovanna e o filho nas mãos de Deus e permaneceria ali para encarar o que viesse pela frente, junto com o pai, Lorenzo, Giuseppe e Cipriano.

CAETANO TRAMA

O que nossos amigos não sabiam é que Caetano não havia retornado à sua fazenda e, mesmo desconhecendo a evasão de sua família, tramava contra seus supostos inimigos, pois encontrava-se completamente ensandecido e fora de si.

Ele pensava da seguinte forma: se Paolo exigira que ele parasse de destilar seu veneno e desferir seus socos e pontapés em Carmela, tudo bem... mas nada o impediria de vingar-se do homem que era o verdadeiro culpado por ter ajudado a trazer aquela mulher infame e vil ao mundo.

Giacomo, naturalmente.

Mas como matá-lo?

Na fazenda pertencente ao sogro?

Em sua própria fazenda? Deveria forjar uma missiva, pedindo sua presença urgente, inventando que sua adorada filha Carmela estava às portas do túmulo?

Sim, era uma ótima ideia.

Daí, quando Giacomo chegasse, convidá-lo-ia para dar

um passeio e, antes que ele tivesse a oportunidade de verificar que mentira, matá-lo-ia no meio da estrada e jogaria seu corpo, exangue e inerte, precipício abaixo.

Carmela nem desconfiaria de que seu papai amado não pertencia mais ao mundo dos vivos, já que nem estaria a par da visita de Giacomo, e Francesca não se incomodaria em mandar procurar o marido, independentemente do tempo em que este se ausentasse, pois teria sido prévia e falsamente informada, pelo próprio Giacomo, de que estaria na fazenda de Caetano...

Mas que ideia maravilhosa! Como não pensara naquilo antes?

Colocou-a em prática imediatamente.

Qual não foi a surpresa de todos, quando, seis dias depois, receberam, na residência de Constância, o mensageiro enviado por Caetano. Ele havia ido diretamente à fazenda de Giacomo, mas, chegando lá, haviam informado de que ele estava na cidade, na casa da filha, passando alguns meses.

Enquanto Giacomo lia a missiva, o mensageiro aguardava do lado de fora.

Mostrou o bilhete a Giuseppe e a Vicenzo e concluiu que Caetano desejava atraí-lo para uma armadilha, de onde, com certeza, não sairia com vida, já que Carmela e Paolo se encontravam em sua companhia, detalhe este que Caetano aparentemente desconhecia.

Resolveu "virar o feitiço contra o feiticeiro" e respondeu com outra missiva, alegando encontrar-se adoentado, hospedado na casa de Constância, e afirmando que sentia muito pesar pela precária saúde de Carmela, mas que não poderia sair dali naquele momento e empreender uma viagem tao longa e cansativa quanto aquela. Será que Caetano, seu genro querido, não poderia fazer a gentileza de vir ao seu encontro e colocá-lo a par dos detalhes da saúde de sua filha para, então, juntos, decidirem quais as melhores providências a tomar?

Lacrou a missiva e entregou-a ao mensageiro, pedindo urgência na entrega.

Todos se divertiram com a situação e quedaram-se, imaginando a cara de desolação e decepção que Caetano faria ao verificar que seu plano nefasto dera errado.

Por outro lado, sabiam que, logo que ele recebesse a missiva, viria ao encontro de Giacomo, e precisavam preparar-se devidamente para a ocasião.

A única certeza que tinham era a de que Caetano nutria péssimas intenções em relação ao sogro e não duvidavam de que a vida de Giacomo estava em perigo.

Não contaram nada às mulheres e a Paolo e resolveram mandar todos eles para a fazenda de Giacomo, o quanto antes.

Informaram-nos da decisão tomada, e Carmela e Paolo não desconfiaram de nada, mas Constância tinha certeza de que mais uma tempestade estava prestes a desabar sobre sua família.

Resistiu o quanto pôde à ideia de ausentar-se dali naquele momento, mas Carlo e Berta adoravam a fazenda do *nono,* e Maria Antonieta, aos quase oitenta anos de idade, porém lúcida e saudável, também estava saudosa de suas terras e da filha Francesca.

Como fazia muito tempo que não a visitavam, começaram a pressionar a mãe para que aceitasse a decisão dos homens, sem mais delongas.

Constância conformou-se, pois se o que estava imaginando de pior acontecesse mesmo, seria melhor que seus filhos, sua *nona*, Carmela e Paolo não estivessem ali para assistir e, quem sabe, até terem suas vidas colocadas em risco.

Resolveu entregar, nas mãos de Deus, o destino do pai, do irmão, dos amigos Giuseppe e Cipriano e do marido e, no dia seguinte, seguiu com as mulheres e as crianças para a fazenda de Giacomo.

Sentia o coração opresso e terríveis pressentimentos acometiam sua mente, mas procurou não demonstrar qualquer preocupação diante dos filhos, do sobrinho, da avó, de Cirina e da irmã, que já tinha problemas demais, para ser obrigada a pensar em mais um.

Quatro dias depois, Caetano recebia a resposta do sogro, e o ódio tomou conta do seu ser novamente quando percebeu que seu plano mirabolante e perfeito tinha ido por água abaixo.

Mas por outro lado, isso significava que o "velho" estava doente.

Aquilo o deixava muito satisfeito, mas deixar Giacomo morrer naturalmente não tinha graça nenhuma, na sua tenebrosa opinião.

Por que não dar um "empurrãozinho" ao destino, antecipando o desfecho e, ao mesmo tempo, aliviando as dores do seu sogro "amado", despachando-o para o além-túmulo o quanto antes?

Como estava distante de sua fazenda, não corria o risco de Carmela e Paolo descobrirem sobre o estado de saúde de Giacomo, então, faria exatamente aquilo: ultimaria seus negócios ali e partiria em direção à casa da cunhada, acompanhado de alguns homens de sua confiança, para o caso de algo dar errado. Chegando lá, daria o "beijo da morte" no sogrinho adorado e se livraria definitivamente do genitor daquela maldita mulher que, infelizmente, era a mãe de seu único filho.

Depois de cumprir sua missão "humanitária", decidiria o que fazer com Carmela.

Poderia mandar Paolo para a casa da irmã para passar algum tempo com Dona Catarina e mataria Carmela, aproveitando-se da ausência do filho.

Não podia se esquecer de eliminar Giuseppe também, afinal, ele seria um entrave aos seus planos, já que havia conquistado a estima e a admiração de todos os seus empregados com aquelas bobagens que falava sobre um Deus que nem existia, sobre amor ao próximo, caridade, perdão.

E os ignorantes, miseráveis e fracos de personalidade acreditavam piamente, o que era pior!

Mas depois, elaboraria um plano melhor e infalível para resolver esses outros probleminhas.

Na casa de Constância, os homens preparavam-se para receber Caetano.

Giacomo ratificara as ordens dadas aos seus homens a respeito de qualquer aproximação do inimigo.

Lorenzo e Vicenzo limpavam e poliam as armas, que estavam guardadas havia muito tempo, pois poderiam precisar delas.

Todos ali estavam meio enferrujados na esgrima, pois desprezavam qualquer coisa que lembrasse violência, mas treinaram um pouco, o que já foi suficiente para que relembrassem as regras e golpes mais usados, para defesa e ataque.

Giuseppe costumava ser bom naquilo em seus tempos de juventude e, como era um dos mais jovens entre eles, juntamente com Lorenzo e Vicenzo, ajudou a todos, fornecendo algumas dicas de como pegar o inimigo desprevenido. Não que pretendessem ceifar a vida de alguém, mas tinham consciência de que precisariam saber como se defender se a situação assim o exigisse.

Giuseppe não se sentia nada bem lidando com armas e dando conselhos estratégicos de luta aos amigos, mas era um homem e não hesitaria em defender a vida dos companheiros e a sua própria, se fosse preciso.

Quase quinze dias transcorreram, sem que Caetano desse sinal de vida.

E já estavam começando a pensar que ele havia desistido, quando viram um dos homens de Giacomo adentrar a casa de

Constância, suado e esbaforido, como se tivesse corrido léguas e léguas sem parar.

Com a respiração entrecortada e a voz trêmula, comunicou ao patrão que Caetano acabara de entrar na cidade e estava vindo naquela direção, acompanhado de mais ou menos uns quatro ou cinco homens mal-encarados. Percebera, sem erro de julgamento, que as intenções de Caetano não eram nada boas e cavalgara o mais rápido que pudera para avisá-los.

Giacomo agradeceu a fidelidade e a lealdade do empregado e o mandou ir à busca dos outros, que estavam espalhados por pontos estratégicos da cidade.

Assim que conseguisse reuni-los, deveriam vir todos para a casa de Constância, entrar sem bater, muito bem armados e dispostos a defenderem a vida uns dos outros, com o próprio sangue se assim fosse preciso.

O empregado entendeu a gravidade e a urgência da situação e pôs-se logo a cumprir as ordens de Giacomo.

Assim que ele saiu, entreolharam-se, e Giuseppe sugeriu que fizessem uma prece, pedindo o auxílio dos amigos espirituais e mentores de cada um e também para que Deus os protegesse e que Sua vontade fosse feita. Que lhe dessem muita coragem, confiança e discernimento para, no caso de uma luta com armas, não fizessem aos outros algo de que pudessem se arrepender depois.

Todos aceitaram, deram-se as mãos, elevaram o pensamento ao Alto, e Giuseppe proferiu sentida prece, repetindo as palavras e pedidos que acabara de dizer a eles.

No plano espiritual, nossos amigos acompanharam Giuseppe na prece, e luzes coloridas caíram suavemente sobre nossos amigos encarnados, transmitindo-lhes calma e bem-estar.

Estavam preparados.

Que a vontade de Deus fosse feita!

O RESGATE DE GIACOMO

Após proferir a prece, Giuseppe pressentiu que o momento havia chegado.

Ouviram cavalos aproximando-se e relinchando.

Combinaram rapidamente que Vicenzo, Cipriano e Giuseppe ficariam escondidos no corredor que levava à sala e invadiriam o recinto com as espadas em punho, caso percebessem que as coisas tinham saído do controle, enquanto Lorenzo abriria a porta para Caetano.

Giacomo ficaria sentado na sala à espera da entrada do genro.

Todos se posicionaram em seus devidos lugares e ouviram duas batidas na porta da frente.

Giacomo, num movimento de cabeça, indicou a Lorenzo, que deveria abrir a porta.

Caetano estava parado à soleira, olhos injetados e foi logo falando:

— Como passa, caro Lorenzo? Recebi a missiva do *Sig-*

nore Giacomo, informando-me que se encontrava adoentado e, como tinha mesmo que vir à cidade, resolvi fazer uma visita. Permite? – indagou Caetano, só então reparando na mão que o cunhado colocara sobre a bainha de sua espada.

Caetano pressentiu que havia algo estranho no ar e prosseguiu:

– Trouxe alguns amigos. Será que dá permissão para que entrem e descansem um pouco? A viagem foi longa, e estão com sede e fome – preveniu-se Caetano.

– Não, perdoe-me, mas não gosto de pessoas estranhas em minha casa. Mandarei servir água e alimento aos seus amigos, mas ficarão exatamente onde estão, *va bene?* – sentenciou Lorenzo, percebendo a artimanha de Caetano.

Caetano irritou-se com a negativa de Lorenzo e, voltando alguns passos, avisou aos amigos em alto e bom som que, se ouvissem algo estranho, poderiam vir ver o que estava acontecendo.

Lorenzo percebeu que a coisa estava ficando feia...

Deixou o cunhado entrar e guiou-o até a sala onde Giacomo já o esperava e de onde pudera ouvir as palavras proferidas pelos dois, na soleira da porta.

– Como passa, caro sogro? Espero que *Dio* não tire o *Signore* de nosso convívio tão cedo, *va bene?* – ironizou Caetano, contendo o riso de escárnio.

Giacomo percebeu o descontrole emocional do genro e decidiu que deveria agir com muita cautela.

– Passo como *Dio* quer, caro Caetano. E como passa Carmela e Paolo? – perguntou Giacomo para ganhar *tempo* e definir onde estava pisando.

– Estão bem... Carmela ficou muito triste quando soube que o *Signore* não poderia visitá-la, mas entendeu o motivo e mandou lembranças. Paolo está ótimo. Um belo *ragazzo*, graças a *Dio*. Sua saúde é perfeita e não cansa de acompanhar-me nas caçadas e cavalgadas – mentiu descaradamente, Caetano.

– Graças a *Dio*, não é verdade? E como vão os parreirais? – quis saber Giacomo, resolvendo participar da farsa que o genro armara.

– Muito bem! Fico cada vez mais rico, *mio* sogro. Carmela fica contente, porque quanto mais rico fico, mais joias e lindos trajes posso lhe dar, não é verdade? – continuou Caetano.

– Verdade... Então, minha Carmela ganha muitos trajes e joias? *Madonna mia!* Que felicidade para um *papà* ouvir isso! Quanto mais o tempo passa, mais tenho certeza de que agi corretamente ao dar minha permissão para que você se consorciasse com minha *bambina*. Afinal, onde eu encontraria um pretendente tão gentil, amável e generoso quanto este Caetano Spoletto, Lorenzo? – ironizou Giacomo.

– Sem dúvida, *Signore mio* sogro! – concordou Lorenzo, fingindo uma simpatia que estava bem longe de sentir pelo cunhado.

– E, então, meu Paolo cavalga frequentemente em sua companhia? Que alegria, *Dio mio!* Não há coisa melhor do que um *papà* e um *bambino* se entenderem tão bem! Que família feliz eu tenho, não é verdade? – espicaçou Giacomo.

– Sim, meu sogro. Paolo vende saúde e não se aquieta em nenhum momento. Sinto muito orgulho de meu *bambino* e de minha Carmela, *Signore* Giacomo. Não sei como agradecer o fato do *Signore* ter tido uma participação tão decisiva no nascimento de minha amada consorte! Bem se vê que o seu caráter é igual ao de Carmela, não é verdade? Tal *papà*, tal *bambina!* – escarneceu Giacomo, começando a irritar-se com toda aquela ladainha.

Como Giacomo estava sentado, Caetano não conseguia ver se o sogro também carregava uma espada.

– Sim, graças a *Dio,* minha Carmela tem muito caráter. Inclusive meu genro deve concordar que não encontraria consorte melhor, mais bela e mais inteligente, em todas estas paragens. Sei que ama, venera Carmela do fundo de seu coração e isso me consola porque não posso estar com minha *bambina* tanto quanto eu gostaria. Mas se vocês se entendem tão bem, tenho certeza de que minha ausência não é nem notada, não é verdade? – provocou Giacomo, percebendo que Caetano estava prestes a perder as estribeiras.

Diante dessa constatação, Giacomo resolveu levantar-se e mostrar claramente que estava armado.

Quando Caetano viu sua suspeita sendo confirmada, resolveu ir direto ao assunto:

– Mas será que vai acontecer uma guerra aqui nesta cidade, e eu não estou sabendo, *caspita?* Por que meu sogro e Lorenzo estão de espadas embainhadas? Seremos atacados a qualquer momento? É isso?

– Mas, imagine, caro Caetano. É que ficamos sabendo de uma onda de violência por esta cidade e decidimos nos precaver. Afinal, temos aqui mulheres e *bambinos* para proteger, não é verdade? E você, caro *mio,* não anda prevenido por estas estradas desertas? Pois devia! Nunca sabemos quando seremos atacados pelas costas, traiçoeiramente, em nossos mais sinceros afetos... – instigou Giacomo, sentindo o sangue começar a ferver ao lembrar do que aquele monstro havia feito à sua filha.

Giuseppe, Vicenzo e Cipriano sentiram a ameaça no ar e perceberam que Giacomo não conseguiria controlar-se por muito mais tempo. Desembainharam suas respectivas espadas e ficaram de sobreaviso.

– Sim, concordo com meu sogro, mas ando sempre acompanhado de amigos fiéis e leais e não temo ser atacado porque, com certeza, quem tentasse atacar-me seria morto antes que conseguisse atingir-me... – ameaçou Caetano, tremendo e colocando a mão dentro da casaca...

– Verdade, Caetano? Tem certeza mesmo? – perguntou Lorenzo.

– Mas é claro que deve ser verdade, Lorenzo. Caetano, responda-me: o que faria se um ser vil e abjeto destruísse sua família? – quis saber Giacomo, acariciando claramente sua espada.

– Mas é claro que mataria o infeliz, *Signore* Giacomo. Por quê? Alguém ofendeu gravemente sua família, meu sogro? Precisa de ajuda para desforrar-se do *maledetto?* – perscrutou Caetano, temendo o rumo que aquela conversa estava tomando. Nada estava saindo como ele planejara.

– Não. Ele é mesmo um *maledetto,* mas acho que não devo sujar minhas mãos com seu sangue impuro e podre. Estou pensando em contratar o serviço de alguém mais acostumado com essas coisas do lado negro da vida. O que acha, caro Caetano? – continuou provocando Giacomo.

– Não concordo. Eu mesmo mataria o *maledetto!* Aliás, por que deixar para amanhã o que podemos fazer hoje? – afirmou Caetano, ao mesmo tempo em que tirava um punhal de dentro da casaca e apontava-o na direção do coração de Giacomo, rindo como se estivesse demente.

Lorenzo e o sogro desembainharam suas espadas e puseram-se em guarda contra Caetano, ao mesmo tempo em que Giuseppe, Vicenzo e Cipriano invadiram a sala, também com suas respectivas espadas em riste.

– Mas, então, era uma cilada, *maledettos?* – berrou Caetano, a plenos pulmões.

– Não, infeliz. Cilada foi o que você preparou para Carmela. Pensa que não sei o que fez com minha filha, *carcamano?* – despejou Giacomo, cuspindo no rosto de Caetano com todo o desprezo de que era capaz.

– Ah... Então é isso! A *maledetta* veio queixar-se com o *papà?* Pois fique sabendo, que somente não fiz pior, porque Paolo chegou na hora. É por culpa daquela infeliz que meu *bambino* nunca mais poderá correr, cavalgar e caçar com o *papà* dele! Ela mereceu cada soco, cada pontapé, cada murro, cada violência que pratiquei contra ela. E não pense que desisti de destruí-la por causa de Paolo. Mandarei meu *bambino* para a casa de minha irmã e ceifarei a vida de sua querida Carmela como se fosse a de um cão! Assim que eu matar o *Signore* Giacomo aqui em minha frente, partirei ao encalço de Carmela e aniquilarei aquela *maledetta,* sem dó nem piedade – espumava Caetano, completamente fora de si.

Parecia que o próprio demônio havia se apossado daquele ser infeliz.

Giacomo chegara ao seu limite. Sua honra de homem e de pai havia sido acintosamente atacada e vilipendiada. Ele tinha que lavar sua honra e a de sua filha.

Partiu para cima de Caetano, ajudado por Vicenzo, no que foram impedidos por Lorenzo.

Lorenzo era um homem justo, correto, só jogava limpo e comentou que não seria correto lutar contra alguém que possuía apenas um punhal como arma, sendo que seus opositores estavam com suas respectivas espadas.

Todos concordaram, e Lorenzo apanhou uma espada que estava guardada e entregou-a a Caetano, que largou o punhal em cima de uma cômoda que havia ali ao seu alcance, acrescentando que a luta continuava injusta, pois eram cinco contra um. Pediu permissão para chamar quatro dos seis amigos que o aguardavam do lado de fora.

Entreolharam-se, analisando a situação.

Era justo o pedido de Caetano. Mesmo porque, os homens da confiança de Giacomo já deveriam estar chegando. Então, decidiram permitir a entrada dos quatro amigos de Caetano para que a luta fosse limpa.

Giuseppe pressentia que aquilo não acabaria nada bem, mas se as coisas estavam precipitando-se daquela maneira, deveria estar tudo certo, pois Deus jamais permitiria que a situação fugisse ao Seu controle justo e magnânimo.

Que acontecesse o que estava predestinado.

Se um deles tivesse que perecer ali, que fosse recebido pelos bons Espíritos ao retornar à Pátria Maior e que nenhum deles permitisse que, acontecesse o que acontecesse, a revolta e o ódio dominassem seus corações. Que entendessem os desígnios de Deus e aceitassem sua sina.

Após fazerem entrar os quatro amigos de Caetano, dirigiram-se ao salão onde as festas eram oferecidas, pois o espaço era maior e não haveria móveis no meio do caminho, atrapalhando os movimentos dos dez homens ali presentes.

Caetano fez questão de posicionar-se em guarda, frente a frente com Giacomo, pois era ele quem desejava matar.

Estando escolhidos os oponentes de todos, Lorenzo disse:

– Que vençam os melhores!

E a luta começou.

Ouvia-se o tilintar de espadas chocando-se por toda a casa, devido ao eco do salão.

Giuseppe estava se saindo muito bem na luta contra seu adversário, mas estava evitando feri-lo, pois era contra qualquer tipo de violência, então, procurava apenas aparar os golpes e defender-se, ao invés de atacar.

Tinha uma agilidade de dar inveja a muitos homens mais jovens que ele.

Vicenzo, apesar de ser o mais jovem, ágil para exercer determinadas atividades e robusto, não tinha a experiência de

Giuseppe em lutas daquela natureza, pois em relação à esgrima, até aquele momento, havia apenas brincado com alguns empregados da fazenda do pai e com o próprio pai, quando era criança, portanto estava fazendo um esforço maior do que seria necessário se estivesse acostumado, para escapar das investidas do oponente, que ainda não conseguira feri-lo.

Giacomo, mesmo fora de forma, aparava os golpes de Caetano com presteza e minúcia. Conseguia prever o próximo golpe a ser desferido e antecipava-se, pois Caetano não tinha nenhuma criatividade e seus conhecimentos de esgrima, pelo que se podia observar, eram totalmente básicos e repetitivos.

Cipriano havia sido um ótimo espadachim quando mais jovem e não estava encontrando dificuldade nenhuma. Inclusive, já ferira de raspão o oponente e vários filetes de sangue escorriam por diversas partes de seus braços.

Lorenzo suava muito, mas mantivera seu corpo intacto, aparando corretamente os golpes e também já ferira levemente seu adversário, próximo ao ombro.

Caetano estava cansado daquela brincadeira e partiu para cima do sogro, que se desviou a tempo, caindo a alguns metros atrás de onde Caetano se encontrava.

De repente, Caetano teve uma ideia: por que não matar Vicenzo ao invés de Giacomo?

Afinal, era seu único filho varão, e a dor da perda seria maior e mais terrível e, para ele, Caetano, seria mais interessante do que se o sogro morresse, simplesmente. Afinal, Vicenzo era jovem, havia acabado de casar-se e já seria pai do primeiro filho... então, nada melhor do que vingar-se da família Olivetto Antonelli inteira, aniquilando o único filho varão e herdeiro provável, não é mesmo? O filho de Constância ainda era uma criança para assumir os negócios do *nono*, Giacomo já estava velho e, quem sabe até, não resistiria à morte de Vicenzo, perecendo em breve?

Tudo isso passou pela cabeça de Caetano numa fração de segundos, e ele decidiu fazer exatamente aquilo.

Observou que Giacomo ainda estava caído no chão, meio zonzo, fez um sinal imperceptível aos outros, ao amigo que lutava contra Vicenzo e, num salto, colocou-se a poucos metros do cunhado.

O que ele não sabia é que Giacomo, num vislumbre, percebeu suas intenções malévolas.

Levantou-se rapidamente e, num salto, colocou-se à frente de Vicenzo, empurrando-o violentamente para o chão e tirando-o da mira certeira, ao mesmo tempo em que Caetano encravava a espada em seu peito. Giacomo acabara de salvar a vida do filho à custa de sua própria vida.

Giacomo sentiu como se mil lâminas rasgassem seu peito, o sangue saiu aos borbotões e não viu mais nada.

Estava morto.

Nisto, os homens de confiança de Giacomo invadiram o salão e atracaram-se aos adversários ferozmente. O que estava lutando contra Caetano, sem que este esperasse, puxou uma arma de fogo e deu-lhe um tiro na cabeça, sem lhe dar tempo ou direito de se defender.

Caetano estava morto. Nesse momento, quase que por encanto, a luta parou, e os homens de Caetano evadiram-se.

Vicenzo encontrava-se desacordado, pois com o empurrão violento que o pai lhe dera, sem que esperasse, caíra de mau jeito, batendo a cabeça no chão com toda a força.

O pandemônio estava armado!

Empregados corriam de lá para cá, sem saber o que fazer.

Giuseppe readquiriu o sangue frio antes dos outros e mandou que levassem, cuidadosamente, Vicenzo para os aposentos de Lorenzo.

Pediu aos homens de confiança de Giacomo, que levassem o corpo de Caetano para uma das carroças que havia na casa e ordenou que o levassem para a propriedade da irmã dele, onde Dona Catarina se encontrava e que explicassem absolutamente tudo o que havia acontecido, desde o acidente com Paolo, a violência de Caetano contra Carmela, a fuga deles para a casa de Constância, a tentativa da cilada que Caetano armara contra Giacomo, o contra-ataque e, finalmente, a luta entre eles e a morte de Caetano.

Foi prontamente obedecido e mandou que todos saíssem do salão.

Ajoelhou-se ao lado do corpo inerte de Giacomo, elevou o pensamento a Deus e, com os olhos cheios de lágrimas, fez a seguinte prece:

"– *Dio* de bondade, justiça, misericórdia e amor... receba de braços abertos este irmão nosso, e faça-o antever as luzes das verdades espirituais. Guia-o no caminho do bem, do perdão, do aprendizado e da caridade. Proteja-o de possíveis inimigos e algozes e envia agora Seus mensageiros de amor para recebê-lo ao adentrar a pátria espiritual. Obrigado por toda ajuda e proteção que deste a nós, meu Pai. Jamais nos desampare."

Giuseppe chorou sentidamente, mas continuou orando por alguns minutos.

Lorenzo retornou ao salão e, chocado com aquela desgraça toda, perguntou a Giuseppe como fariam para dar a notícia funesta aos familiares, que estavam na fazenda.

Antes de responder, Giuseppe perguntou sobre o estado de Vicenzo, e Lorenzo disse que ele já havia recobrado os sentidos e o máximo que ganhara, até aquele momento, era um grande galo na cabeça. Ainda não contara a ele sobre a morte do pai, pois achava melhor que Giuseppe o fizesse.

Giuseppe aquiesceu e pediu que colocassem o corpo de

Giacomo num dos leitos de qualquer aposento da casa, que o limpassem e trocassem sua roupa, enquanto decidia a melhor maneira de comunicar aos familiares.

Giuseppe conversou com Vicenzo serenamente, enxugou as lágrimas desesperadas daquele filho, que havia acabado de ficar órfão de pai, de maneira tão sórdida e traiçoeira, acalmou seu coração, repetiu o que já havia dito por diversas ocasiões sobre a vida espiritual e convidou Vicenzo a acompanhá-lo numa prece, em prol de Giacomo.

Giuseppe, através de sua vidência, acompanhava tudo o que acontecia no plano espiritual.

Viu que havia uma caravana de Espíritos socorristas ali, que seus amigos estavam presentes, tinham feito com que o Espírito de Giacomo adormecesse, limpavam o ambiente repleto de energias negativas e miasmas deletérios deixados pelas vibrações de Caetano e toda a corja espiritual que o acompanhava, conversavam muito entre si, até que a caravana e seus amigos afastaram-se rumo ao infinito, ladeados de muita luz, carregando Giacomo em cima de algo que parecia uma maca.

Giuseppe sabia... Giacomo resgatara a falta cometida contra Cornélio, agora Vicenzo. Assim como não hesitara em tirar a vida de Cornélio num passado recente, também não hesitara em dar a sua própria para salvar a de Vicenzo, ou seja, literalmente havia tirado, mas devolvido. Portanto, não constavam mais débitos a quitar entre os dois.

Quanto à maneira de comunicar o óbito aos familiares, Giuseppe decidiu enviar um mensageiro até a fazenda, com uma missiva onde avisava que retornariam todos, em no máximo uma semana. Não adiantou nada sobre o ocorrido, pois achava que esse tipo de notícia deveria ser dada pessoalmente e proibiu o mensageiro de comentar qualquer coisa, ao chegar lá, que desse a entender que havia acontecido algo trágico e nefasto na casa de Constância.

292

A PROVA DE FRANCESCA

Na fazenda, Francesca recebia o mensageiro.

Mesmo que o conteúdo da missiva não denunciasse nada de ruim, ela sentiu uma dor muito forte na altura do peito e, se não fosse Constância segurá-la, teria desfalecido.

Constância leu também a missiva e inquiriu ao mensageiro se estavam todos bem.

O mensageiro desconversou e respondeu que estava tudo dentro do que era esperado nas atuais circunstâncias, despediu-se rapidamente e pôs-se a percorrer o caminho de volta à cidade.

Ela achou a resposta dele, no mínimo, insatisfatória, e um pressentimento de que algo muito ruim havia acontecido dominou-a por completo.

Carmela chegava naquele momento e perguntou à irmã o motivo do mal-estar de Francesca.

Constância olhou bem nos olhos de Carmela e decidiu que precisava dividir suas aflições e preocupações com alguém, senão enlouqueceria. Aquele segredo estava pesando demais em seu coração, portanto seria Carmela a escolhida. Chamou-a para terem uma conversa particular na biblioteca e dirigiram-se para lá.

— *Va bene*, Carmela. Preciso falar-lhe de algo muito sério que envolve nosso *papà* e nosso irmão.

Carmela assustou-se com o tom da irmã e pediu que ela dissesse logo.

Constância contou sobre o motivo da decisão de Giacomo, o porquê de ter exigido que elas fossem imediatamente para a fazenda com as crianças.

Carmela ficou estarrecida e queria enviar um mensageiro imediatamente até a cidade para saber o que havia acontecido.

Estava a par, mais do que ninguém, do mau-caratismo de Caetano e temia muito pela vida de Vicenzo e de Giacomo.

Constância demoveu-a da ideia e convenceu-a a esperarem o retorno deles, dali a uma semana.

Enquanto isso, deveriam voltar-se a Deus e decidir se contariam ou não para Paolo, Francesca e *nona*, o que Constância havia acabado de contar a Carmela.

Dúvida cruel... Mas, aparentemente, mesmo sem saber de nada, Francesca pressentira alguma desgraça, daí seu desfalecimento, portanto será que não deveriam contar logo de uma vez?

Carmela não colocara a mãe a par de todos os detalhes sobre a violência que sofrera por parte de Caetano, mas se contariam sobre o motivo que levara Giacomo a tirá-las da cidade, ela achava correto, então, contar-lhe a verdade inteira.

Foi o que fez.

Em companhia de Constância, dirigiu-se aos aposentos da mãe e, sem mais delongas, antes que perdesse a coragem, narrou todos os acontecimentos, desde que Francesca e Giacomo partiram da fazenda de Caetano, após alguns meses do nascimento de Paolo.

Francesca alternava rubor e palidez facial, conforme ouvia a história da filha.

No final da narrativa, Francesca chorava desesperadamente, tremia como folha ao vento, sentia o coração opresso e, se horas atrás havia apenas pressentido uma tragédia, naquele momento tinha certeza absoluta de que algo verdadeiramente funesto e terrível sucedera aos seus.

As filhas quiseram saber se deveriam contar a Paolo, Giovanna e Maria Antonieta, a história que Carmela acabara de narrar e o motivo pelo qual Giacomo ordenou que viessem para a fazenda.

Francesca pensou um pouco, tentando acalmar-se para tomar a melhor atitude, respirou fundo, enxugou as lágrimas amargas que lhe escorriam pela face macilenta e autorizou que contassem a Paolo e Maria Antonieta, mas poupassem Giovanna, pois estava grávida do primeiro filho e uma notícia destas poderia prejudicar sua saúde e a do bebê.

Comentou que, fosse qual fosse a tragédia que havia desabado sobre suas cabeças daquela vez, tinha certeza de que Vicenzo estava bem, mas mesmo assim, era melhor nada dizer a Giovanna, enquanto não tivessem notícias mais recentes e completas, que ratificassem aquela certeza materna.

Carmela reuniu o filho e a *nona* na biblioteca e repetiu a história que contara a Francesca.

Constância completou as palavras de Carmela com o que sabia, e Paolo mostrou-se indignado em relação ao pai.

Apesar de estar consciente do caráter monstruoso de Caetano, pois fora testemunha ocular das violências praticadas por ele contra sua *mamma*, não sabia que ele enlouquecera a ponto de ameaçar a vida do *nono* Giacomo, a quem adorava. Aquilo era inadmissível, e tinham que fazer alguma coisa para saber o que estava acontecendo na cidade e também impedir que Caetano continuasse cometendo crueldades e sandices contra pessoas inocentes.

A *Signora* Maria Antonieta não continha as lágrimas.

Uma de suas netas havia passado por situações cruéis e traumáticas, e ela nunca soubera de nada... Por que a tinham poupado? Consideravam-na tão velha e insignificante, a ponto de não lhe darem o direito de participar das tristezas da família, da qual ela era a matriarca? Família não existia para que seus membros pudessem dividir tanto as alegrias quanto as tristezas entre si? Por quem a haviam tomado, afinal?

Carmela pediu perdão à *nona,* abraçando-a carinhosamente, beijando-lhe os cabelos brancos como a neve e prometendo nunca mais lhe esconder nada.

Maria Antonieta acalmou-se, perdoando a neta, e Paolo continuou soltando imprecações contra o pai.

Carmela interferiu energicamente, afirmando que não importava o caráter de Caetano, o que importava era o fato de ser seu pai, portanto devia-lhe, no mínimo, respeito. Fosse o que fosse que Caetano houvesse feito, deveriam manter as ideias no lugar, a cabeça fria e resolver os problemas conforme surgissem, não antecipando sofrimentos nem rancores.

Paolo calou-se, pois entendeu a posição e a colocação da mãe e procurou não julgar o pai, mas que aquilo não estava certo, não estava.

Com os nervos em frangalhos, calaram-se e refugiaram-se em seus próprios pensamentos e temores.

Francesca não conseguia parar de chorar.

Sabia intimamente que algo muito grave havia acontecido com seu Giacomo.

Se esta hipótese viesse a se confirmar, o que seria dela?

Não saberia viver sem o grande amor de sua vida.

Haviam lutado tanto contra as adversidades para poderem ficar juntos...

Lembrou-se do dia em que o conhecera.

As lembranças jorravam em sua mente, fazendo-a perder-se nelas.

Lembrou-se de como Giacomo era, dos erros que cometera, da sua ambição desmedida, dos seus defeitos... Defeitos estes que ela sempre fizera questão de ignorar, embora tivesse consciência deles.

Ateve-se sempre ao amor que sentia por ele, o resto não lhe importava.

Lembrou-se do seu casamento, da mudança de comportamento do marido a partir daí, da harmonia, da paixão e do carinho que imperavam entre eles, do nascimento de Carmela, do relacionamento puro e sincero que sempre houvera entre os dois, do nascimento de Constância, do aparecimento repentino de Giuseppe na fazenda, da morte do *Signore* Francesco, do nascimento de Vicenzo, da birra e do rancor sem sentido que o filho nutriu pelo pai até metade de sua adolescência, da mudança misteriosa e surpreendente para melhor que ocorrera no relacionamento dos dois, após retornarem daquela caçada, do casamento de Constância e Carmela, do nascimento dos netos Carlo e Berta, o qual não puderam estar presentes devido ao fato de terem passado quase quatro anos em companhia de Carmela, do nascimento do neto Paolo, do casamento de Vicenzo, da gravidez de Giovanna e, por fim, da partida esbaforida e apressada de Giacomo e Vicenzo para a casa de Constância, sem que ele tivesse lhe dito nada sobre o motivo...e agora aquilo... Deus!? Será que ainda veria seu Giacomo com vida? Será que teria o privilégio e o prazer de ser tomada nos braços de novo, pelo marido? Será que ele estaria ali ao seu lado para presenciar e acompanhar o nascimento e o crescimento do primeiro filho de Vicenzo? O crescimento de Berta e Carlo? Aquelas dúvidas cruéis eram como punhaladas em seu coração feminino. Sentia-se morrer a cada segundo... Aquela espera angustiava sua alma...

Uma semana depois, Lorenzo e Giuseppe chegaram à fazenda.

Vinham pálidos, calados, cabisbaixos e de cenhos franzidos.

Antes de anunciarem que haviam chegado, olharam ao redor como se estivessem vendo tudo aquilo pela primeira vez, perdidos em seus próprios pensamentos.

Berta percebeu a presença deles e correu para dentro de casa, anunciando e chamando todos para a varanda.

Giuseppe e Lorenzo entreolharam-se, suspiraram e resolveram encarar a família.

Francesca vinha na frente, amparada por Carmela, pois mal conseguia andar devido à fraqueza que sentia.

– *Va bene,* Giuseppe, Lorenzo... Podem contar... onde estão *mio* Giacomo e *mio* Vicenzo? – quis saber Francesca, sem perder tempo com cumprimentos vazios.

Giuseppe desmontou, parou em frente a Francesca, olhou dentro de seus olhos, que já marejavam de dor e emoção e tomou a palavra:

– *Va bene, Signora* Francesca. Não temos por que fazer rodeios, já que aparentemente desconfia do que aconteceu... Vicenzo vem vindo, deve estar chegando daqui a poucas horas. Vem mais devagar, acompanhado de Cipriano, porque está conduzindo uma das carruagens de Lorenzo... – deteve-se Giuseppe para tomar fôlego, pois agora viria a pior parte de sua tarefa.

– Uma das carruagens de Lorenzo... – repetiu Francesca, com os olhos parados – acaso, amigo Giuseppe, meu Giacomo encontra-se nesta carruagem? – continuou.

– Sim, *Signora* Francesca... Giacomo encontra-se nesta carruagem – confirmou Lorenzo, temendo a reação da sogra, quando esta fosse informada do estado em que Giacomo se encontrava naquela carruagem.

– *Va bene*, então, meu Giacomo está voltando para mim... Mas diga-me, o que devo esperar deste retorno do amor da minha vida? – quis saber Francesca, deixando as lágrimas escorrerem livremente pelas suas faces pálidas e abatidas.

– Deve esperar, *Signora*... Rever o grande amor de sua vida. Mas o problema, minha grande amiga... é que o verá pela última vez. *Dio* decidiu que nosso amigo Giacomo, seu grande amor, seria mais útil se retornasse à nossa pátria espiritual, pois a missão que ele tinha a cumprir aqui na Terra já foi cumprida. Mas, antes de entregar-se ao desespero e à dor, lembre-se de tudo que este seu amigo Giuseppe falou até hoje, sobre a sobrevivência da alma, sobre a continuação da vida após a morte de nosso corpo físico, sobre resignação e sobre o fato de aceitarmos os desígnios de *Dio*, que sempre faz tudo certo, embora nós não entendamos isso. Giacomo não sumiu, não desapareceu, apenas mudou de plano, voltou a viver a vida espiritual. Tenha a certeza de que se reencontrarão um dia – consolou Giuseppe.

Francesca mais nada fazia para controlar as lágrimas, que caíam abundantes, grossas, parecendo puro gelo a queimar-lhe as faces.

Carmela pensava enlouquecer de dor!

Seu pai amado havia morrido! O que seria dela agora? E de Paolo?

Constância, abraçada ao marido, dava vazão à tristeza e à saudade.

Paolo pediu que o levassem para perto de Carmela, abraçou-a forte e docemente e pôs-se a soluçar baixinho, sentidamente.

Maria Antonieta acomodara-se pesadamente num dos bancos que havia na varanda e também dera vazão à tristeza e à nostalgia.

Berta e Carlo tinham-se afastado logo após a chegada do pai e de Giuseppe, portanto desconheciam os acontecimentos fatídicos.

Três horas depois, viram despontar, no horizonte, um homem montado num cavalo, trazendo outra montaria amarrada, acompanhado de uma carruagem fechada, que estava sendo guiada por mais dois homens.

Era Cipriano a cavalo, trazendo a montaria de Vicenzo, que viajara com um dos empregados de Giacomo na carruagem.

Francesca colocou-se na frente de onde a carruagem teria de parar.

Assim que isso aconteceu, dirigiu-se pesadamente até a portinhola aberta por Vicenzo, que se apresentava diante de todos tremendamente pálido, de olhos inchados e vermelhos, como se o mundo houvesse desabado sobre seus ombros.

Francesca deparou-se com um caixão, fortemente lacrado.

Vicenzo chorava, fazendo seu corpo estremecer devido aos soluços, ao divisar a cena repleta de emoção, delírio, saudade, incredulidade, choque e inconformação materna.

Os empregados foram aproximando-se da carruagem, de chapéu na mão em sinal de respeito, cabisbaixos, calados, profundamente compungidos e solidários.

GIACOMO NA *ESPIRITUALIDADE*

Giacomo foi despertando vagarosamente.

Sentia o corpo dolorido e parecia que haviam rasgado seu peito, de cima a baixo.

Tentou mover-se, mas as dores aumentaram de intensidade, tossiu.

Abriu mais os olhos.

Sentia um torpor estranho, e sua cabeça parecia estar rodando.

Respirou fundo repetidas vezes e tentou mover ao menos o pescoço para ver se descobria onde estava.

Viu paredes brancas rodeando-lhe, uma janela, um armário, uma mesinha com uma jarra cheia de água e um copo. Viu uma porta que se encontrava fechada e percebeu que estava deitado confortavelmente sobre um leito, coberto de lençóis brancos e macios. Deparou-se com um vaso contendo flores multicoloridas, que exalavam um perfume adocicado e agradável.

Tentou movimentar as mãos e os braços e conseguiu.

Incentivado, moveu os pés e as pernas. Nada de desconforto ou dor.

Num impulso, tentou sentar-se. Um tanto desajeitadamente, conseguiu. Recostou-se nos travesseiros e prestou mais atenção ao ambiente que o cercava.

Que lugar era aquele?

Nunca vira nada igual.

Onde estava, afinal?

O que tinha acontecido?

Como viera parar ali?

Onde estavam seus familiares?

Cada vez mais confuso, ouviu mexerem no trinco da porta, que foi se abrindo devagar.

Dois homens vestidos de branco, um mais jovem, aparentando quarenta anos, e outro, aparentando setenta anos de idade, com barbas e cabelos brancos, sorridentes, expressando bondade em seus rostos e olhares calorosos, entraram.

Aproximaram-se da cama de Giacomo e, sempre sorrindo, um deles perguntou:

– Como está, meu amigo? Sentindo muitas dores ainda?

– Não, quando acordei senti dores atrozes, mas depois consegui até sentar-me sem sentir mais nada.

– Que bom! Com o passar dos dias, sentir-se-á cada vez melhor – respondeu o homem de cabelos e barbas brancas, também sorrindo com benevolência.

– Será que poderiam me dizer onde estou e como vim parar aqui, senhores? Aliás, como se chamam? Meu nome é Giacomo.

— Sou Alesio, e este é meu amigo, Clemente. Sabemos seu nome, irmão – respondeu o mais jovem, com simpatia.

— Certo, mas poderiam responder-me o que perguntei, por favor? – insistiu Giacomo.

Nossos amigos entreolharam-se, cúmplices. O mais velho tomou a palavra:

— Caro Giacomo, este é um lugar de refazimento e repouso. Quando as pessoas precisam dessas duas coisas, dirigem-se para cá e usufruem de tudo de bom que temos a oferecer. Esperamos que se sinta em casa e saiba que somos seus amigos de longa data, portanto estaremos sempre por perto, zelando pelo seu bem-estar. Se precisar de algo e estiver sozinho, aperte este botão que está a sua esquerda e, em seguida, uma enfermeira virá ver do que precisa, certo?

— Mas ainda não responderam claramente o que perguntei... – reclamou Giacomo.

— Este lugar chama-se hospital e localiza-se numa Colônia chamada Luz do Alvorecer. Temos vários prédios, jardins, teatros, fontes, árvores, lagos, praças, enfim... Quando se recuperar, nós o levaremos para conhecer nossa Colônia. Quanto a desejar saber como chegou aqui, o fato é que foi ferido, e o trouxemos para cá para ser tratado e curado. Procure não se preocupar em demasia com o que ainda não sabe ou não entende, pois, caso contrário, suas dores poderão voltar e sentir-se-á indisposto e irritado – respondeu Alesio, solícito.

— Mas onde está minha família? Sabem que estou aqui? Por que não estão comigo? – quis saber Giacomo.

— Sua família está bem, e eles sabem que você se encontra aqui, pode ficar sossegado. Não estão com você, porque ainda não é o momento de estarem – esclareceu Clemente, pacientemente.

– Não entendo... Por que estou tão confuso? – questionou Giacomo.

– Suas lembranças voltarão aos poucos e, conforme forem voltando, estaremos ao seu dispor para esclarecê-lo, na medida do possível e do recomendável. Quanto à sua confusão mental, é muito natural diante dos fatos, e esse problema também será sanado com o passar do tempo. Agora, precisa descansar. Por favor, tome esta água e procure relaxar. Você tem todo o tempo do mundo para entender as coisas, portanto não se apresse nem fique ansioso – recomendou Clemente, entregando-lhe o copo cheio.

Aguardaram que ele ingerisse o líquido, e Giacomo adormeceu em seguida.

Aplicaram-lhe energias específicas e retiraram-se.

Quando voltou a despertar, Giacomo estava bem menos confuso. Não sentia mais dores e apenas sabia que estava num lugar chamado hospital porque fora ferido, e que esse hospital se localizava numa "Colônia", embora não soubesse o que isso significava e que tinha amigos ali, amigos esses, dos quais não se lembrava, mas sentia que não lhe eram totalmente desconhecidos, tendo a sensação de que eram pessoas sinceras, atenciosas e verdadeiramente preocupadas com o seu bem-estar.

Sentiu fome e vontade de se lavar.

Lembrou-se do botão que os amigos disseram para ele apertar, se houvesse necessidade, e assim o fez.

Nem bem acabara de pressionar o botão, quando uma mulher jovem e bela entrou, sorridente e solícita.

– Bom dia, caro Giacomo. Como se sente hoje? Precisa de alguma coisa? Meu nome é Rosália, muito prazer e seja muito bem-vindo à nossa Colônia "Luz do Alvorecer".

– Oh, muito prazer também... Desejo, por favor, alimentar-me e lavar-me. Seria possível? – pediu Giacomo, um tanto desconcertado.

– Claro. Providenciarei imediatamente. Veja, nesta porta, fica a sala de banho. Enquanto cuida de sua higiene íntima, providenciarei seu alimento. Quando sair da sala de banho, a comida estará servida nesta mesa. Sinta-se à vontade e alimente-se o quanto achar necessário. Graças a Deus, há muita fartura de alimento em nossa Colônia, portanto não se envergonhe, nem deixe de comer o que quiser. Ah, neste armário, há algumas mudas de roupa. Escolha a que mais lhe aprouver e se vista – explicou Rosália, sempre sorrindo.

– Puxa, quanta gentileza... Muito obrigado. Então, se não se incomoda, irei para a sala de banho – avisou Giacomo, mais à vontade diante da nova amiga.

Rosália anuiu num movimento de cabeça e retirou-se para providenciar a alimentação de Giacomo.

Este, por sua vez, estava extasiado diante de tanta gentileza e consideração.

Puxa, imagine quando contasse para Francesca, seus filhos e netos? Com certeza, desejariam vir ficar com ele na mesma hora.

Mas enquanto não pudesse voltar para casa e buscá-los, cuidaria de seu banho e de sua alimentação. Quando estivesse completamente curado, iria até eles e traria todos, pois seus amigos não se importariam. Ele tinha fortuna e poderia comprar uma fazenda ou casa naquela "Colônia" tão agradável e bela, pois, assim, seus familiares usufruiriam tanto quanto ele daquelas paragens.

32

AINDA AS PROVAÇÕES DE FRANCESCA

Na fazenda...

Após ultimar os preparativos fúnebres, juntamente com Vicenzo e Constância, Carmela dirigiu-se aos aposentos de Francesca para verificar seu estado e se precisava de ajuda para se arrumar, pois os conhecidos já estavam chegando para prestar as últimas homenagens a Giacomo, e Francesca deveria estar presente para receber os pêsames.

Bateu à porta e abriu-a, sem esperar consentimento.

Parou, estarrecida... Francesca arrumava os cabelos longos, e ainda belos, e estava vestida como se fosse a um baile de gala e não ao funeral do homem amado.

– *Mamma*, que passa, por *Dio?* – perguntou Carmela, seriamente preocupada com as faculdades mentais de sua genitora.

– Não se passa nada, Carmela. Ainda está vestida deste jeito, *caspita?* Os convidados estão para chegar para o baile que ofereceremos. Preciso ficar bela, pois meu Giacomo gosta de ver-me formosa nestas ocasiões. Ele já se aprontou, *bambina?* – respondeu Francesca, como se estivesse variando.

– *Mamma*, a que baile se refere, *Dio mio?* – quis saber a filha.

– Mas como? Está parva, Carmela? Não viu que mandei enfeitar o salão porque receberemos convidados, eu e meu Giacomo, para o baile que estamos oferecendo em nossa casa? – indignou-se Francesca.

Carmela apavorou-se de verdade e resolveu buscar ajuda. A mãe estava completamente dementada, e seus irmãos e a *nona* tinham que ajudá-la a resolver aquele triste, porém, esperado drama.

Maria Antonieta já estava no salão, observando o ir e vir dos serviçais, para que tudo saísse a contento. Seu genro merecia belas e inesquecíveis homenagens póstumas.

Carmela viu-a ali e foi ao seu encontro, totalmente descomposta.

– Que passa, *mia bambina?* – quis saber a *nona*, notando a descompostura da fisionomia de Carmela.

– *Nona*, acuda, por *Dio! Mamma* está completamente fora de si. Está vestida como se fosse a um baile de gala e não ao funeral de *papà...* – explicou Carmela, chorando dolorosamente.

– *Va bene...* Acalme-se, Carmela. Eu resolverei este problema. Já esperávamos a reação de Francesca, não é verdade? – tranquilizou a *nona*.

Maria Antonieta empertigou-se e dirigiu-se aos aposentos da filha. Teria que ser carinhosa, porém, firme e enérgica, se quisesse que Francesca encarasse a realidade dos fatos. Que Deus a ajudasse no intento.

Entrou sem sequer se anunciar e deparou-se com a cena que a neta já havia descrito.

– Francesca!!! Que passa? – perguntou Maria Antonieta, em tom enérgico – Você não tem nenhum baile a comparecer, entendeu? Muito menos Giacomo. Exijo que se comporte como una mulher adulta, uma *mamma* e uma *nona!*

– Mas parece que estão todos parvos nesta casa! – resmungou Francesca, sem querer ouvir as palavras de Maria Antonieta.

– Francesca Olivetto Antonelli! Olhe imediatamente para sua *mamma* e venha até aqui AGORA! – ordenou Maria Antonieta em tom que não admitia réplicas.

Francesca levantou-se vagarosamente da banqueta, girou o corpo de maneira a ficar de frente para a mãe e, de olhos baixos, encaminhou-se até ela.

Maria Antonieta levantou o queixo da filha, fazendo com que seus olhos encontrassem os dela e continuou:

– Francesca, pérola minha... Sabe o quanto a amo e venero, mas não posso permitir que desista de sua vida e fuja da verdade dos fatos. Sei que a dor que está sentindo é quase intolerável e que preferiria que tudo não passasse de um pesadelo, mas a verdade não é esta, entende? Também perdi meu Francesco e senti tudo o que está sentindo, *amore mio*. E mesmo tendo ouvido Giuseppe falar o tempo todo que a vida não acaba com a morte, não acreditei. Mas parei para pensar e cheguei à conclusão de que eu sempre soubera de tudo o que Giuseppe falava, somente não queria ver. Na vida, esperamos nove meses, sentimos uma dor inenarrável e nossos *bambinos* vêm ao mundo. A dor cessa imediatamente após o nascimento, não é verdade? Com a morte não é diferente... Nossos entes amados partem antes de nós, sentimos uma dor ainda mais inenarrável, mas sabemos que, assim que nossa missão nesta Terra terminar, reencontraremos a todos eles, num mundo mais feliz. Estamos separados apenas momentaneamente de nossos amores, *bambina*. Mas enquanto *Dio* não dá permissão para que partamos ao encontro deles, devemos aprender a viver com nossa dor e saudade. Você ainda tem filhos e netos para orientar, amar e cuidar, *amore mio.* Honre o sangue que corre em suas veias e comporte-se como uma verdadeira Olivetto, por favor. Não faça com que esta sua velha *mamma* se decepcione com você, pequena Francesca. Não decepcione seus filhos e netos. Você acha que Giacomo gostaria de vê-la chorando pelos cantos, descabelando-se, fingindo-se de parva, falando palavras desconexas, somente para não ter que encarar a realidade das coisas, filha *mia?* A vida é assim mesmo... Nascemos, crescemos, formamos nossas famílias e morremos, *amore mio.* É a lei da natureza – finalizou Maria Antonieta, com muita firmeza, mas também com extremo carinho materno, acariciando os cabelos de Francesca, como se esta ainda fosse aquela menina sapeca e arteira, que ela tanto carregara no colo e sempre amara.

Francesca chorava mansamente e abraçou a mãe, como se pedisse arrego e aconchego.

– Eu até pensei em matar-me, *mamma...* estava decidida a fazer isso, logo depois de enterrar meu *amore...* Quem sabe assim não reencontraria Giacomo mais rapidamente? – confessou Francesca.

– Mas que passa? *Dio* perdoe estas palavras insanas e covardes! Cale-se! Não permito que fale tanta bobagem! Respeite os cabelos brancos e as rugas de sua *mamma*, Francesca! – indignou-se Maria Antonieta, ralhando severamente com a filha.

– Desculpe, *mamma...* Mas a dor que sinto em meu coração rasga-me as entranhas e sinto, às vezes, que não suportarei a ausência de *mio amore.* Que será de mim sem Giacomo, *mamma?* Sem seu sorriso, sua voz, seus carinhos? Por que *Dio* tirou o amor da minha vida de mim? – soluçou Francesca, inconsolável.

– Eu entendo tudo o que está sentindo, *amore mio.* Mas nada nesta vida justifica alguém se matar. Isso não passa de um ato covarde e infeliz. Mesmo porque, segundo os ensinamentos de Giuseppe, quando tiramos nossa própria vida, ficamos presos ao nosso corpo de carne, assistindo à sua decomposição. E mesmo depois de nos libertarmos de nosso corpo físico, não reencontraremos nossos entes queridos, pérola minha. Somos levados ou atraídos para um lugar escuro, sombrio, frio e solitário. E lá permaneceremos até nos arrependermos, de verdade, do nosso ato impensado e injusto diante de *Dio,* entende? Somente reencontraremos nossos *amores,* que partiram antes de nós, se nos resignarmos, continuarmos vivendo nossa vida, até que *Dio* nos chame – consolou Maria Antonieta, com o coração materno partido por ver o sofrimento atroz de sua filha tão amada.

Francesca ouvia atentamente as palavras da *mamma.*

Sabia que era tudo verdade, mas será que conseguiria superar a dor da perda?

Sentia um vazio em seu peito como se nada mais valesse a pena.

Por outro lado, realmente tinha os filhos e netos que tanto amava.

Seria justo privá-los também da sua companhia?

Já não bastava terem acabado de perder Giacomo?

Sua dor era a de uma mulher que muito amara e perdera o homem amado para a morte...

Mas e seus filhos? Não acabavam de perder o pai? E os netos? Também não acabavam de perder o avô?

Todos deveriam estar sofrendo e sentindo dor, embora fosse uma dor diferente da que oprimia o seu coração.

Deveria ser forte e estar ao lado dos entes queridos naquele momento tão traumático.

Deveria realmente saber honrar o sangue e o sobrenome que carregava, com tanto orgulho.

Uma Olivetto jamais se curvava diante dos percalços da

vida. Tropeçava, caía, mas levantava, reequilibrando-se e recomeçando, mesmo que fosse do zero.

E, mesmo Giacomo, jamais desistira de atingir seus objetivos. Quando percebeu que seguia o caminho errado para conseguir concretizá-los, parou, analisou a situação, repensou seus atos, corrigiu o que era possível corrigir e recomeçou de forma totalmente diferente, de forma honrosa, construtiva, benévola e tenaz.

Não decepcionaria o marido.

Não decepcionaria sua *mamma*.

Não decepcionaria nem abandonaria seus filhos e netos num momento tão decisivo e crucial para suas vidas.

Francesca endireitou o corpo, alisou os cabelos desgrenhados, arrumou as vestes, respirou fundo várias vezes e afirmou, categoricamente:

– *Va bene, mamma...* Sei que tem razão. Não desistirei da minha vida, nem fugirei da verdade. Honrarei meu sobrenome e apoiarei meus filhos e netos, hoje e sempre. Superaremos a dor e a saudade juntos, sempre unidos e solidários uns com os outros. Todos estão sofrendo, e seria egoísmo, comodismo e prepotência de minha parte se somente eu ficasse fazendo-me de parva e tentando fugir dos fatos concretos que estão diante de nossos olhos. Obrigada, *mamma*. Não sei o que eu faria se não fosse a presença de minha amada *mamma* em minha vida. Que *Dio* a abençoe e lhe dê muitos e muitos anos de vida! – agradeceu Francesca, com os olhos enxutos, acariciando os cabelos brancos como neve de Maria Antonieta, demonstrando, com este gesto, toda sua gratidão e amor filial.

Maria Antonieta, satisfeita, abraçou novamente a filha.

Sentia orgulho de sua *bambina*.

Francesca pediu licença à mãe, pois ainda precisava vestir-se com um traje condizente com a ocasião.

Os amigos e trabalhadores da fazenda já deveriam estar chegando para acompanharem os atos fúnebres, e ela tinha que estar presente para receber os pêsames de todos e apoiar os filhos e netos.

Foi até o armário e escolheu o mais lindo traje negro que existia ali, juntamente com as luvas e o véu.

Queria estar bela para prestar sua última homenagem ao grande amor de sua vida.

O salão estava apinhado.

O silêncio imperava, e todos se mostravam contritos e solidários com os familiares de Giacomo.

O esquife descansava no meio do salão. Velas ardiam por todo o ambiente.

A noite transcorreu lentamente, e Francesca, sua *mamma*, seus filhos e netos não arredaram pé do lado do caixão mortuário de Giacomo.

Giuseppe havia recomendado que evitassem pensamentos de revolta, dor e imprecações, pois senão atrapalhariam o trabalho da espiritualidade e o desatar dos laços que ainda prendiam Giacomo ao corpo físico.

Embora Giuseppe soubesse que os laços já haviam sido desatados e que o perispírito do amigo já fora levado para um lugar de refazimento, portanto não se encontrava mais ali presente, achou melhor dizer o que disse aos familiares, pois mesmo com a sua ausência, os pensamentos lúgubres dos entes queridos poderiam atrair Giacomo de volta e prejudicá-lo, deveras.

Todos entenderam e seguiram as recomendações de Giuseppe.

De tempos em tempos, proferiam preces sinceras e comovedoras em prol de Giacomo e, assim, chegou o momento da partida do cortejo fúnebre.

33

GIACOMO REDESCOBRINDO *A VIDA* ESPIRITUAL

Na Colônia "Luz do Alvorecer", Cássio e Clemente estavam em companhia do recém-chegado Giacomo, e Cássio dizia-lhe:

— Gostaríamos que nos acompanhasse até um determinado lugar, amigo. Sente-se disposto?

— Sim, Cássio. Mas na verdade, será que eu não poderia ver minha família? Eles ainda não vieram me visitar neste lugar aprazível, e estou começando a preocupar-me de fato.

— É exatamente para ver sua família que o levaremos, Giacomo. Podemos ir? – explicou Clemente.

Giacomo animou-se prontamente e acompanhou os amigos.

Mais quatro Espíritos foram junto com eles. Num determinado momento, pediram a Giacomo que fechasse os olhos e pensasse em Deus e em seus familiares com muita firmeza e força.

Quando permitiram que abrisse os olhos, viu-se em sua fazenda, acompanhando um cortejo fúnebre. Preocupou-se. Quem havia falecido? Seria um de seus entes queridos? Sua sogra?

Logo, acalmou-se, pois visualizou a esposa, a sogra, os filhos, netos, e Giuseppe, Cipriano e Cirina, seguindo à frente do cortejo, de fisionomias tristes, porém conformadas.

— Amigo Cássio, quem faleceu em minha fazenda? – quis saber Giacomo.

— Não sabe, meu irmão? – perguntou Clemente.

— Não. Pensei que fosse a *Signora* Maria Antonieta, minha sogra, devido à sua idade avançada, mas acabei de localizá-la ao lado de Francesca e Constância – respondeu Giacomo.

— Então, continuemos acompanhando o cortejo. Quando tudo acabar, retornaremos à Colônia e lá explicaremos tudo o que quiser saber, está bem? – propôs Cássio.

Giacomo apoiou-se em Cássio e foi andando, meio tropegamente, pois apesar de não estar sentindo dores, sentia-se um tanto pesado.

O cortejo havia chegado ao seu destino: um enorme descampado, rodeado de árvores, flores, um lago de águas cristalinas e arbustos. Uma cova havia sido aberta recentemente, e Giuseppe, Vicenzo, Cipriano e Lorenzo removiam o esquife de Giacomo com cuidado, depositando-o no chão, ao lado da cova.

Giuseppe já havia visto Giacomo e seus amigos ali presentes e proferiu uma sentida prece, sem citar o nome de quem jazia ali naquele esquife, pois Cássio acabara de informá-lo em pensamento, que seu protegido ainda não sabia que havia desencarnado.

Francesca estranhou o fato de Giuseppe não ter citado o

nome de seu marido e resolveu corrigir o que considerava um erro ou esquecimento.

– Amigos.... É com muito pesar que me encontro aqui, neste momento infeliz de nossas vidas. Giacomo Antonelli, além de ter sido o grande amor de minha vida, *papà* de meus *bambinos* e *nono* de meus netos, foi um grande homem, de caráter íntegro, leal e franco. Estamos aqui, prestando nossas últimas homenagens, com muito amor, saudade e tristeza. A dor da perda é indescritível, mas sabemos que nossa vida deve continuar e que devemos nos lembrar de nosso Giacomo apenas com carinho e apreço – pronunciou Francesca, enxugando as lágrimas com a ponta do lenço.

Francesca olhou para o esquife em que jazia o corpo inerte de seu marido e continuou, como se ele estivesse ali, ouvindo suas palavras.

– *Amore mio...* Muito labutamos nesta vida para podermos ficar juntos e viver nosso grande amor. Sinto orgulho e um profundo amor por você, Giacomo. Jamais o esqueceremos e, se existe mesmo uma vida depois da morte, se estiver escutando-me, desejamos que encontre o caminho da luz. Permanecerei ao lado de nossos filhos e netos, até que *Dio* dê permissão e que eu tenha minha missão, nesta Terra, terminada. Depois disso, tenho certeza de que nos reencontraremos, *amore mio*. Se puder, ore por nós. Peça a *Dio* que nos dê força, coragem e resignação para que saibamos continuar vivendo sem a sua presença, seu pulso firme, seus exemplos edificantes e seu carinho. Que saibamos conviver com a dor da perda e da saudade, sem que o desespero e o desânimo tomem conta de nossos corações. Que *Dio* o proteja e ilumine, *amore mio*. Espere por mim – finalizou Francesca, emocionando a todos até a última fibra de suas almas fustigadas.

Giuseppe, Lorenzo, Vicenzo e Cipriano colocaram o esquife dentro da cova, e Francesca jogou em cima as flores do campo que havia levado consigo, colou seus lábios trêmulos aos seus próprios dedos e soprou como se estivesse jogando um último beijo ao homem amado.

Todos imitaram seu gesto e jogaram flores em cima do esquife.

A tarde findava e um lindo pôr do sol fazia sua aparição mágica e inesquecível.

Os empregados da fazenda jogaram muita terra por cima do esquife, enterrando-o, e uma linda cruz reluzente foi colocada ali. Mais flores foram jogadas e, com um último suspiro coletivo e confrangido, voltaram sobre os próprios pés, retornando a casa.

Giacomo, aos prantos, havia se ajoelhado aos pés de sua amada Francesca.

Ouvira suas saudosas, doces e sinceras palavras. Entendera tudo.

Não pertencia mais àquele mundo, não pertencia mais àquela bela família, não pertencia mais à sua adorada Francesca.

Perdera tudo. O que seria dele, sozinho e infeliz?

Conforme ouvia as palavras de Francesca, as lembranças da cena de sua morte vieram-lhe à mente como se assistisse a um filme de final trágico e infeliz.

Cássio, acompanhando os desencontrados e angustiantes pensamentos de seu pupilo, resolveu interferir:

– Amigo Giacomo... Não perdeu absolutamente nada. Simplesmente, retornou à verdadeira vida e está apenas momentaneamente separado de seus entes amados. Na vida, nada se perde, tudo se transforma, entende? Sua missão na Terra já havia sido cumprida e não havia mais motivos relevantes que o fizessem permanecer encarnado. Estava tudo predestinado, e a Lei foi cumprida. Graças à mudança de comportamento em determinada etapa da sua última romagem terrena e graças ao fato de ter resgatado sua falta em relação a Cornélio, agora Vicenzo, não foi atraído para as zonas infelizes ao desencarnar. Pudemos, dessa forma, socorrê-lo e encaminhá-lo até a nossa Colônia. Pudemos protegê-lo e retirá-lo do alcance de suas vítimas e inimigos de outrora que, mesmo sabendo que você havia se modificado para melhor, esperavam apenas um mero escorregão de sua parte para poderem subtraí-lo de nossa custódia e vigilância. Inclusive, eles estavam presentes durante sua luta contra Caetano, torcendo para que desse vazão ao ódio e ao desejo de vingança, matando seu genro, sem pestanejar. Se tivesse agido assim, com certeza, neste momento, estaria preso no umbral, sob o chicote de seus inimigos e nada poderíamos fazer para tirá-lo de lá, por um longo tempo. Estaria sofrendo, sentindo dores atrozes e lancinantes, seu ferimento ainda estaria em chagas, aberto e sangrando, e você teria se entregado à revolta, blasfemando e imprecando contra Deus. Está tudo certo do jeito que está, amigo Giacomo – terminou Cássio, ajudando-o a levantar-se.

– De certa forma, sei que está certo em tudo o que acabou de dizer, mas não é fácil ser subtraído violentamente da presença de seus entes queridos – justificou Giacomo.

– Mas nada na vida é fácil, amigo. E, quando é muito fácil, tenha a certeza de que não será valorizado devidamente, nem durará por muito tempo. Só valorizamos nossas conquistas feitas com esforço e suor próprios – explicou Clemente.

– Sua presença não é mais necessária aqui, Giacomo. Seus familiares ficarão bem. Não se esqueça de que Giuseppe está ao lado deles, e que Deus jamais desampara ninguém. Quando estiver mais equilibrado e menos confuso, voltaremos para que possa visitar sua família e, quem sabe, até ajudá-la, se estiver precisando. Retornemos à Colônia, sem mais demora – propôs Cássio.

Todos aquiesceram e rumaram de volta.

Os quatro amigos, que acompanharam Giacomo, Cássio e Clemente, eram Geraldo, Alesio, Anacleto e Madalena.

– Bem, parece-me que Francesca finalmente venceu a prova que lhe foi imposta antes de reencarnar, não concorda, Geraldo? – perguntou Alesio.

– Tudo indica que sim, irmão Alesio. Sinto enorme regozijo com esse fato quase contundente e consumado, mas não devemos nos esquecer de que o ser humano é complexo e imprevisível – respondeu Geraldo, ponderado.

– Mas qual a dúvida? Ela não está agindo de forma dissimulada e pareceu-me que realmente entendeu e resolveu seguir os conselhos de Maria Antonieta – retrucou Anacleto.

– Sim, amigo. Fiquei vibrando para que Maria Antonieta conseguisse convencer a filha de que estava agindo errado, e por que não assumir que fui eu quem a inspirou no decorrer de todo o diálogo que manteve com Francesca? – confessou Geraldo, contente.

– Como é bom quando as pessoas colaboram com nosso trabalho, não agasalhando pensamentos de ódio, rancor e revolta, não é mesmo? – constatou Madalena.

– Com certeza. Somente assim conseguimos inspirá-las e orientá-las em direção ao melhor caminho a seguir. Maria Antonieta sempre colaborou com nossos esforços, tanto em relação a Francesca, como também em relação a Constância, Vicenzo e Carmela. É um Espírito abnegado, de luz, e sempre esteve ao nosso dispor, mesmo quando ainda na Espiritualidade Maior – concordou Geraldo.

– É mesmo. Ela aceitou de bom grado ser a matriarca da família Olivetto quando reencarnasse e jurou fazer tudo o que estivesse ao seu alcance para ajudar os integrantes dessa mesma família a encontrarem o caminho da compreensão, do amor, do perdão e da confiança em Deus. Em breve, retornará ao mundo espiritual, com a verdadeira sensação do dever cumprido. E estaremos aqui para receber, de braços abertos, mais uma trabalhadora abnegada, fiel serva de Jesus. Que Deus a abençoe! – confirmou Clemente, que acompanhava o diálogo dos amigos, em silêncio até então.

Observaram que Daniel vinha se aproximando, sorrindo.

– Como vão, irmãos em Jesus? Eu estava ocupado com outras tarefas e não pude acompanhar o desenrolar dos fatos, em relação à desencarnação e ao funeral de Giacomo. Mas já estou a par de que tudo correu bem, com a graça e a bênção de Deus – comentou Daniel.

– Sim, irmão Daniel. Giacomo já está ciente de seu estado de Espírito eterno, mas encontra-se ainda um tanto confuso e abalado – explicou Cassio.

– Mas isso é natural e, com o passar do tempo, tudo se encaixará – sentenciou Daniel.

– E Paolo, amigo Daniel? Quando retornará ao nosso mundo? – quis saber Madalena.

– Muito em breve, irmã Madalena. Aguardaremos que o equilíbrio emocional da família retorne e traremos Paolo de volta, pois o tempo a mais, que ele pediu e conseguiu obter por merecimento, já está se esgotando, e outras tarefas inadiáveis esperam-no aqui.

– Agora entendi o porquê de sua dúvida em relação à prova de Francesca, irmão Geraldo – constatou Alesio.

– Pois é... Aguardemos os acontecimentos. Paolo virá primeiro e, poucos anos depois, retornará Maria Antonieta. Vamos ver como Francesca lidará com estas duas preciosas e instrutivas perdas – pronunciou Geraldo.

– Puxa, mas como a sabedoria de Deus é infinita! – admirou-se Madalena, e continuou: – Ele permitirá que Maria Antonieta permaneça na Terra como alicerce, apoio de Francesca, até Paolo retornar. Só a chamará de volta quando Francesca tiver conseguido aprender a valorizar a vida e não desistir da luta diante dos obstáculos...

– É o que esperamos, Madalena... Que Francesca realmente aprenda a valorizar a vida e saiba que deve continuar lutando, independentemente do que lhe advenha, primeiro com a ajuda de Maria Antonieta e, depois, sem ela, afinal, todos nós temos que aprender a fazer nossas próprias escolhas e arcar com as consequências de nossos atos. Se ela pudesse contar com o auxílio de Maria Antonieta o tempo todo, encarnada ao seu lado, sempre disponível, qual seria seu mérito nas vitórias que porventura viesse a obter contra suas fraquezas de caráter e tendências suicidas? – enfatizou Geraldo.

– Amigo Clemente, o fato de Giacomo ter usado seu próprio corpo como escudo para proteger Vicenzo, não poderia também ser considerado suicídio? – perguntou Anacleto.

– Não, porque Giacomo tinha um resgate a fazer em relação a Vicenzo e não teve a intenção de morrer, entende? O único pensamento dele naquele momento foi o de impedir que Caetano matasse Vicenzo. Nestes casos, a intenção é o que vale, sendo levada em consideração como atenuante, ainda mais no caso de Giacomo, que agiu como agiu por puro e simples amor paterno – explicou Clemente.

– Mas e se houvesse chegado o momento de Vicenzo desencarnar? – quis saber Alesio.

– Por mais que Giacomo tentasse impedir, não teria conseguido – continuou Clemente.

– Como está a situação de Caetano? – quis saber Madalena.

– Péssima, para dizer o mínimo. Teve uma morte violenta, estava desequilibrado, sendo perseguido pelos seus inimigos e comparsas de outrora. Esperavam-no do lado de cá, morreu com ódio, revolta e rancor no coração. Foi direto para as zonas umbralinas, onde está aprisionado por suas vítimas. Nem seus comparsas e Espíritos afins conseguiram impedir. Caetano passará um longo tempo sendo maltratado, agredido e perseguido. Será como um escravo para aqueles Espíritos tão infelizes quanto ele. Tem o coração e o Espírito totalmente empedernido, impermeável às ideias de amor, perdão, caridade e arrependimento. Mas dia chegará em que se arrependerá sinceramente, lembrar-se-á de Deus e pedirá socorro. E nós estaremos a postos para socorrê-lo, já que nenhuma ovelha do rebanho de nosso Pai ficará fora do Seu reino.

– Mas Carmela não corre o risco de ser obsediada por ele? – quis saber Alesio.

– Esse risco todos correm, dependendo do tipo de ato e pensamento que cultivam. Se ela ficar pensando nele com raiva e revolta, acabará atraindo-o, mesmo que ele não esteja interessado em prejudicá-la, o que não é o caso, naturalmente. Mas se ela permanecer no caminho reto do amor e do perdão, criará automaticamente uma barreira entre eles, e Caetano não terá acesso a ela. Mas no presente momento, como eu já disse, ele encontra-se prisioneiro e não terá a liberdade de procurar por Carmela, nem por quem quer que seja – finalizou Clemente.

Haviam chegado à Colônia e foram passear pelas alamedas arborizadas, perfumadas pelo aroma das flores noturnas. O céu estava forrado de estrelas brilhantes, não havia nuvens, e a lua cheia mostrava todo o seu esplendor, magnitude e beleza.

Giacomo dirigiu-se ao seu quarto, pois às emoções do dia haviam sido um tanto pesadas demais. Ele queria descansar um pouco e colocar os pensamentos e ideias em ordem, pois tinha muitas dúvidas a serem esclarecidas e muito em que pensar.

Cássio aquiesceu e foi juntar-se ao grupo que estava no jardim.

Na fazenda de Giacomo, dois dias depois dos funerais, Francesca lembrou-se de que ainda não sabia como havia se dado a morte do marido.

Então, foi à procura de Giuseppe e o inquiriu.

Giuseppe colocou-a a par de todos os detalhes fatídicos e aconselhou-a a não dar asas a sentimentos de revolta ou ódio, em relação a Caetano. Explicou sobre o resgate devido por Giacomo a Vicenzo e ratificou que tudo estava certo como estava.

Francesca achou muito difícil seguir os conselhos de Giuseppe, mas permaneceu calada.

Foi à procura de Maria Antonieta para desabafar e pedir a opinião da mãe sobre o que acabara de saber.

Encontrou-a na varanda, bordando, e foi direto ao assunto. Após ouvir a filha, Maria Antonieta manifestou sua opinião:

— Francesca, não acho que saber a maneira que Giacomo morreu vá resolver alguma coisa nesta altura dos acontecimentos, entende? De que adianta? Nada poderá trazer seu consorte de volta, e o que devemos fazer daqui para a frente é nos resignarmos e seguir nossas vidas, da melhor forma possível. Como já lhe falei, *bambina mia,* a morte de um ente amado dói lancinantemente, mas, depois, com o passar dos anos, a dor vira saudade e acabamos nos conformando, entende?

— Mas, *mamma,* não devo contar a Carmela? Afinal, meu amor morreu no fio da espada do consorte dela, não é verdade? – quis saber Francesca.

— Mas o que vai querer que sua filha faça, Francesca? Ela não tem culpa do mau-caratismo de Caetano, não é verdade? Inclusive, foi uma de suas vítimas mais cruelmente agredida e violentada por ele. Já não basta a paralisia de Paolo? Não acha que Carmela já tem muitos problemas e preocupações com seu *bambino*? Por que não se coloca um pouco no lugar dela, pérola minha? – respondeu, sensatamente.

– É verdade, *mamma*. Mesmo porque, não posso deixar de pensar em Paolo. O que ele sentirá ao saber que o *papà* é um assassino, além de parvo e cruel, pois isso ele já sabe e até presenciou? – meditou Francesca.

– E, depois, não se esqueça de que, se Giacomo não tivesse jogado seu próprio corpo na frente de Vicenzo, quem estaria morto, neste momento, seria seu *bambino*, Francesca! Como acha que Giacomo se sentiria se perdesse o filho numa situação daquela? Com certeza, passaria o resto dos seus dias culpando-se por não ter feito nada para salvar Vicenzo, não é verdade? Mesmo porque, Giovanna está prestes a dar à luz o primogênito de Vicenzo, e o que seria dela e deste *bambino*, se tivessem perdido o consorte e o *papà*, respectivamente? – ponderou Maria Antonieta.

– Tem razão, *mamma*, devo aprender a colocar-me no lugar dos outros se eu quiser conseguir continuar vivendo em paz e harmonia com minha família. Mesmo porque, se a dor de perder um grande amor é lancinante, quase insuportável, que dirá a dor de perder um filho? Deve ser muito pior, se é que é possível! *Dio* me livre e guarde desta desgraça! – concordou Francesca, fazendo o sinal da cruz.

Vicenzo estava trancafiado em seus aposentos particulares, muito triste, sentindo-se culpado pela morte do pai. Se Giacomo não tivesse se jogado à sua frente, ainda estaria vivo, e ele, morto.

Por que as coisas tinham que ter acontecido daquela maneira?

A cisma e a implicância, que houvera nutrido pelo pai no passado, realmente faziam parte do passado, há muito tempo.

Vicenzo aprendera a amar e respeitar Giacomo e via-o como pai, companheiro, amigo... E agora?

Como conseguiria tocar aquela fazenda com a mesma competência, discernimento, astúcia, justiça e perseverança do pai? Era seu único filho homem, portanto caberia a ele cuidar dos negócios da família, mas considerava-se tão jovem e inexperiente...

Lorenzo não poderia ajudá-lo porque tinha sua própria fazenda para cuidar.

Quem poderia ajudá-lo?

E se conversasse com Giuseppe e pedisse seus sábios conselhos?

Era isso o que faria imediatamente.

Foi à sua procura e encontrou-o quinando algumas ervas no terreno atrás de sua casa.

Giuseppe ficou muito contente com a visita e convidou Vicenzo a entrar e tomar um lanche com ele, pois a tarde já ia ao meio, e ele acabara de lembrar-se de que ainda não havia almoçado.

Vicenzo aceitou, e os dois entraram abraçados, conversando sobre banalidades.

– Amigo Giuseppe, como sabe, agora que meu *papà* se foi, caberá a mim gerir os negócios da família e zelar pelo nosso extenso patrimônio. Mas considero-me ainda muito jovem e inexperiente para assumir tal responsabilidade sozinho... Será que poderia aconselhar-me, por favor? – pediu Vicenzo, humildemente.

– Mas claro, Vicenzo. Já sabe que eu sou o filho primogênito do *Signore* Deodoro e que Lorenzo é meu irmão. Somente não estou cuidando dos negócios de *papà*, porque não me importo com fortuna e terras, mas, antes de sair para o mundo e vir parar aqui, eu ajudava *papà* a cuidar da fazenda, portanto tenho certa experiência. E depois que reencontrei minha família naquele baile, tenho mantido conversas sobre este assunto, tanto com Lorenzo quanto com meu *papà*, por isso, estou atualizado e até sugeri algumas mudanças a Lorenzo, mudanças que foram benéficas e lucrativas. Se quiser, posso assessorá-lo até sentir-se seguro o suficiente para tomar a dianteira dos negócios de Giacomo, que acha? – propôs Giuseppe, animado, desejando muito ajudar Vicenzo de alguma maneira.

– Madonna mia! Por *Dio*! Faria isso por mim, amigo? É claro que eu aceito e tenho certeza de que nem *nona,* nem *mamma*, nem Carmela e nem Constância acharão solução melhor que esta, Giuseppe! – aceitou prontamente Vicenzo, sentindo como se um peso houvesse sido retirado de seus ombros.

– Então, estou à disposição. Quando deseja começar? – prontificou-se Giuseppe.

– Amanhã mesmo, amigo. Espero-o no escritório da fazenda ao amanhecer, *va bene?* – disse Vicenzo, levantando-se para sair e contar a novidade aos familiares.

– *Va bene*, amigo. Lá estarei – anuiu Giuseppe, despedindo-se de Vicenzo com cortesia e amizade.

Quando Vicenzo chegou à casa, contando sobre o oferecimento de Giuseppe, todos se regozijaram, e até Paolo mostrou-se interessado nos negócios, pedindo que deixassem-no ajudar e aprender também.

Vicenzo concordou animadamente, e Paolo ficou radiante.

Carmela sentiu orgulho do filho, pois, mesmo sem poder dar um passo sequer, ele ainda tinha ânimo, força e coragem para colocar-se à disposição do tio e dos negócios da família.

Que Deus o abençoasse e lhe desse muitos e muitos anos de vida!

Aliás, todos ali se admiraram com o oferecimento de Paolo, pois apesar de nunca ter-se entregado à revolta e ao desânimo, nunca imaginariam que ele teria disposição para trabalhar, embora fosse muito inteligente e responsável.

Na espiritualidade, Daniel conversava com Anacleto sobre Carmela e Paolo.

— Daniel, quando Paolo retornar ao mundo espiritual, Carmela ficará inconsolável, concorda?

— Sim, amigo, mas ela é uma mulher forte e saberá resignar-se, mesmo porque, muito em breve, um novo amor, desta vez verdadeiro e recíproco, estará cruzando seu destino – respondeu Daniel.

— Sim, mas um novo amor não substituirá a presença de um filho único, não é verdade?

— Mas ela terá outros filhos, não sabe? – lembrou Daniel.

— Ora, mas ela não tem problemas físicos que a impedem? – surpreendeu-se Anacleto.

— Os "problemas físicos", aos quais se refere, estavam relacionados diretamente ao organismo de Caetano, ou melhor, aos seus genes e ao carma do casal. O novo amor de Carmela tem o organismo extremamente sadio e geneticamente é perfeito para procriar e trazer ao mundo crianças saudáveis e fortes – explicou Daniel.

— Puxa, quer dizer que os filhos que ela perdeu, na verdade, não morreram por sua culpa, e, sim, por culpa do marido? E ele querendo castigá-la a cada vez que um bebê morria! É demais, não? – exasperou-se Anacleto.

— Ora, Anacleto, esqueceu-se de que, entre Carmela e

Caetano havia um acerto de contas a ser feito, e que ninguém é vítima de ninguém? – lembrou Daniel.

– É verdade, Daniel. Acabei falando bobagem. Mas quando esse grande amor surgirá na vida de Carmela? – quis saber Anacleto.

– Antes do retorno de Paolo à pátria espiritual, o novo consórcio já terá se realizado, portanto Carmela estará muito bem acompanhada e amparada quando o fato vier a ocorrer – contou Daniel, satisfeito.

– Nossa, tão rápido? Então, Carmela já conhece o novo marido? – cutucou Anacleto.

– Sim, convive com ele há muitos anos. Mas ainda não percebeu que seus sentimentos por ele vão além da admiração, amizade e gratidão. Ele perceberá antes dela e fará com que ela perceba, entendeu? – anunciou Daniel, um tanto misterioso.

– Quem será o felizardo? – tentou Anacleto.

– Vamos continuar acompanhando a história de nossos amigos e tutelados, pois logo descobrirá, amigo. Guarde sua curiosidade e observe os acontecimentos – sugeriu Daniel, encerrando a conversa, para frustração de Anacleto, cuja curiosidade sadia já havia dado mostras de ter despertado.

AS *REDESCOBERTAS*
CONTINUAM

Alguns meses haviam transcorrido desde que Giacomo retornara ao mundo espiritual.

A cada dia que passava, mais e mais ele entendia os motivos dos acontecimentos terem ocorrido daquela maneira.

Lembrara-se de sua vida pregressa, antes da última e, consequentemente, lembrou-se que Francesca havia falhado, atentando contra a própria vida inúmeras vezes.

Preocupava-se com ela e não parava de fazer indagações a Cássio sobre o estado emocional da esposa, que deixara na Terra.

Carmela também causava-lhe preocupação e, mais ainda, Paolo, pois não tinha mais pai, e Carmela não tinha mais um homem que a protegesse e defendesse em caso de necessidade, se bem que um homem igual ao que Caetano fora era totalmente dispensável na vida de qualquer mulher.

– Meu amigo Giacomo, Deus não desampara ninguém. Preocupe-se em adquirir ensinamentos úteis, aproveitar o máximo possível sua permanência em nossa Colônia e tirar, de seus erros passados, preciosas lições para que não os cometa novamente – aconselhou Cássio.

– Mas como não me preocupar com meus entes amados que ficaram na Terra? – quis saber Giacomo, sem entender aquela indiferença que Cássio aconselhava que ele tivesse.

– Não estou falando para esquecê-los, simplesmente aconselho que se preocupe mais consigo mesmo, entende? Mesmo porque, eles terão de passar pelas experiências necessárias ao seu adiantamento moral, e não poderemos interferir, apenas orar por eles, intuí-los no melhor caminho e aconselhá-los. E para executar essas tarefas, estão à disposição Anacleto, Madalena, Alesio, Geraldo, Daniel, Clemente e Crecildo, que são seus mentores. Sem contar com os Espíritos amigos e afins de cada um deles – apaziguou Cássio.

– Tentarei não me preocupar tanto, Cássio. Mas e se Francesca não suportar minha ausência e falhar de novo? – afligiu-se Giacomo.

– Respeite o livre-arbítrio das pessoas, Giacomo. Francesca tem ao seu lado, tanto no plano material quanto no plano espiritual, pessoas que estão ali justamente para demovê-la destas ideias insanas, mas se, mesmo assim, ela insistir e decidir tirar a própria vida de novo, a nós somente caberá entregá-la nas mãos de Deus – explicou Cássio.

– Como consegue ser tão indiferente, Cássio? Estamos falando de vidas humanas – reclamou Giacomo.

– Mas, Giacomo, só podemos mudar o que está ao nosso alcance fazê-lo. O que não está, devemos, SIM, entregar para Deus. Cada um deve fazer suas escolhas e arcar com as consequências, senão, qual o mérito da conquista? Está certo um pai fazer todos os deveres escolares do filho? O filho aprenderá o quê, dessa forma? NADA! E quando a vida exigir que o filho resolva algum problema e o pai não estiver por perto para resolver por ele? Medite sobre minhas palavras, amigo. Verá que estou certo e que você está sendo muito radical e egoísta – pronunciou Cássio, pacientemente.

– Egoísta, eu? – indignou-se Giacomo.

– Sim, pois está "brigando" por um direito que não lhe pertence, que é o de interferir na vida das outras pessoas, decidir por elas, viver a vida delas. Todas tiveram vidas passadas e erraram, portanto nada mais justo do que corrigirem seus erros e resgatarem suas faltas – continuou Cássio.

– Mas amo minha família! Só desejo que sejam felizes! – justificou-se.

– Quem ama, liberta! Quem ama permite que seus entes queridos sigam seus próprios caminhos, aprendam com seus erros, façam suas escolhas – disse Cássio.

– Puxa, como é difícil amar de verdade! E eu que pensei que era tão fácil... Esse desprendimento todo é quase impossível, amigo... – lamuriou-se Giacomo.

– Não é, não. Quando amamos de verdade, falo de um amor fraterno e sincero, desejamos a felicidade de quem amamos, mesmo que a felicidade deles não seja ao nosso lado ou do jeito que achamos que deveria ser. Quando amamos de verdade, nosso desprendimento é natural e automático – explanou Cássio.

Giacomo ficou pensando naquilo e Cassio interrompeu seus pensamentos, convidando-o para assistirem a uma palestra que teria início dali a poucos minutos.

Giacomo acompanhou-o, e chegaram a um palco montado a céu aberto, pois a noite estava clara, agradável e amena.

A plateia lotava o lugar, e Giacomo acomodou-se ao lado de Cássio e de Clemente, que já estava lá.

Um homem de estatura mediana, cabelos brancos e olhar tranquilo e amoroso, tomou lugar no palco, proferiu uma belíssima prece, que todos acompanharam comovidos, e deu início à palestra.

O assunto era o retorno ao mundo espiritual e os entes queridos que ficaram na Terra, pois havia muitos recém-chegados ali, e todos estavam sentindo muita saudade da família e preocupados.

– Queridos irmãos em Jesus, eu também, um dia, retornei à pátria espiritual e senti o mesmo que todos estão sentindo: saudade, revolta e preocupação com os entes queridos que permaneceram encarnados. Mas nada acontece sem a aprovação de Deus, e se a nossa missão havia acabado na Terra, só nos restava retornar ao nosso verdadeiro lar e dar seguimento aos nossos trabalhos e aprimoramento espiritual. Há coisas que somente podemos aprender aqui e há coisas que podemos somente aprender e colocar em prática, através do renascimento. Assim como não podemos nos iludir, achando que nunca mais teremos que voltar à Terra, revestidos de um novo invólucro carnal, também não podemos nos iludir, achando que, estando lá, jamais retornaremos para cá. Estamos num atrasado estágio evolutivo e, por enquanto, só conseguiremos progredir se nos utilizarmos do plano material conjuntamente com o plano espiritual, um intermediando o outro. Dia chegará em que não mais precisaremos da experiência reencarnatória, mas, como já disse, esse dia ainda está muito distante e depende de cada um de nós fazer com que chegue mais rápido. O caso mais comum com os quais nos deparamos, é o de irmãos que já não precisariam mais reencarnar ou permanecer em determinada Colônia, pois já burilaram seus Espíritos e desapegaram-se totalmente da matéria, mas existe uma força maior que os empurra a decisões de permanência naquela Colônia ou mesmo numa outra empreitada na carne. Essa força maior chama-se AMOR! Uma mãe é incapaz de ascender a planos mais altos se possui um filho ainda preso aos vícios e erros, sofrendo e chorando no umbral. Ao invés de pensar em si mesma, sacrifica-se em prol do filho amado, reencarnando junto com ele ou frequentando, juntamente com equipes socorristas, as zonas umbralinas, até que ele perceba o verdadeiro caminho e evolua ao ponto onde ela já evoluiu, podendo, então, acompanhá-la aos planos mais elevados. E assim se dá entre pais e filhos, irmãs e irmãos, esposas e maridos, avós e netos. Por mais que um irmão nosso tenha errado e abusado de seu livre-arbítrio, matando, ferindo e prejudicando seu próximo, sempre haverá alguém que o amará de verdade e que não descansará enquanto não o ajudar a fim de que ele perceba que não está seguindo o rumo que deveria seguir. Que só o amor constrói, só o perdão alivia e só a humildade pura e sincera engrandece aos olhos de Deus. Os primeiros serão os últimos, e os últimos serão os primeiros, já dizia Jesus, nosso irmão maior! Não devemos deixar que a revolta faça morada em nossos corações, por termos retornado antes de nossos entes queridos. Não devemos deixar que a ideia de vingança nos domine, pois tudo acontece exatamente da maneira que deve acontecer, embora, muitas vezes, não entendamos o motivo. Todas as respostas para nossas dúvidas estão nos ensinamentos de Jesus e em nossas vidas passadas. Ninguém é vítima de ninguém. Somos devedores e, quando as coisas não saem do jeito que desejamos, tenham a certeza de que aquele não seria o melhor caminho. Ninguém perde nada. A vida nos traz lições e experiências proveitosas e preciosas. Toda e qualquer pessoa que cruza nosso caminho tem algo a ensinar-nos, embora, num primeiro momento, possamos achar que ela está ali para nos prejudicar ou trair e consideremos que não há nada a aprender com esse tipo de pessoa, "já que somos melhores que ela" e "jamais faríamos o mal que ela fez ou pretende fazer". Ledo engano, amigos! Nunca diga nunca! Jamais diga: desta água não beberei! Afinal, podemos perfeitamente já ter bebido dessa mesma água e não nos lembrarmos, devido ao véu do esquecimento que Deus coloca em nossos olhos, a respeito de nossas vidas pregressas. Ou mesmo poderemos, num futuro não muito longínquo, beber exatamente dessa mesma água. Nós, seres humanos, somos imprevisíveis e não podemos rotular nada nem ninguém, pois corremos o risco de sermos também rotulados amanhã pelas mesmas pessoas que rotulamos hoje. Já dizia Jesus: "ame ao seu próximo como a si mesmo e a Deus sobre todas as coisas!" Quando aprendermos a não fazer ao outro o que não desejaríamos que nos fizessem, a harmonia, a paz e a união se perpetuarão sobre toda a Humanidade. Nossos entes amados, que continuam encarnados, necessitam ainda da experiência da carne para progredir e, quanto a nós, que já retornamos, devemos aproveitar todo o tempo disponível para estudar, aprender e trabalhar. Afinal, quem não deseja estar bem quando nossos entes amados vierem ao nosso encontro? Portanto, amados irmãos, não percamos tempo precioso com lamúrias, indagações inúteis, revolta, preguiça ou ócio. Arregacemos as mangas e mãos à obra! Muitos de nossos irmãos necessitam de ajuda, tanto os encarnados quanto os desencarnados. Aprendamos como ajudá-los da melhor maneira possível, permitamos que o amor e a caridade gratuitos falem mais alto dentro de nós mesmos e deixemos que o tempo se encarregue de promover nosso reencontro com os entes queridos. Que Deus abençoe a todos, hoje e sempre!"

Giacomo encontrava-se comovidíssimo com as belas palavras que acabara de ouvir.

— Cássio, o que posso estudar? E quanto a trabalhar? Em que eu poderia ser útil aos nossos irmãos que não tiveram a sorte que tive de, ao desencarnarem, virem para uma Colônia aprazível e repleta de amor, amizade e solicitude como esta?

— Falarei com o Osvaldo, responsável pelo nosso departamento de cursos, e verei o que seria mais útil a você aprender agora. E quanto a trabalhar, não sei se já poderá fazê-lo, mas também falarei com Honório, que é quem cuida do Departamento que distribui as tarefas aos recém-chegados do plano material – assegurou Clemente, que ouvira o pedido de Giacomo.

– Muito obrigado, amigo. Após ouvir palavras tão sábias, cheguei à conclusão de que "mente vazia é oficina do diabo", embora eu saiba que esse ser hediondo não existe – disse Giacomo.

As pessoas dispersaram-se, formando pequenos grupos de discussão construtiva e esclarecedora sobre a palestra, e Giacomo resolveu voltar ao seu dormitório, pois tinha muito no que pensar.

No dia seguinte, Giacomo seguiu para a praça central e estava ansioso por encontrar Clemente, a fim de verificar se o amigo havia conseguido um trabalho ou mesmo um curso que ele pudesse fazer.

Parecendo ter ouvido os pensamentos de Giacomo, eis que Clemente surge ao seu lado com um sorriso boníssimo e alegre.

– Bom dia, amigo. Falei com Osvaldo, e ele achou melhor você começar a estudar sobre as energias que emanam no plano espiritual e material. Você aprenderá a manipulá-las em prol de irmãos infelizes, saberá para que cada uma delas serve, enfim, tudo o que deve conhecer sobre o assunto para que possa participar das equipes socorristas. Deverá também estudar o Evangelho de Jesus, frequentando um segundo curso, mas haverá tempo para conciliar os dois, portanto não se preocupe. Agora, dirija-se àquele prédio azul claro, dê seu nome à recepcionista e diga que Osvaldo o aguarda – orientou Clemente.

– Puxa, nem sei como lhe agradecer! – respondeu Giacomo, emocionado com tanto zelo e carinho.

– Poderá me agradecer, esforçando-se para aprender, está bem? Estarei por perto se precisar de mim e também procurarei ficar a par de seus avanços relacionados aos cursos – disse Clemente, não desejando estender a rasgação de seda imerecida, por parte de Giacomo.

Giacomo deu-lhe um abraço, pois não tinha mais palavras a dizer e dirigiu-se alegremente ao prédio apontado por Clemente.

Chegando lá, seguiu as instruções de Clemente. A recepcionista era uma moça muito simpática, de nome Cleo, e encaminhou-o a uma antessala, recomendando que aguardasse por alguns minutos, pois logo o Irmão Osvaldo o chamaria.

Giacomo observou o ambiente à sua volta.

Era uma sala de decoração muito simples, mas agradável e acolhedora. O ambiente emanava paz, e ele sentiu-se em casa.

Alguns minutos depois, uma porta se abriu à sua frente, e um senhor de uns sessenta anos, alto, magro, olhar maroto e amigo, chamou-o.

Giacomo entrou na sala indicada, sentou-se em frente a ele, tendo uma escrivaninha a separá-los.

— Como vai, Giacomo? Sou Osvaldo e fiquei muito contente por saber que já deseja instruir-se para que possa ajudar nas equipes socorristas. Estive lendo sua ficha e acho que está no caminho certo e muito poderá nos ajudar, desde que, é claro, tenha como lema ser humilde, colocar o amor e a caridade ao próximo acima de qualquer interesse pessoal. Acompanhando as equipes socorristas, andará por lugares onde imperam o sofrimento, o ódio, sentimentos de vingança, revolta, lágrimas e dor. Para isso, é necessário que o socorrista tenha um extremo equilíbrio emocional, muita fé, muita humildade e desprendimento para que não abaixe seu padrão vibratório e fique em "maus lençóis", como dizem por aí, correndo até o risco de ficar preso aos lugares infelizes que conhecerá. Um socorrista não pode permitir que sentimentos pessoais interfiram no socorro aos nossos irmãos, não pode permitir-se julgar atos alheios, pois saberá de muitas histórias de vida de outras pessoas, de muitos erros e crimes cometidos. Temos que ter em mente que quem julga é Deus e a nós somente cabe amar e servir, entendeu? Pode ser que se depare com inimigos de outrora e, caso isso venha a acontecer, deverá saber perdoar do fundo de seu coração e, principalmente, saber pedir perdão quando assim a ocasião exigir. Suas aulas terão a parte teórica e a parte prática, sendo que, nesta última, por enquanto, você só poderá observar os fatos e acontecimentos, sem interferir. Veja as aulas práticas como um estágio, onde serão aplicadas todas as informações que adquirir nas aulas teóricas. Cada turma tem um professor ou monitor, como preferir, e a turma é formada por homens e mulheres de todas as faixas etárias, pois o que conta aqui é o amadurecimento espiritual de cada um e não a sua idade. Um adolescente de quinze anos pode ser mais evoluído do que um ancião de setenta anos, compreende? Nosso Espírito é eterno, e um corpo infantil pode abrigar um espírito milenar. Alguma dúvida? – quis saber Osvaldo.

– Nenhuma. Muito obrigado. Quando começo? – perguntou Giacomo.

– Agora mesmo. Sua primeira aula será iniciada daqui a quinze minutos. Por favor, leve esta ficha e entregue ao professor da sua sala, que se localiza no terceiro andar deste mesmo prédio. Boa sorte e, qualquer dúvida, encontro-me à disposição – afirmou Osvaldo, levantando-se e apertando a mão de Giacomo, em sinal de amizade e bem-querer.

Giacomo subiu os dois lances de escada que o separavam de sua sala de aula e, lá chegando, entregou sua ficha ao professor que, como veio a saber, chamava-se Carlos.

A sala continha umas vinte pessoas, de sexo e idade diferentes, e Giacomo acomodou-se entre uma senhora, que lhe pareceu muito simpática, chamada Helena, e um homem, aparentando uns trinta anos, chamado Rogério.

– É a primeira aula de vocês também? – perguntou Giacomo, puxando conversa.

– Sim, esta turma começa hoje. Estou ansiosa para aprender e entender tudo o que eu puder sobre energia – respondeu Helena.

– Eu também. Não gosto de ficar ocioso e fui orientado por meu mentor a começar por este curso – respondeu Rogério.

– Tenho dois entes queridos sofrendo muito nas zonas umbralinas e desejo aprender para poder ajudá-los, mas o senhor Osvaldo foi muito claro ao dizer que não devo me integrar a uma equipe socorrista somente visando egoisticamente auxiliar meus familiares, mas sim, auxiliar a TODOS os irmãos que necessitarem, mesmo que eu nunca os tenha visto na vida – contou Helena.

– Com certeza. Também tenho entes queridos presos lá e já conscientizei-me de que Deus só permitirá que eu possa ajudá-los se provar que tenho desprendimento, muito amor ao próximo, humildade e verdadeiro desejo de servir – explicou Rogério.

Que Giacomo soubesse, não havia nenhum familiar seu preso ao umbral, mas perguntaria a Cássio ou a Clemente.

A aula começou e serviu mais para um colega apresentar-se ao outro, dizer há quanto tempo haviam retornado da Terra, enfim...

Após as devidas apresentações, Carlos começou a discorrer, utilizando-se de uma tela projetora, sobre o mundo das energias.

Viram muitas cenas de pessoas que odiavam ou invejavam outras e, a cada vez que pensavam nestas mesmas pessoas, com raiva ou inveja, emitiam, em sua direção, uma energia escura e visivelmente gosmenta. Imediatamente, após receber aquela carga negativa, a pessoa em questão sentia-se indisposta, com dor de cabeça, desanimada.

Viram também cenas que demonstravam o oposto. Quando um pai abraçava o filho, por exemplo, luzes multicoloridas envolviam aquela criança ou adulto, que sentia-se apoiado e amado, com bem-estar e disposição.

Foi-lhes mostrado que pessoas, que tinham pensamentos e sentimentos negativos, eram frequentemente acompanhadas de irmãos que vibravam na mesma faixa inferior, atraídos pelo pensamento dessas pessoas, irmãos estes que aproveitavam a tendência própria de cada um e intuíam mais pensamentos e ideias negativas, sugeriam atos covardes, egoísticos, invejosos, caluniadores, fomentavam a discórdia e a desunião naqueles corações desavisados, que não se lembravam de Deus.

Outros exemplos preciosos foram mostrados, e todos se admiraram, pois não sabiam que um mero pensamento poderia desencadear tanta coisa ruim, tanto para quem tivera o pensamento quanto para quem o mesmo era direcionado. Lembraram-se de diversos exemplos particulares e envergonharam-se de terem agido daquela maneira em determinadas ocasiões de suas vidas.

Carlos frisou que nem todos os pensamentos que nos ocorriam eram originários de nós mesmos, do nosso interior, mas que a maioria ou parte deles nos era intuído e sugerido por irmãos infelizes ou evoluídos, dependendo da qualidade do pensamento que estivesse nos ocorrendo naquele momento, dependendo de nosso padrão vibratório.

Quem agasalha pensamentos e sentimentos ruins atrai Espíritos afins aos seus sentimentos e pensamentos, e vice-versa em relação a quem agasalha somente pensamentos e sentimentos bons e altruístas.

Relembrou as palavras de Jesus quando dizia: "Orai e vigiai", o que significa que devemos orar diariamente, mas com simplicidade, sinceridade e fé e vigiar nossos atos e pensamentos para não atrairmos Espíritos inferiores para a nossa companhia.

Se já é difícil nos defendermos de inimigos visíveis, que convivem conosco no dia a dia, que dirá nos defendermos de inimigos invisíveis aos nossos olhos da carne?

Por isso, mais vale fazer amigos do que inimigos, mais vale perdoar e viver em harmonia, do que cultivar rancor e mágoa, pois, quando desencarnamos, nossos sentimentos pelos outros nos acompanham e, no mundo espiritual, tudo parece ser maior em intensidade e tamanho. Ou seja, o que achamos imperdoável enquanto estamos encarnados, consideramos mil vezes pior quando desencarnados. Se é dificultoso perdoar pessoas que conseguimos ver e que moram, trabalham ou convivem conosco, que dirá então perdoar ou pedir perdão a quem não conseguimos ver, nem sequer imaginar o que poderão estar fazendo contra nós? Nossos irmãos infelizes sabem, como ninguém, infiltrar-se em nossas vidas e pensamentos de maneira sutil e praticamente imperceptível. Na maioria das vezes, nem fazemos ideia de que estamos tão mal acompanhados e que estão tentando nos prejudicar de alguma maneira, pois, como já foi dito, é muito difícil percebermos quando um pensamento é nosso ou quando está sendo sugerido por algum Espírito.

Esses irmãos inferiores aproveitam-se de nossas fraquezas para nos prejudicarem, vingarem-se ou atrasarem nossa evolução espiritual. Quem é muito ciumento, por exemplo, atrai espíritos zombeteiros, afins, ou inimigos de outrora que passarão a incutir, na mente dessa pessoa, cenas de traição, pensamentos de mágoa, detalhes fantasiosos, ilusões forjadas e mistificadas, desconfiança exacerbada do cônjuge, que pode perfeitamente ser inocente das acusações infundadas, e que passará a ser vítima da perseguição, neurose e cobrança de um, que se considera obstinado e inquestionavelmente traído. Daí advirão as brigas, desentendimentos, impaciência, desrespeito, violência, separação.

O mesmo se dá em relação ao egoísta, prepotente, orgulhoso, vaidoso, avaro, materialista ao extremo, enfim, todas as deficiências de caráter que ainda, infelizmente, compõem o ser humano e que devem ser combatidas incansavelmente, com muito esforço, persistência e abnegação.

35

PLANOS DE PAOLO

Paolo sentia cada vez mais que o dia de sua morte estava próximo.

Como ele via a morte?

Via como uma passagem de uma vida para outra. É claro que sentiria falta de seus familiares, mas sabia que a vida continuava e que ele se reencontraria com todos os seus entes queridos.

Mesmo porque, não adiantaria se revoltar, pois a morte em si já era um fato consumado, todos passariam por ela um dia, e nada do que fizesse ou dissesse poderia mudar aquilo.

Mas sua preocupação era com sua mãe. Não gostaria de deixá-la desamparada, sem o braço forte de um homem ao seu lado. Quando sugerira que deveriam morar com o avô, pensava que Giacomo viveria por muitos anos ainda e que poderia cuidar de sua mãe, mas não foi isso o que aconteceu e agora ele tinha que pensar numa maneira....

Aliás, já tinha uma ideia do que gostaria que acontecesse, mas não dependia do seu querer, e, sim, do querer de mais duas pessoas... Não custava tentar...

Pediu a alguns empregados que o levassem até Giuseppe.

Localizaram-no voltando dos parreirais e fizeram-lhe um sinal, dizendo que Paolo o aguardava em sua casa.

Lá chegando, Giuseppe cumprimentou o amigo efusivamente e perguntou o motivo da visita.

– Sabe, Giuseppe... Uma vez, falei-lhe que sentia que não viveria por muitos anos, e essa sensação aumenta a cada dia dentro de mim... Preocupo-me muito com *mamma* e não gostaria de deixá-la desamparada. Não pergunte como, nem porque, apenas responda ao que lhe perguntar, *va bene?* – pediu Paolo.

– *Va bene*, amigo... Pode perguntar – consentiu Giuseppe, curioso com o rumo que aquela conversa tomaria.

– Você nunca pensou em consorciar-se? – perguntou Paolo, pois o resto da conversa dependia dessa resposta que Giuseppe daria.

– Sim, amigo... Mas a mulher que eu amava não era obrigada a esperar-me pelo resto da vida e consorciou-se com outro. Espero que seja muito feliz com o marido. Mas por que, Paolo? – quis saber Giuseppe.

– Ainda não falarei o motivo. E depois que a mulher que amava consorciou-se com outro, não pensou em consorciar-se com outra mulher? Não sente falta de uma mulher e *bambinos?* – continuou Paolo.

– Sinto, Paolo. Mas o momento passou. Tanto passou que não há nenhuma mulher por quem eu me interesse hoje em dia, entende? E quanto a *bambinos,* sim, eu gostaria de tê-los, mas como? – respondeu Giuseppe.

– *Mamma mia!* Mas é muito fácil ter *bambinos* e também uma mulher! Está parvo, Giuseppe? Vai ver que a tal mulher da sua vida está bem perto de você e você ainda não percebeu! – instigou Paolo.

– Mas que conversa é essa, Paolo? Com quem está querendo me consorciar? – pilheriou Giuseppe, rindo muito.

– Muito simples, amigo... Minha *mamma* ainda é bela e tenho certeza de que pode lhe dar muitos *bambinos,* porque ainda é jovem, entende? – sugeriu Paolo, ansioso.

– *Porca miseria*! Por acaso sua *mamma* sabe que você está tentando consorciá-la comigo, Paolo? Se sabe, o que ela achou da sua ideia? – perguntou Giuseppe, não acreditando em seus ouvidos.

– Ela não sabe nem vai saber, porque você vai começar a cortejá-la como se o interesse tivesse partido somente de você, entende? Pense com amor nessa ideia, Giuseppe. Você mesmo falou que não tinha mais nenhuma pretendente, então, por que não cogita a possibilidade que lhe dei? – implorou Paolo.

– Mas que ideia estapafúrdia, Paolo! Nunca me passou pela cabeça consorciar-me com Carmela, mesmo porque, também nunca percebi um interesse dela nesse sentido... – respondeu Giuseppe, confuso.

– Mas interesse a gente arruma, não é verdade? Por favor, pense antes de responder-me! – insistiu Paolo.

– *Va bene*, Paolo. Continuo achando que não está bom da cabeça, mas prometo que pensarei com amor na sua ideia e depois lhe responderei, *va bene?* – concordou Giuseppe.

– *Va bene*, então. Dentro de uma semana falaremos sobre esse assunto de novo e dará sua resposta – combinou Paolo, esperançoso.

– *Va bene*. Agora, vamos mudar de assunto... – interrompeu Giuseppe, querendo e precisando realmente de tempo para pensar.

Continuaram conversando sobre amenidades, e a tarde passou célere.

Assim que Paolo foi embora, Giuseppe sentou-se numa

cadeira, bebericando um chá calmante, porque a conversa de Paolo sobre Carmela abalara-lhe os nervos.

Será que deveria realmente pensar sobre a sugestão de Paolo?

E por que não?

Carmela era mesmo uma bela mulher e ainda jovem.

Houvera sido extremamente infeliz no casamento com Caetano e não seria justo que passasse o resto de sua vida sozinha, seria?

Constância tinha sua família formada e era muito feliz com Lorenzo.

Vicenzo era muito feliz com Giovanna e com o filho que chegara.

Maria Antonieta estava idosa e, com certeza, não viveria ainda por muitos anos.

Francesca fora feliz no casamento, tinha filhos e netos e também não viveria eternamente.

E Carmela?

Até Cirina e Cipriano haviam casado com empregados da fazenda de Giacomo!

E ele, Giuseppe?

Estaria condenado a ficar sozinho, sem uma mulher que lhe fizesse companhia e sem filhos para deixar seu legado?

Poderia perfeitamente conciliar suas tarefas como curandeiro, administrador da fazenda e conselheiro das pessoas, com uma esposa e filhos!

Até que a ideia de Paolo não era de todo má...

No dia seguinte, passaria a observar melhor Carmela e verificaria se haveria a possibilidade de ela interessar-se por ele.

Por que não a convidava para um passeio?

Ótima ideia! Era o que faria.

No dia seguinte, ao amanhecer, foi à procura de Carmela e convidou-a para um passeio de charrete pelas cercanias da fazenda.

Ela ficou agradavelmente surpresa e aceitou de bom grado, pois fazia tempo que não passeava um pouco para arejar a cabeça, que estava tomada de tristeza e saudade do pai, desde sua morte.

Foram em direção ao riacho, pois estava uma agradável manhã de primavera, e as árvores, floridas e coloridas, convidavam à meditação e ao relaxamento.

Conversavam sobre amenidades, até que Carmela se dirigiu a Giuseppe:

– *Signore* Giuseppe, não se sente sozinho? Nunca pensou em consorciar-se? Afinal, ainda é jovem e poderia ter *bambinos,* se quisesse.

– Eu tinha abandonado essa ideia, mas, de uns dias para cá, voltei a pensar nela novamente... – respondeu Giuseppe, achando o interesse de Carmela muito promissor – E a *Signora*, não pretende consorciar-se novamente? Afinal, também ainda é jovem, bela e poderia ter outros *bambinos...* – perscrutou Giuseppe.

Carmela ruborizou-se e, um tanto gaguejante, respondeu:

– Mas... Por que esta pergunta, *Signore* Giuseppe? Grata pelo elogio... Se eu falar que não me sinto sozinha, estarei mentindo... Mas quando penso em tudo que passei com Caetano, tenho medo de sofrer nas mãos de outro homem igual a ele, entende? – confessou Carmela, confiando na discrição de Giuseppe.

– Mas não deve ter esse medo! Um homem não é igual ao outro, *Signora*... Pensando dessa maneira, pode estar deixando passar, à sua frente, a possibilidade de ainda ser feliz, não é verdade?

Enquanto isso, Giuseppe pensava...

Quer dizer que ela bem que gostaria de casar-se de novo? Maravilhoso... As coisas estavam indo muito bem.

— Mas quer dizer que, se aparecesse outro pretendente, a *Signora* pensaria a respeito do assunto e cogitaria a hipótese de consorciar-se novamente? — perguntou Giuseppe.

— Sim, se eu e minha família conhecêssemos bem o pretendente, eu pensaria na possibilidade — afirmou Carmela.

— Sabe, eu pensei em consorciar-me com uma prima minha, chamada Florença, mas ela não quis me esperar e consorciou-se com outro. Não tenho raiva dela e desejo que esteja muito feliz. Mas eu estava pensando... Por que passar o resto da minha vida sozinho? Realmente, eu gostaria de ter uma esposa e *bambinos*. O que acha, *Signora* Carmela? — quis saber Giuseppe.

— Eu acho uma boa ideia... Mas o *Signore* já tem uma escolhida? — perguntou Carmela.

— Sim... Somente não sei se ela me vê como um pretendente. Sou amigo da família dela há muitos anos e nos conhecemos muito bem — provocou Giuseppe.

— Oh! Mas quem será a felizarda? Você é um homem muito bom, tem caráter e tenho certeza de que fará qualquer mulher muito feliz. Quem é ela? — quis saber Carmela, não só por curiosidade.

— Ela foi muito infeliz em seu primeiro consórcio e tem um *bambino* muito inteligente! — continuou a provocação.

— *Dio mio!* O *Signore* não está... Não, não é verdade... Mas como? Devo estar entendendo errado... Por favor, *Signore* Giuseppe, explique melhor sua colocação — pediu Carmela, pois estava seriamente desconfiada de que a tal mulher era ela mesma.

— Mas ainda não entendeu? Eu estou falando da *Signora*, *Signora* Carmela! Acho-a bela, inteligente e amo Paolo como se fosse meu próprio *bambino*. De que mais precisamos para fazer com que nosso consórcio dê certo? Não somos mais crianças e não vejo por que perdermos tempo com uma corte muito longa ou com declarações de amor. Amo-a fraternalmente, pretendo fazê-la feliz, respeitá-la e ser seu amigo. Caetano está morto, portanto não há nada que nos impeça de nos consorciarmos. Aceita ser minha consorte, *Signora* Carmela? – intimou Giuseppe, pois havia chegado à conclusão de que a ideia de Paolo não tinha nada de estapafúrdia, muito pelo contrário.

Olhando para Carmela como homem, realmente era muito bela e inteligente, e saberia, por sua vez, fazê-lo feliz.

Como não havia notado a beleza feminina de Carmela?

Era como se estivesse olhando para ela pela primeira vez e que sensação boa...

Carmela, por sua vez, estava agradavelmente surpresa, pois sempre achara Giuseppe um belo homem, admirava sua bondade, generosidade, sempre estivera ao seu lado, vivenciara o drama que ela vivera com Caetano e, não fosse por sua ajuda, ela e Paolo teriam ficado na fazenda, infelizes, e ela, ferida nas mais íntimas fibras de mulher, mas como ele nunca havia dado mostras de interessar-se por ela, deixou as coisas acontecerem, e a vida seguir seu curso e agora, aquilo...

– *Bene, Signore* Giuseppe... Como a vida dá voltas, não é verdade? Sempre o admirei como homem e como pessoa, mas estava casada, infeliz, e, depois do acidente de Paolo, minha vida virou um inferno e nunca mais me achei no direito de pensar em minha própria felicidade. Eu achava que tinha que viver para Paolo, até o fim dos meus dias. Eu também o amo fraternalmente, sem arroubos juvenis, e acho que poderemos ser felizes juntos. Aceito sua proposta, *Signore* Giuseppe. Mas diante disso, gostaria que marcássemos um jantar para comunicarmos à minha família – disse Carmela.

– *Va bene*, *Signora* Carmela. Vamos até a fazenda falar com as *Signora*s Maria Antonieta e Francesca e marcar nosso jantar –

concordou Giuseppe, ajudando-a a subir na charrete e dirigindo os cavalos para casa.

Nona e *mamma* ficaram surpresas com o pedido de Carmela e Giuseppe para marcarem um jantar dali a uma semana e convocarem a presença de Constância e Lorenzo, mas acataram o pedido e enviaram um mensageiro até a casa da filha para fazer o convite.

Giuseppe, então, dirigiu-se aos aposentos de Paolo para contar a decisão que ele e Carmela tinham tomado.

O futuro enteado ficou radiante de alegria e emoção e não tinha palavras para agradecer a Giuseppe.

Agora, ele poderia partir em paz.

A semana passou fagueira e, na noite do jantar, todos reunidos, Carmela sentia-se nervosa como se nunca houvera se casado, e Giuseppe, ansioso por estar prestes a casar-se pela primeira vez.

Giuseppe tomou a palavra e colocou todos os familiares a par da decisão que haviam tomado.

Surpresos e felizes, todos cumprimentaram os noivos, e Francesca sentiu-se aliviada, pois Carmela não mais estaria sozinha diante da vida. Teria um bom homem ao seu lado e, quem sabe até, conseguiria ser feliz desta vez? Que Deus abençoasse o casal!

Todos se fartaram, pois a comida estava deliciosa, e riram alegres durante o decorrer do jantar.

Os esponsais foram marcados para dali a três meses e seria um acontecimento estritamente familiar, dado o luto que a família ainda respeitava, apesar de já terem se passado quase dois anos da morte de Giacomo.

Os meses passaram céleres, e o grande dia chegou.

Carmela estava bela e ricamente vestida, e Giuseppe, também.

A MORTE DE PAOLO

Um ano depois de ter se casado com Giuseppe, Carmela encontrava-se grávida do primeiro filho desse casamento.

A gestação transcorria normalmente, o que era um alívio para ela, pois desde o momento que descobrira estar esperando um filho, teve muito receio de não conseguir trazê-lo à vida, saudável e forte.

Paolo estava contentíssimo, pois ele partiria, mas deixaria um irmãozinho e Giuseppe para amenizarem a dor da separação entre Carmela e ele.

Giuseppe não cabia em si de contentamento.

Demorara, mas agora tinha uma esposa adorável, um enteado, e seu filho estava a caminho.

Agradecia a Deus todos os dias pela dádiva da vida e pela oportunidade de ter uma companheira e formar uma família.

Num determinado dia, Carmela acordara indisposta.

Sabia que o momento de dar à luz estava chegando e pedia

a Deus que corresse tudo bem, pois não gostaria de decepcionar o marido, que até então a tratara com carinho, respeito, amizade e consideração, coisas com as quais não estava acostumada.

A parteira foi chamada, e Giuseppe colocou-se à disposição para ajudar no parto.

Sua presença não foi requisitada, mas a parteira prometeu que o chamaria se achasse necessário.

Giuseppe estava calmo, pois confiava em Deus.

Paolo estava ansioso, pois sabia que a mãe havia perdido dois filhos antes de conseguir tê-lo.

Quatro horas se passaram, até que ouviram o vagido forte de uma criança.

Giuseppe regozijou-se.

Paolo sentiu-se aliviado e queria notícias sobre o estado de saúde de Carmela e do bebê.

Minutos depois, veio a parteira anunciar que havia nascido uma linda *bambina* e que Carmela estava passando muito bem, pedindo a presença de Giuseppe e Paolo em seus aposentos.

Seu nome seria Enrichetta Antonelli Cabrera Cabrinni.

Era uma linda menina, gorducha, fofíssima, cabeluda e de olhos azuis.

Nascera saudável, e seus pulmões não permitiam que se duvidasse disso.

Carmela estava cansada pelo esforço despendido, mas muito feliz e realizada, tanto como mulher quanto como mãe.

Giuseppe achou a filha formosa e belíssima e passou a amá-la e venerá-la a partir daquele momento.

Paolo achou a irmãzinha uma gracinha e ficou muito contente por ter dado tudo certo.

A família Olivetto Antonelli estava em festa!

Um ano se passou, e Enrichetta crescia forte.

Era a alegria da casa, não havia quem resistisse aos seus encantos infantis.

Numa bela tarde de outono, Paolo resolveu dar um passeio pelas redondezas da fazenda. Pediu que o levassem até a carruagem, mas não permitiu que o acompanhassem ao passeio.

Queria estar só, precisava pensar.

Sentia-se melancólico, nostálgico e saudoso, mas não entendia seus sentimentos.

Guiou os cavalos até o riacho do qual tanto gostava.

Aquele lugar transmitia-lhe muita paz, e era disto que ele estava precisando.

Os pássaros cantavam alegremente, esvoaçando de um lado para o outro.

Paolo parou a charrete e desejou andar novamente para que pudesse nadar naquele riacho e sentar-se embaixo da sombra daquelas árvores das quais ele tanto gostava.

Quantas vezes seu *nono* não o levara até ali quando era ainda um menino?

Quantas vezes não nadara com ele, não colhera frutas das árvores?

Como estaria Giacomo?

Se houvesse mesmo uma vida após a morte, será que seu *nono* estaria bem e feliz?

Que bom que *mamma* casara com Giuseppe... Ele era atencioso, carinhoso com ambos, e Paolo agradeceu a Deus pela harmonia do casal.

E Enrichetta? Que iluminada criança! Paolo tinha certeza de que ela traria muito orgulho à família.

Mas, infelizmente, ele não poderia cavalgar com ela, nadar, correr, subir em árvores...

Logo após seu acidente, quando descobrira que jamais voltaria a andar, sentira muita revolta, mas as conversas com Giuseppe o fizeram conformar-se com os desígnios de Deus e continuar vivendo. A culpa que a mãe sentira também o fizera sofrer muito, pois era sabido por todos que Carmela não era culpada de nada.

E as surras que Carmela levara de Caetano por sua causa?

Que injustiça! Ainda bem que tivera a ideia de tirar a mãe da fazenda.

Mas por outro lado, Caetano matara seu *nono*.

Por que o ser humano descia tão baixo?

Era a vida...

Muita coisa ruim acontecera na vida deles... mas deram a volta por cima e aparentemente estavam vivendo um período de harmonia e paz.

Paolo estava perdido em pensamentos e esquecera que, devido à proximidade do riacho e ao mato que cercava o ambiente, deveria prestar atenção nos animais selvagens ou peçonhentos, que porventura se aproximassem.

Sendo assim, estava completamente distraído e não viu uma serpente aproximar-se por trás do banco onde ele sentava.

Se a cobra houvesse se aproximado pela frente, os cavalos teriam se assustado e empinado, e Paolo poderia ter percebido a presença do animal ali.

Mas a serpente, silenciosa e sorrateiramente, vinha se aproximando.

Paolo, de costas, não dera pelo animal ali à espreita e, sem saber do perigo que corria, fez um movimento brusco para espantar uma abelha que estava prestes a pousar em seu rosto.

A cobra, sentindo-se ameaçada pelo movimento de Paolo, deu um bote certeiro, cravando seus dentes mortíferos no antebraço de Paolo.

Ele sentiu uma dor lancinante, soltou um grito e levou a mão até onde sentira a mordida.

Foi somente aí que viu a serpente afastando-se.

Pelo muito que ele entendia sobre esses animais, aquele especificamente era um dos mais venenosos e dificilmente alguém sobreviveria depois de ter sido vítima dele. De todos os casos que conhecia, apenas duas pessoas haviam sobrevivido.

Mas ele tinha que tentar voltar para casa, pois Giuseppe saberia o que fazer.

Sentia o braço dormente e ardendo, repuxando até a última fibra de seu ser.

Cerrou os dentes com força para não gritar e tentou, com a mão livre, fazer com que os cavalos tomassem a direção da casa.

Com muito esforço, conseguiu e pôde relaxar um pouco.

Dali a alguns minutos, estaria em casa, e Giuseppe o ajudaria.

Começou a sentir uma sonolência, mas bravamente passou a lutar contra.

Os cavalos, como se tivessem entendido a urgência da situação, corriam muito, aproximando-se rapidamente da casa de Paolo.

Os empregados viram a carruagem chegando desembestada e deram o alerta.

Dois deles montaram em seus cavalos e foram ao encontro da carruagem, com o intuito de parar os cavalos que a traziam.

Ao se aproximarem, deram um grito de susto.

Paolo estava desacordado, deitado sobre o banco.

Giuseppe veio correndo e levou o enteado para os seus aposentos.

Procurou marcas em seu corpo para ver se conseguia descobrir o que havia acontecido e, quando se deparou com as marcas dos dentes da serpente em seu antebraço, sentiu um aperto no peito.

Já vira muitas daquelas e das quase cinquenta pessoas que haviam sido vítimas da mordida daquele tipo de serpente, desde que Giuseppe viera para a fazenda de Giacomo, apenas duas haviam sobrevivido, não sem sequelas.

Ordenou que os serviçais trouxessem seus apetrechos de trabalho, que chamassem Cirina e Cipriano para ajudá-lo.

A notícia correu, e Carmela surgiu nos aposentos do filho, pálida, transtornada, completamente descontrolada.

Não parava de gritar "salve meu filho!" e, ajoelhando-se aos pés da cama de Paolo, orava e chorava sem parar.

Giuseppe deu-lhe uma beberagem amarga e mandou que ela se sentasse na cadeira ao lado da cama e que procurasse permanecer calma e em prece pela saúde do filho.

Durante três dias e três noites, Giuseppe e Carmela não arredaram pé da cabeceira da cama de Paolo, fazendo-lhe compressas, fazendo-o ingerir líquidos e preparados diversos, aplicando-lhe energias de limpeza e reequilíbrio.

Paolo não respondia ao tratamento, quando muito, falava algumas palavras desconexas sobre o *nono* e delirava, ardendo em febre, não havendo compressa que a abaixasse.

Na manhã no quarto dia, Paolo deu seu último suspiro.

Carmela não queria acreditar em tamanha desgraça!

Chorava sem parar, arrancava os cabelos, agia como louca.

Francesca, desesperada, não sabia mais o que fazer para

conter a filha, e Maria Antonieta tentava de todas as maneiras fazer a neta cair em si, sem nenhum sucesso.

A dor de Carmela era indescritível! Era como se mil lanças estivessem trespassando seu coração materno.

Giuseppe foi obrigado a dopá-la e deixá-la dormindo por dois dias seguidos.

Enquanto isso, deu início aos preparativos fúnebres e enviou um mensageiro à casa de Lorenzo, comunicando o infeliz acontecimento, pedindo a presença deles na fazenda o quanto antes.

Francesca sentia seu coração dilacerar-se de compaixão pela filha e de saudade do neto que tanto amava.

Quando a fatalidade pararia de atingir sua família?

Maria Antonieta, sempre mais sensata e racional, procurava consolar Francesca da melhor forma possível, aconselhando-a acalmar-se e a tirar forças de sua fé, de Deus, para que pudesse ajudar a filha que precisaria, como nunca antes precisara, do apoio e do amor materno quando acordasse.

Vicenzo estava inconsolável.

Amava o sobrinho e estava ensinando-lhe sobre as coisas da fazenda. Ele aprendia rápido e fazia sugestões preciosas e maduras.

E Carmela? Coitada da irmã! Como lidaria com mais essa perda lastimável?

Giuseppe estava preocupadíssimo com a esposa. Mesmo que ele conversasse com ela e tentasse de todas as formas consolá-la e pedir-lhe resignação, estava muito difícil.

Carmela acordou achando que tivera um pesadelo.

Contou a Giuseppe, que estava ao seu lado naquele momento, que sonhara que Paolo havia morrido devido a uma mordida de cobra, imagine que absurdo!

Giuseppe segurou carinhosamente as mãos da esposa entre as suas, osculou-lhe a testa e começou a conversar, pausada e pacientemente.

Conforme Giuseppe falava, Carmela alternava palidez e rubor facial, seus olhos encheram-se de grossas lágrimas que rolavam pelo seu rosto. Soluços altos, sentidos, e de partir o coração, fizeram-se presentes.

Francesca entrou no quarto da filha, acompanhada da *nona,* e ambas correram a abraçar Carmela, misturando suas lágrimas às dela.

– Minha neta amada... Sua *nona* está aqui e jamais sairá do seu lado. Sei que é duro lidar com perdas de entes amados, mas a passagem da vida material para a vida espiritual acontecerá com todos nós. Procure ficar calma e confiar nos desígnios de *Dio.* Veja as coisas como se Paolo já tivesse cumprido sua missão neste mundo e, diante disso, *Dio* o chamou para ajudá-Lo a auxiliar outras pessoas no mundo espiritual. Ele não foi embora para nunca mais voltar, pois somente está separado de nós temporariamente. Todos nós nos reencontraremos um dia, minha amada Carmela – consolou Maria Antonieta, ainda abraçando a neta.

– Eu faço das palavras da *nona* minhas palavras, Carmela *mia.* Sou sua *mamma* e também estarei sempre ao seu lado. Tente entender que a vida deve continuar e que, enquanto uns morrem, outros nascem. Assim é esta vida, amada Carmela. Não esqueça que tem Enrichetta para criar, amar e educar, e que Paolo ficaria muito triste se você desistisse da vida por causa da partida temporária dele, para o mundo espiritual. Pense no seu consorte e em sua *bambina,* que tanto precisam da sua presença na vida deles, Carmela. Também estou separada de meu Giacomo, mas não desisti de viver por causa disso. Tenho ainda minha *mamma,* tenho meus filhos e netos para orientar e amar. Prometa para sua *mamma,* sua *nona,* e para Giuseppe, que fará todo o possível para conformar-se e aprender a lidar com a dor e a saudade. Sua *nona,* uma vez, falou para mim que no começo dói demais, mas depois, com o passar do tempo, a dor se transforma em saudade. É verdade! Hoje, sinto muita saudade de Giacomo, mas não sinto mais dor em meu coração – acrescentou Francesca, osculando as faces pálidas e úmidas da filha, com todo seu carinho e amor maternais.

– Minha amada Carmela... Eu a amo mais do que minha própria vida. Nossa *bambina* é o melhor presente que *Dio* e você poderiam ter-me dado. Sei que nada, nem ninguém, substituirá Paolo em seu coração de *mamma*, mas peço que não se esqueça de mim e de Enrichetta. Nós precisamos muito de você e não saberíamos viver sem sua vivacidade, sua alegria, seu carinho, sua inteligência, seus abraços, cuidados e beijos... Por mim e por Enrichetta, não desista da vida, *amore*, por favor! – implorou Giuseppe, chorando como criança e abraçando Carmela.

– Sei que tenho ainda uma família, uma *bambina* e um marido e não pretendo abandoná-los. Estou sofrendo demais, realmente é uma dor lancinante a que sinto em meu coração, mas *Dio* receberá meu Paolo de braços abertos e, onde quer que ele esteja, continuará olhando por nós e amando-nos. Peço a paciência e o carinho de todos, até que eu possa aprender a controlar esta dor e não sofrer tanto. Perdoem-me desde já se eu tiver momentos de revolta, de desânimo... – disse Carmela, enxugando o pranto e retribuindo o abraço dos três ali presentes.

– Estaremos ao seu lado hoje e sempre! Nós amamos você, Carmela! – responderam em uníssono.

Constância chegou com Lorenzo, Berta e Carlo, e deram todo o apoio a Giuseppe e a Carmela.

O cortejo fúnebre saiu no dia seguinte, logo ao amanhecer. Todos os empregados da fazenda acompanharam-no, comovidos e compadecidos.

Paolo foi enterrado ao lado do avô, e mais uma cruz reluzente foi colocada ali.

NO *MUNDO* ESPIRITUAL...

— Giacomo, meu amigo... Viemos buscá-lo para que possa fazer uma visita muito importante – anunciou Cassio alegremente.

— Visita? Mas qual? – perguntou Giacomo, curioso.

— Vamos e verá! – disse Clemente, sem adiantar nada.

Os amigos dirigiram-se ao mesmo prédio onde Giacomo ficara hospitalizado quando retornara do plano material.

Chegaram à porta de um dos quartos e entraram sem bater.

E qual não foi a surpresa de Giacomo quando se deparou com Paolo deitado na cama, parecendo estar profundamente adormecido.

— Meu Deus! Paolo! Mas o que ele veio fazer aqui? Ainda é um menino! – disse, inconformado.

— Ora, amigo. Desde quando tem idade para retornarmos ao lar verdadeiro? A missão de Paolo acabou, e ele retornou. Nada mais esperado e natural, não acha? – perguntou Cássio.

– Puxa vida, mas Carmela deve estar inconsolável! Preciso vê-la, por favor! – pediu Giacomo, dirigindo-se a Cassio e a Clemente.

– Nós o levaremos num futuro próximo. Por enquanto, espere Paolo acordar, o que se dará dentro de poucos minutos, e converse com ele, explicando-lhe seu estado de Espírito eterno – recomendou Cássio.

– Muito obrigado por esta oportunidade. Tenho feito isso com os recém-chegados do plano material há quase dois anos, e nada me deixa mais satisfeito do que fazer com que nossos irmãos sintam-se menos sozinhos e confusos, após a passagem – agradeceu Giacomo, acomodando-se na cadeira ao lado da cama de Paolo, muito feliz e agradecido por Deus haver lhe concedido a graça de estar ali para receber o neto amado.

– Onde estou? – perguntou Paolo, com voz trêmula.

– Olá, meu querido Paolo. Lembra-se de mim? – perguntou Giacomo, sorrindo.

– *Nono?!* Mas não morreu, *nono*? – quis saber Paolo, totalmente confuso.

– Sim, *amore mio,* mas a morte não existe. Continuamos vivendo, em Espírito, quando nosso corpo de carne morre na Terra.

– Entendo... Isso quer dizer que também morri? – perguntou Paolo, com medo.

– Sim, Paolo. Partiu da Terra e retornou ao mundo espiritual, nosso verdadeiro lar. Não se lembra de nada, Paolo? – perguntou Giacomo.

– Sim, confusamente, lembro-me de estar na charrete, perto do riacho na fazenda, senti uma mordida em meu braço e, quando olhei, havia sido uma serpente venenosa, que estava indo embora – contou Paolo.

– Mas já passou e agora está aqui com seu *nono*. Não se preocupe com nada e somente pense em se recuperar. Estamos numa Colônia muito bela e, quando puder se levantar desta cama, eu o levarei para um passeio. Se quiser alimentar-se, estiver com sede ou desejar um banho, fale para seu *nono*, que o ajudarei, *va bene?* – orientou Giacomo.

Paolo aceitou o alimento, a bebida e, por último, o banho.

Conversou com o avô sobre amenidades, e Giacomo descreveu a Colônia.

Paolo foi ficando sonolento, e Giacomo disse-lhe que deveria comparecer a outro compromisso naquele momento, mas que retornaria para sua companhia ao anoitecer. Mostrou a campainha ao lado da cama e recomendou que, se precisasse de qualquer coisa, a tocasse e seria atendido imediatamente.

Giacomo saiu silenciosamente e dirigiu-se ao prédio onde teria mais uma aula.

Ele aprendera muito naqueles quatro anos na espiritualidade e já estava trabalhando havia dois anos, no auxílio aos irmãos que chegavam da Terra.

Giacomo tinha sede de saber e era muito participativo em todas as aulas.

Agora que Paolo retornara, esperaria que o neto se recuperasse e pediria providências para que ele também pudesse estudar e trabalhar.

Naquela aula, falariam sobre o umbral e fariam uma excursão até lá.

Giacomo dispensaria a excursão se pudesse, já que havia padecido naquele lugar por anos e anos e não sentia saudade nenhuma, mas não poderia se deixar dominar pelo medo, pois ambicionava trabalhar ali futuramente.

Ficara sabendo que seu pai e seu irmão estavam nas zonas

umbralinas e, devido à total indiferença com a qual os tratara enquanto encarnado, sentia-se na obrigação de ajudá-los. Sentia remorso por nem ter-se lembrado de suas existências e gostaria de pedir-lhes perdão.

Mas Giacomo sabia também que primeiramente trabalharia com outros irmãos sofredores do umbral e que, somente quando Deus assim permitisse, teria autorização para aproximar-se de seus familiares.

Todos os dias, Giacomo visitava Paolo em suas horas livres.

Aos poucos, Paolo foi recuperando os movimentos das pernas e, depois de três meses na espiritualidade, já andava quase normalmente.

– *Nono,* o que é esse lugar de sofrimento e dor aqui na espiritualidade? Ouvi comentários a respeito, mas não entendi. – perguntou Paolo a Giacomo, quando ambos estavam sentados na praça, observando o pôr do sol.

– Chama-se umbral, Paolo. É um lugar de padecimentos, lágrimas, sofrimentos atrozes e solidão. Quando alguém erra, fazendo o mal, quando encarnado, vai direto para lá quando desencarna. Estou para ir numa excursão para esse local, devido ao curso que faço e, independentemente disso, já estive no umbral inúmeras vezes em vidas pregressas. Somente livrei-me desse lugar *maledetto* dessa vez, com a graça de *Dio* e do beneplácito de amigos preciosos que tenho aqui neste plano – explicou Giacomo.

– Fale mais, *nono* – insistiu Paolo.

– Quando eu voltar da excursão que farei, falaremos mais sobre esse assunto, *va bene?* O que posso falar agora é que seu *papà* encontra-se nas zonas umbralinas, devido a todo mal que praticou, e ele não está interessado em sair daquele inferno, pois se compraz no mal e somente quando se arrepender de tudo o que fez é que terá permissão para sair daquele lugar – contou Giacomo.

– *Mamma mia! Papà* está nesse lugar? Mas por que não podemos tirá-lo de lá? – quis saber Paolo.

– Porque temos que respeitar o livre-arbítrio de seu *papà* e os desígnios de *Dio,* Paolo. Ele somente sairá quando *Dio* der permissão. Mesmo porque, ele deve expiar as faltas que cometeu. Enquanto lá se encontra, suas vítimas do pretérito não lhe dão paz, e ele lembra-se dos males praticados o tempo todo. Somente assim, o arrependimento virá um dia. Ele deverá pedir perdão pelo mal feito, arrepender-se de verdade e, a partir disso, é que poderá ser levado para um lugar de refazimento tal como este em que nos encontramos. O máximo que podemos fazer por seu *papà* é orar para que encontre o caminho certo o mais rápido possível. Paolo, sofrer também cansa, e dia virá em que ele se cansará de sofrer e, então, poderemos socorrê-lo – explicou Giacomo.

– Que *Dio* o ilumine, então – afirmou Paolo.

– Boa tarde aos amigos. Como passam? – cumprimentaram Cássio e Daniel, que haviam acabado de chegar.

– Daniel, gostaria de saber mais sobre o umbral. *Nono* disse que meu pai está lá... – inquiriu Paolo.

– O umbral é um lugar escuro, frio, sua vegetação é seca e retorcida, o mau cheiro predomina, ouvem-se gemidos, imprecações, lamentações e choro convulsivo o tempo todo. Existem cavernas, lodaçais, construções feias e de profundo mau gosto, erguidas pela força dos pensamentos de quem ali vive, a luz do Sol não chega, os animais são grotescos, acinzentados, seus habitantes são sujos e maltrapilhos, tempestades purificadoras caem frequentemente. Muitos são aleijados, dementes, e estão feridos. Nós conseguimos ver todos os seus habitantes, mas podemos nos tornar invisíveis a eles, se assim for necessário. Em trabalhos socorristas, só nos tornamos visíveis àqueles que realmente podem ser retirados dali ou quando precisamos conversar com alguém especificamente. Caso apareçamos aos que continuam empedernidos e com os corações endurecidos pelo ódio e pela revolta, corremos o risco de sermos atacados e até aprisionados, se bem que isso é muito difícil de acontecer, porque só fazem parte de caravanas socorristas, Espíritos com determinados conhecimentos e experiência nesse tipo de trabalho – explicou Daniel.

– Não devem ter percebido, mas a Colônia "Luz do Alvorecer" fica bem próxima ao umbral. Temos sistemas de rastreamento e protetores contra nossos irmãos infelizes. Às vezes, formam grupos e tentam nos atacar, assim como tentam atacar postos socorristas que existem espalhados pelos arredores do umbral. Mas nunca conseguem devido aos aparelhos e equipamentos que possuímos e que nos avisam da aproximação de qualquer pessoa que não pertença a nossa Colônia. Às vezes, acontece de irmãos virem pedir ajuda, mas é necessário muito discernimento para verificar a sinceridade deles, já que existem muitos espiões e Espíritos com a intenção de conturbar nosso ambiente, e não de serem socorridos ou por terem se arrependido de seus erros. Fazem parte de grupos que vivem no umbral e que são como escravos, entendem? – acrescentou Cassio.

– Mas por que tentam atacar a Colônia? Aqui é um lugar de paz e refazimento, onde o bem impera – estranhou Giacomo.

– Por isso mesmo. Espíritos infelizes e endurecidos no mal não admitem nem desejam que outras pessoas sejam felizes ou embrenhem-se no caminho do amor, do perdão e da caridade. Eles desconhecem ou não acreditam na existência de um Deus compassivo, justo, benevolente e magnânimo. Acreditam-se injustiçados, e a maioria entrega-se a planos de vingança, como a obedecerem a lei de Moisés "olho por olho, dente por dente". Tomam seus inimigos ou algozes de eras passadas como escravos, que são agredidos e obrigados a praticar o mal, em nome da "justiça". Sugam a energia de seres encarnados e desencarnados desavisados, que se entregam a vícios e a pensamentos maledicentes e de rancor – explicou Cassio.

– Nossa, mas então, quer dizer que os Espíritos interferem o tempo todo em nossas vidas, tanto quando estamos encarnados quanto aqui no plano espiritual? – admirou-se Paolo.

– Os Espíritos influenciam-nos mais do que pensamos, em nossos pensamentos e em nossas ações. Evidentemente, temos pensamentos que nos são próprios, expressando nossa intenção e nosso desejo do momento. Isto ocorre quando estamos senhores de nós mesmos com capacidade de discernir, de comandar o nosso juízo, o que, para certas pessoas mais sensíveis, não é nada fácil. Digo "mais sensíveis" no sentido de possuírem o dom da mediunidade. O pensamento que nos é sugerido, aquele pensamento intruso, que procura introduzir-se em nossa mente, é como uma voz que nos fala. Toda vez que acionamos nossa mente, colocamos no ar essa vibração de determinada frequência que pode ser sintonizada por outras mentes que, detectando-a, podem se interessar pelo assunto, serem atraídas para nós e passarem a interferir, dando-nos sugestões, tanto para o bem quanto para o mal, dependendo do que estávamos pensando. O pensamento atrai Espíritos afins, que pensam ou agem exatamente como estamos pensando ou agindo naquele momento. Isso funciona com precisão absoluta. Sempre estaremos acompanhados dos Espíritos que merecemos ou que se nos assemelhem, moral e intelectualmente. O pensamento que é nosso é aquele que construímos, concatenamos, formulamos em nossa mente, procurando resolver uma situação real. O pensamento intruso é aquele que fica como que martelando em nossa mente, querendo impor-se, se fazer ouvir, obedecer ou alterar o que pensamos anteriormente. Os Espíritos de hoje são os homens que viveram ontem na Terra, com todos seus defeitos e qualidades, pois não nos tornamos santos nem perfeitos somente porque retornamos à pátria espiritual – explanou Daniel.

– Mas por que interferem tanto em nossas vidas? – perguntou Paolo.

– Se forem bons Espíritos, procuram nos dar bons conselhos, indicar caminhos ou soluções, porque gostam de nós ou têm conosco algum tipo de afinidade ou simpatia, talvez, porque tenham por missão ajudar-nos ou, como já disse, por ligações afetivas do pretérito. Se forem Espíritos inferiores, suas intenções serão radicalmente contrárias, induzindo-nos ao mal, ao roubo, à vingança, à maledicência, à inveja, ao orgulho, ao egoísmo, ao rancor. Há também casos de Espíritos, inimigos nossos de outras existências, a quem prejudicamos, e que tentam se vingar. O inimigo liga-se ao seu algoz de ontem e fica à espreita de momentos adequados, quando seu pensamento vacila, para afetá-lo, envolvê-lo e levá-lo ao maior sofrimento possível. Por isso, disse Jesus: "orai e vigiai", porque é quando vacilamos, tropeçamos em nossos defeitos de caráter, que os Espíritos inferiores tentam nos derrubar e prejudicar. Nós mesmos damos a eles a oportunidade de nos atacarem, porque, se temos bons pensamentos e praticamos boas ações, não há maneira de nos prejudicarem, já que estaremos vibrando em frequência superior a deles e, assim, não terão como se aproximar ou nos envolver – completou Cassio.

– E como nos livramos destas influências maléficas? Parece uma luta um tanto injusta e desigual, pois não vemos nossos inimigos e opositores... – perguntou Giacomo.

– Orando e vigiando. Orando para manter o nosso padrão vibratório elevado e vigiando para que ninguém consiga abrir a porta de nossa alma para dominá-la. Deus nos deu o livre-arbítrio para que tenhamos ampla liberdade de decidir nossos caminhos e protegeu-nos com a necessidade de sintonia ou de adesão para que alguém possa nos fazer mal ou bem. É uma grande verdade que podemos semear o que quisermos, utilizando nosso livre-arbítrio, mas verdade maior é que a semeadura é livre, mas a colheita é obrigatória. Romper com um processo de influenciação negativa vai depender da vontade de nos curarmos. Não devemos entrar em sintonia com Espíritos inferiores e, quando percebermos que estamos mal acompanhados, devemos ter o discernimento e a sabedoria necessários para sair dessa vibração negativa, sintonizando nossos pensamentos com Deus e com os Espíritos superiores, com nossos mentores espirituais. Se o Espírito obsessor for um inimigo de outrora, devemos modificar nossa maneira de agir e pensar para que ele perceba que não somos mais maldosos e que, hoje em dia, só desejamos ajudar o próximo, evoluir e corrigir nossos erros e defeitos. Devemos orar, pedindo perdão aos nossos inimigos, de todo o coração, e procurar não errar mais, não prejudicar nossos companheiros de caminhada – continuou Daniel.

– Mas o que são os dons de Giuseppe? – perguntou Paolo, vivamente interessado na palestra.

– É uma sensibilidade mais acurada, em maior ou menor grau, que algumas pessoas possuem e que facilita o intercâmbio entre o mundo visível e o mundo invisível. Quanto maior a sensibilidade, maior será o poder que os Espíritos podem ter sobre a mente, a alma e a vida dessa pessoa. Esses dons não produzem nenhum sinal externo e pode-se dizer que eles somente podem ser avaliados pelo próprio sensitivo, pelo grau de interferência em sua mente e pelos efeitos que sente em razão da ação do Espírito que o assedia. Muitas vezes, acontece de o sensitivo não perceber que está sendo assediado ou que possui essa sensibilidade, mas as pessoas com as quais convive certamente perceberão e deverão encaminhá-lo à presença de quem já tem esse tipo de conhecimento para que possa ter seus dons equilibrados, estudados e controlados. Mas veja bem, nada disso do que estamos conversando aqui é ainda do conhecimento daqueles que estão reencarnados na Terra. A Doutrina dos Espíritos ainda surgirá no planeta e, aí sim, tudo o que aqui estamos conversando será do conhecimento dos que lá se encontram – proferiu Cássio.

– Giuseppe é um sensitivo excepcional, então? – perguntou Giacomo.

– Com certeza. Giuseppe usa seus dons para o bem – confirmou Daniel.

– Outra dúvida surgiu-me agora... Quem é rei, príncipe, ou possui qualquer título de nobreza, continua sendo quando retorna para cá? – perguntou Paolo.

– De forma alguma. Títulos de nobreza pertencem ao mundo material. Aqui, as pessoas demonstram ser exatamente como são interiormente. Se forem boas e altruístas, assim chegarão aqui. Se forem más e vingativas, é exatamente assim que se mostrarão aqui, pois no mundo espiritual não há como disfarçar, dissimular ou fingir. Tivemos oportunidade de presenciar casos no umbral, de reis, rainhas, imperadores, papas, faraós, que, ao chegarem aqui, tornaram-se mendigos, vestem-se de maneira maltrapilha, exalam um cheiro nauseante, blasfemam e suas mentes encontram-se completamente dementadas. Veem-se como eram quando encarnados e exigem ser obedecidos pelos "súditos". O máximo que conseguem é divertir os Espíritos zombeteiros e enfurecer e instigar, à vingança, os que lhes são inimigos ou vítimas de outrora. Não entendem seu estado de Espírito eterno, acham que ainda estão encarnados e consideram-se superiores aos outros, devido aos títulos de nobreza que ostentavam em suas romagens terrenas. Muitos crimes cometeram em nome desses mesmos títulos, por acharem que, devido à fortuna e à riqueza, estariam acima do Bem e do Mal, tripudiando sobre seres menos favorecidos, desonrando lares, matando, roubando, usurpando, atraiçoando. São pessoas extremamente materialistas e ignorantes, pois se tivessem consciência da existência da vida após a morte, da lei da causa e efeito, não teriam cometido as atrocidades que cometeram em nome do orgulho e da prepotência. Jesus já dizia: *"Vós sois bem-aventurados, vós que sois pobres, porque o reino dos céus é para vós. Vós sois bem-aventurados, vós que agora tendes fome, porque sereis saciados. Vós sois felizes, vós que agora chorais, porque rireis. Mas, ai de vós, ricos! Porque tendes vossa consolação neste mundo. Ai de vós que estais saciados, porque tereis fome. Ai de vós que rides agora, porque sereis reduzidos ao pranto e às lagrimas. Vinde a mim os pequeninos, porque deles é o reino dos céus!"* – completou Cássio.

– Entendam por "pequeninos" os humildes de coração e não, como muita gente pensaria ao ouvir isso, somente as crianças. Crianças não passam de Espíritos milenares reencarnados em corpos infantis. Todas carregam sua bagagem espiritual e não é porque estão em tenra idade, que são perfeitas ou puras. A partir de certa idade terrena, começam a revelar seu verdadeiro instinto e caráter, por isso o papel dos pais é tão importante, pois caberá a eles orientarem essas crianças no caminho do Bem e do amor ao próximo, lapidando seus Espíritos e burilando seus defeitos de personalidade. Às vezes, ocorre dos filhos serem mais evoluídos espiritualmente do que os pais, então, nesse caso, os filhos devem tentar modificar as más tendências dos progenitores, dando-lhes bons exemplos de conduta moral e cristã.

– Como será que *mamma* Carmela está? – preocupou-se Paolo.

– Não deve se preocupar com isso. Ela tem valorosos amigos ao lado e superará a dor, que será substituída pela saudade – garantiu Daniel.

E mudaram de assunto para coisas mais amenas. Já anoitecera e resolveram recolher-se.

A SUPERAÇÃO DE CARMELA

Carmela chorava, todas as noites, de saudade de Paolo.

Já havia passado um ano desde que ele se fora.

Giuseppe não sabia mais o que fazer para animar a esposa. Contava a ela sobre a vida espiritual e que já havia visto Paolo. Ele estava bem, já voltara a andar e seguia aprendendo muita coisa.

Contara a Francesca que Giacomo estava bem, estudando e trabalhando.

Isso confortava mãe e filha, mas a saudade...

A seguir, Carmela descobriu-se grávida do segundo filho de Giuseppe, e este ficou radiante com a notícia.

Enrichetta crescia.

Era a alegria de Carmela, que direcionara todo o seu amor materno para ela.

A gravidez transcorria sem percalços e tinham certeza de que continuaria assim até o nascimento da criança.

Os meses foram passando, Vicenzo tornara-se um ótimo administrador e já nem precisava tanto do auxílio de Giuseppe, mas, mesmo assim, fazia questão de que o cunhado participasse de tudo.

Vicenzo tinha dois filhos com Giovanna e era muito feliz no casamento.

Constância, que pensara que não teria mais filhos, surpreendeu-se com um terceiro, outro menino.

E assim, a família crescia, seguindo a ordem natural das coisas.

Nasceu o segundo filho de Carmela e Giuseppe. Um lindo menino, que recebeu o nome de Pietro.

Enrichetta, apesar de um pouco enciumada por ter que dividir a atenção de todos com aquele ser tão pequenino e gorducho, apaixonou-se pelo irmão e não saía de perto de seu berço se não a tirassem de lá.

Carmela chorava ainda por Paolo, mas estava mais conformada.

Giuseppe era um marido e pai maravilhoso, e o mínimo que ela poderia fazer, era colaborar para que ele fosse feliz, juntamente com seus filhos amados.

Giuseppe apaixonara-se de verdade por Carmela. O que no início era um sentimento fraterno aumentara, tornando-se amor verdadeiro e companheiro.

Maria Antonieta, por sua vez, quedara doente e já não participava tanto das atividades caseiras, mas jamais deixara de estar presente na vida da filha, dos netos e dos bisnetos.

Estava sempre a dar-lhes bons conselhos, animando-os, divertindo-os, orientando-os.

Um belo dia, chamou Francesca aos seus aposentos.

Assim que a filha chegou, pediu que ela se sentasse ao seu lado na cama e começou:

– Francesca, pérola minha. Sabe que sua *mamma* não viverá eternamente e que dia virá em que eu terei que partir ao encontro de meu Francesco, de Giacomo e de Paolo, não é verdade?

– Mas que passa, *mamma*? Isso é hora de falar em morte? Já não bastam as perdas que tivemos? A *Signora* viverá por muitos anos ainda! – retrucou Francesca, irritando-se com o rumo da conversa.

– *Bambina mia, amore mio...* Não fique exaltada. *Mamma* está apenas falando a verdade. É a ordem natural das coisas: nascer, crescer, reproduzir-se e morrer. E eu já fiz tudo isso. Sinto que minha missão nesta Terra já está findando. Não desejo que se revolte contra os desígnios de *Dio* e muito menos que tente fazer besteiras contra sua própria vida quando daqui eu partir, entendeu, Francesca Olivetto? – disse Maria Antonieta.

– Mas, *mamma*! Eu não saberei viver sem seus sábios conselhos e sem o seu precioso auxílio! Por que quer me deixar também? – choramingou Francesca.

– Saberá sim, Francesca. É uma mulher adulta, mãe, avó e, quando menos esperar, será bisavó. Não pode ser covarde e desistir da vida somente porque sua *mamma* deverá retornar ao mundo onde se vive a verdadeira vida. Sinto-me cansada e acho que já vivi muito. Minhas tarefas estão cumpridas, e não deve ser egoísta, querendo prender-me ao seu lado, por mero capricho ou comodismo, *amore mio*. Eu não posso viver sua vida por você, nem fazer as escolhas que somente a você cabe fazer e, quanto aos conselhos maternos, dos quais sentirá falta, creia que estarei sempre orando por você e aconselhando, através de sonhos ou pensamentos, se *Dio* der permissão, e eu merecer tal graça. A diferença é que não poderá me ver como me vê agora, mas isso não quer dizer que estarei longe, entende? Não quero que faça besteiras quando eu partir, Francesca – insistiu Maria Antonieta.

– Entendi, *mamma*. Mas por que as coisas têm que ser assim? Por que temos que perder nossos entes amados? – perguntou Francesca, ainda chorando.

– Ninguém perde ninguém, *amore*. As coisas nunca se perdem, apenas se transformam. Eu não morrerei, apenas mudarei de residência, passarei a viver no mundo espiritual, mas meu amor por você será eterno e jamais a esquecerei, *amore mio*. Desejo que seja forte, resignada, corajosa e que esteja sempre ao lado de seus *bambinos* e netos, entendeu? – recomendou Maria Antonieta.

– Sim... mas por que falar dessas coisas agora, *mamma*? – quis saber Francesca.

– Porque sei que não viverei por muito mais tempo e desejei ter esta conversa com você para que me prometesse que se conformará e que não pensará em tirar sua própria vida. Isso é covardia e imperdoável, *amore*. A vida é muito preciosa para ser perdida sem mais nem menos, apenas por medo de enfrentar a realidade dos fatos. Nós nos reencontraremos assim que sua missão neste mundo também tiver sido cumprida, mas apenas quando isso acontecer, na hora em que tiver que acontecer, e esta hora somente *Dio* sabe – pronunciou Maria Antonieta.

– *Va bene, mamma*. Tentarei, farei um esforço supremo para não decepcioná-la. Mas sofrerei muito com sua ausência... – sentenciou Francesca.

– Estarei ausente em corpo, mas, em Espírito, estarei sempre ao seu lado, pequena Francesca. E não esqueça de que, no começo, dói mesmo, mas depois, a dor transforma-se em saudade e passa a ser cada vez mais suportável. A vida mesmo provou-lhe isso, com a morte de Giacomo e de Paolo. Sentimos saudade dos dois, mas a dor que dilacerava nossos corações não mais nos fere, somente incomoda-nos de vez em quando, não é verdade? – quis saber Maria Antonieta.

– É verdade, *mamma*. Tem razão. Mas vamos mudar o rumo da conversa, por favor? – pediu Francesca.

– Vamos, mas não se esqueça da promessa que fez a sua *mamma*! – insistiu Maria Antonieta.

Francesca aquiesceu e foi tomar as providências para o almoço.

Seis meses transcorreram desde o dia em que conversara com a mãe, e a vida seguia seu curso.

Numa manhã ensolarada, Francesca levantou-se e foi à procura da *mamma*.

Uma serviçal informou-a de que a *Signora* não havia ainda se levantado, o que preocupou Francesca, pois Maria Antonieta era uma das primeiras a acordar todos os dias, desde que ela se conhecia por gente, e era quem dava as ordens para o café da manhã ser servido.

Francesca dirigiu-se aos seus aposentos e bateu à porta. Não ouvindo resposta, bateu novamente. Silêncio.

Resolveu entrar sem se anunciar e deparou-se com Maria Antonieta ainda deitada, dormindo tranquilamente.

Francesca deu um suspiro de alívio e foi em direção às janelas para abri-las e deixar o Sol penetrar no quarto. Assim, sua mãe acordaria, com certeza.

Mas não houve reação nenhuma por parte de Maria Antonieta.

Dormindo estava e dormindo continuou.

Francesca aproximou-se da cama e tocou na face da *mamma*.

Levou um tremendo susto!

O rosto da mãe estava gelado, pálido, e Francesca não sentia a respiração dela em sua mão quando aproximou-a da boca e do nariz de Maria Antonieta.

Chamou-a pelo nome repetidas vezes, cada vez mais nervosa.

Nada.

Chacoalhou-a delicadamente a princípio, mas depois de forma mais enfática e violenta.

Nada.

Soltou um grito de terror, e todos acorreram aos aposentos da *nona*.

Giuseppe tomou as providências necessárias para verificar se Maria Antonieta ainda vivia, mas depois de várias tentativas frustradas, concluiu o que todos já esperavam, embora não quisessem admitir.

Maria Antonieta Olivetto estava morta.

Francesca sentia-se enlouquecer de dor.

Lembrou-se nitidamente da conversa que tivera com a *mamma* havia alguns meses, e cada palavra que ela lhe dissera voltava-lhe à mente.

Francesca chorava, soluçando, seu corpo estremecendo de dor e sofrimento.

Giuseppe fê-la ingerir um preparado calmante e mandou que a levassem aos seus próprios aposentos para que descansasse e se acalmasse.

Carmela chorava desconsoladamente, mas quem sentiria mesmo a morte da *nona* seria Constância.

Enviaram um mensageiro às pressas até a casa da irmã, com ordem para colocá-la a par do acontecimento funesto.

A dor, o luto e o ranger de dentes visitara novamente o lar dos Olivetto Antonelli.

MARIA ANTONIETA
NA ESPIRITUALIDADE

Maria Antonieta encontrava-se lúcida e dona de todas as suas faculdades mentais.

Observava a cena da descoberta de sua morte pelos familiares e, embora amasse a todos, sua preocupação maior era com Francesca.

– Irmã, não se preocupe. Fez o que estava ao seu alcance para orientar e aconselhar Francesca, da melhor forma. Agora, só caberá a ela não cometer o mesmo erro de outras vidas. Devemos respeitar seu livre-arbítrio – disse Geraldo ao seu lado.

– Eu sei, meu irmão, mas meu coração materno chora e sangra ao imaginar que Francesca possa cair no mesmo erro novamente. Mas vamos confiar em Deus e entregar, nas mãos Dele, o destino de minha filha amada – conformou-se Maria Antonieta, suspirando resignadamente.

– Deseja ficar para seus funerais ou prefere acompanhar-me à Colônia "Luz do Alvorecer" para reencontrar Paolo e

Giacomo? – perguntou Clemente, que também viera ajudar na desencarnação da amiga de priscas eras.

– Acho que devo ficar para observar Francesca. Assim que meus funerais terminarem, irei com vocês para a Colônia – disse Maria Antonieta.

– Então, ficaremos todos – decidiu Clemente.

Francesca encontrava-se adormecida por efeito dos preparados que Giuseppe lhe dera.

Os preparativos fúnebres estavam quase terminados.

Somente esperavam a presença de Constância e Lorenzo para seguirem o cortejo.

Francesca acordou com muita indisposição e dores no corpo.

Não podia acreditar que perdera sua *mamma*.

De que valia viver se todas as pessoas que amava partiam com rumo ignorado?

Para que se esforçar para continuar vivendo se quando pensava que finalmente a alegria e a paz reinariam em seu lar, acontecia uma tragédia e derrubava seus sonhos como um castelo de areia atacado pelas ondas revoltas do mar?

Para que tanta dor, saudade e sofrimento?

Não seria melhor morrer também?

Se tirasse a própria vida, com certeza, promoveria antecipadamente seu reencontro com os que já haviam partido, não era verdade? Daí não precisaria mais sentir-se abandonada e esquecida pelos que amava!

Onde estava aquele punhal que fora de seu pai?

Francesca levantou-se e começou a revirar o quarto à procura da arma.

Procurou por uma hora seguida, sem titubear, e finalmente achou.

Revirou-o nas mãos e as pedras preciosas que cravejavam seu cabo reluziram, faiscaram como que hipnotizando Francesca.

Ela ouvia vozes cavernosas, dizendo-lhe que deveria mesmo se matar, porque a vida de nada valia sem a presença de seus entes queridos, ouvia gargalhadas estrondosas, gemidos e gritos vindos não sabia de onde.

Maria Antonieta, na espiritualidade, confrangia-se com o que estava vendo e olhou para seus companheiros, num mudo pedido de ajuda.

Eles entreolharam-se e fizeram um sinal de impotência.

Não poderiam interferir.

Francesca tivera todas as oportunidades para melhorar-se, passar a confiar em si mesma, enfrentar a realidade dos fatos, tivera boas companhias, bons conselhos e orientações, tanto vindos do plano espiritual através de Geraldo, seu mentor, quanto dos familiares encarnados e inclusive e principalmente da própria Maria Antonieta, mãe extremosa, e de Giuseppe, amigo e conselheiro de todas as horas.

Agora, estava em suas mãos, a escolha era sua, e não poderiam interferir.

Clemente convidou a todos para fazerem uma prece, pedindo a Deus, a Jesus e aos Espíritos superiores auxílio para aquela irmã que estava prestes a cometer um crime contra sua própria vida e teria que pagar cada ceitil, pela escolha mal feita, pela falta de fé e confiança, que sofreria demasiadamente, choraria e teria muito ranger de dentes, antes que fosse permitido a eles socorrê-la.

Eflúvios que transmitiam paz, fé e amor caíam como pétalas de rosas por todo o quarto de Francesca.

Francesca, nesse momento, reviu toda a sua vida, desde a mais tenra idade até os dias atuais.

Lembrou-se do pai, da mãe, do amor incondicional dos dois por ela, que a consideravam seu tesouro mais precioso, das palavras de Maria Antonieta há alguns meses, da promessa que lhe fizera...

Lembrou-se de Giacomo, dos filhos, dos netos...

Lembrou-se das palavras de Giuseppe, que sempre fora o amigo e conselheiro de todas as horas.

De repente, viu, à sua frente, uma imagem formando-se.

Era como se uma fumaça branca fosse transformando-se em alguém que ela conhecia e sentia que amava do fundo do coração.

De repente, viu surgindo a figura de... seu Giacomo.

Como estava belo, a sorrir carinhosamente, olhando-a com todo o amor e veneração dos quais era capaz.

– Veio buscar-me, *amore mio?* Estou pronta a segui-lo para onde for – perguntou Francesca, emocionadíssima, ao ver o homem amado, pai de seus filhos, avô de seus netos, bem à sua frente.

– Não. Ainda não está na hora de vir até mim. Não faça nada de que possa se arrepender depois. Eu a amo e venero, mas se errar novamente, *amore mio,* ao invés de vir ao meu encontro, afastar-nos-á um do outro indefinidamente, não poderemos nos ver nem nos tocar. Ficará sozinha num lugar frio, escuro, onde imperam o sofrimento e as lágrimas. Terá que expurgar seus erros. Pense muito bem no que fará com sua vida. Essa é minha última palavra, entendeu? Tenho que ir embora, mas lembre-se, *amor mio,* dependendo do que fizer da sua vida, não nos reencontraremos tão cedo. A escolha é sua. Que *Dio* ilumine seus pensamentos.

A figura de Giacomo foi sumindo no ar, e quando Francesca se deu conta, estava sozinha novamente em seus aposentos, segurando o punhal junto ao coração.

Pensamentos desencontrados invadiam-lhe a mente.

Ela estava confusa, ouvia vozes, mas não entendia o que lhe falavam.

Sentiu uma tontura, sentou-se na cama, largou o punhal como se este queimasse suas mãos e pôs-se a chorar sentidamente, sentindo-se perdida e sem saber o que fazer.

Parecia que as palavras de Maria Antonieta repercutiam em sua mente, repetidamente, como se tivessem eco.

Viu o semblante da mãe adorada, triste, compungido, decepcionado...

Viu seu neto Paolo chorando tristemente.

Viu seu amado Giacomo dando-lhe adeus e virando-lhe as costas definitivamente.

Viu seu pai meneando a cabeça como se estivesse dizendo "não", mãos sobre os olhos como se quisesse esconder as lágrimas que escorriam em suas faces.

NÃO!

Ela não cometeria o mesmo erro!

Ela continuaria viva e ajudaria na criação e orientação dos netos, até que Deus decidisse que seu tempo na Terra estava acabado.

Não atentaria contra a própria vida! Não era mais covarde nem comodista!

Que exemplo estaria dando aos filhos e netos se agisse daquela forma mesquinha e impensada?

E sua Carmela? Havia perdido o filho amado e ainda tinha mais duas crianças para educar.

E Constância? Três filhos também, sendo que um nem desmamara ainda.

E Vicenzo? Dois filhos pequenos e adoráveis!

Não.

Ela seria forte e superaria mais essa dor, e Deus a ajudaria.

Pegou o punhal e voltou a guardá-lo onde estava.

Pediria a Vicenzo que o guardasse onde lhe aprouvesse, pois aquela arma seria dele a partir daquele momento.

Ela não precisava de armas nem de venenos.

Ela precisava distribuir amor, compreensão, amizade, carinho e harmonia para seus amados familiares.

E, para isso, armas não eram necessárias.

A única arma que pretendia usar era seu próprio coração.

Enxugou as lágrimas, escolheu uma de suas vestes negras, lavou-se, recompôs-se e seguiu para o salão, onde o corpo de Maria Antonieta jazia, aguardando para ser levado em cortejo para sua última morada na Terra, ao lado de Francesco, Giacomo e Paolo.

No plano espiritual, nossos amigos regozijavam-se.

Entoavam cantos em agradecimento a Deus e aos Espíritos benfazejos que jamais abandonavam seus irmãos infelizes e inseguros à própria sorte.

Giacomo chorava de alegria e alívio.

Francesco também e Maria Antonieta, então, nem se fala.

Nos braços do marido, soluçava, mas era de felicidade e agradecimento à bondade divina, que permitira a materialização de Giacomo perante Francesca, como último recurso e oportunidade para que ela não atentasse contra a própria vida, como já fizera por tantas vezes em vidas passadas.

Fora um tiro no escuro, uma última cartada, mas graças a Deus tinha dado certo.

Maria Antonieta também agradecia o fato de ter sido permitido que ela reencontrasse o homem amado, o genro e seus amigos espirituais.

Ainda não revira Paolo, mas isso era questão de tempo.

Ela sentia que os deveres a que se dispusera a cumprir, antes de reencarnar como Maria Antonieta, haviam sido fiel e amorosamente cumpridos e que Francesca havia superado definitivamente suas tendências suicidas.

Após o enterro de Maria Antonieta, nossos amigos retornaram à Colônia, pois apesar de a amiga ter desencarnado com serenidade e equilíbrio invejáveis, precisava refazer-se em ambiente mais propício e descansar um pouco. Além do mais, Paolo estava ansiosamente esperando a sua chegada. Não pôde assistir a sua desencarnação porque tinha aula exatamente naquele momento e também porque ainda não era o momento de presenciar esses acontecimentos, já que precisaria amadurecer e aprender mais sobre o mundo onde vivia antes de fazê-lo.

A chegada de Maria Antonieta foi uma festa, o que surpreendeu a Giacomo e a Paolo, pois desconheciam o fato de ela ser tão amada e respeitada ali.

Mas não era momento para perguntas, e eles aproveitaram para abraçar e conversar com ela.

Depois do impacto do retorno, e da saudade ter sido um pouco amenizada, Maria Antonieta pediu autorização para ir para sua casa descansar. Ela possuía uma residência na Colônia por méritos alcançados no decorrer de muitas vidas.

Convidou Paolo e Giacomo para morarem com ela enquanto estivessem na Colônia, no que anuíram mais surpresos ainda, porque desconheciam que ela possuía uma casa ali.

Mais admirados ficaram porque sabiam que, para conseguir ter uma casa em uma Colônia, era necessário muito trabalho, desprendimento e merecimento.

Cássio informou-os de que Maria Antonieta é um Espírito extremamente humilde e que, há séculos, trabalha em prol dos irmãos necessitados, tanto dos recém-chegados da Terra como dos irmãos que ainda sofrem no umbral. Muitos haviam sido socorridos por ela e pela caravana à qual pertencia. Muitos se tornaram obreiros do Senhor por desejarem seguir o exemplo de Maria Antonieta, muitos passaram a amá-la como a uma mãe, a admirá-la pelo Espírito de renúncia e amor incondicional.

Cássio disse ainda, que ela só havia reencarnado como Maria Antonieta por amor a Francesca, para ajudá-la e orientá-la, porque não precisaria voltar à carne tão cedo. As duas tinham ligações de outras vidas e amavam-se fraternal e incondicionalmente.

Giacomo e Paolo ficaram boquiabertos e passaram a respeitar e admirar Maria Antonieta, mais ainda.

Dirigiram-se todos à casa dela, que se localizava atrás da praça central. Possuía um chafariz de águas cristalinas na frente, um jardim florido e colorido, e muitos pássaros faziam morada nos beirais das janelas.

Quando Maria Antonieta abriu a porta, surgiu um lindo cãozinho preto saltitando alegremente, dando as boas-vindas à sua dona e demonstrando, através de lambidas e pulinhos, o quanto sentira sua falta.

Ela pegou-o no colo, acariciou-o com muito amor e disse-lhe muitas palavras de conforto, saudade e incentivo ao ouvido.

O cãozinho lambeu-lhe as faces rosadas e acomodou-se em seu colo como se não tivesse a intenção de sair nunca mais dali.

Ela sorriu compreensivamente, ajeitou melhor o cachorrinho nos braços e mostrou todos os aposentos a Paolo e Giacomo. Eles ficariam no mesmo quarto e, quando Francesca retornasse, Paolo mudaria para o quarto ao lado, se esse fosse o desejo do casal.

Francesco já havia se dirigido ao quarto que pertencia a ele e a Maria Antonieta, pois desejava refrescar-se antes do jantar.

A decoração da casa era simples, aconchegante e a harmonia reinava no ambiente.

Maria Antonieta acomodou-se na poltrona da sala, acariciou mais seu cachorrinho e passou a entabular uma conversa amena e aprazível com o neto e o genro.

— Vovó, nós não sabíamos que a senhora possuía uma propriedade aqui. Parabéns! Sua casa é muito agradável e convidativa — parabenizou Paolo.

— Meu neto amado, esta casa foi adquirida com muito trabalho e muito esforço da minha parte e da parte de Francesco. Gostamos muito de ter um lugar só nosso para morarmos enquanto permanecemos na espiritualidade. Fico contente que tenham gostado — garantiu Maria Antonieta.

— Mas por que não tinha ainda encontrado meu sogro se até uma moradia possuem aqui? — perguntou Giacomo.

— Giacomo, nós não ficamos inertes aqui dentro de nossa casa. Trabalhamos em outros lugares e só ficamos nesta casa quando estamos de folga ou quando o trabalho que devemos executar é nas proximidades. Francesco deve estar cumprindo alguma tarefa em outra Colônia, em algum posto socorrista, por isso não o encontraram até hoje – explicou Maria Antonieta.

– Isso mesmo, querida. Eu estava trabalhando num posto socorrista próximo ao umbral e só pude voltar para cá hoje, pois já executei as tarefas para as quais me comprometi e desejava estar presente quando retornasse da Terra. Estão gostando da "Luz do Alvorecer"? – perguntou Francesco, surgindo na porta que ficara entreaberta, com um sorriso nos lábios.

– Muito! – responderam em uníssono.

Passaram a discorrer sobre as aulas e trabalhos que estavam executando, e Maria Antonieta e Francesco ouviam com muita atenção e interesse, fazendo alguns apartes quando necessário.

E a vida seguiu seu curso, tanto no Plano Espiritual quando no Plano Material.

Os anos passaram-se, Francesca retornou ao mundo espiritual no devido tempo, tendo resgatado, por fim, as tendências suicidas que a acompanharam por muitas encarnações.

Caetano reencarnou compulsoriamente, tornou-se pedinte nas ruas da cidade e muito sofreu, mas, ao invés de tornar-se uma pessoa melhor através do sofrimento, permaneceu comprazendo-se na revolta e na violência tão característica de seu Espírito empedernido.

Nossos amigos espirituais, que acompanharam todos os personagens no decorrer desta singela história, partiram para novas tarefas, mas, sempre que podiam, procuravam estar próximos dos amigos queridos na Colônia "Luz do Alvorecer".

FIM

ideeditora.com.br

✳✳✳

Acesse e cadastre-se para receber
informações sobre nossos lançamentos.

twitter.com/ideeditora
facebook.com/ide.editora
editorial@ideeditora.com.br

ide

IDE Editora é apenas um nome fantasia utilizado pelo INSTITUTO DE DIFUSÃO ESPÍRITA, entidade sem fins lucrativos, que promove extenso programa de assistência social, e que detém os direitos autorais desta obra.